çapulcu redaktionskollektiv
**DIVERGE!**

Das *çapulcu redaktionskollektiv* ist eine Gruppe technologie-kritischer Aktivist*innen und Hacktivist*innen. Mehr Informationen auf capulcu.blackblogs.org çapulcu redaktionskollektiv

# DIVERGE!

Der Technologische Angriff
im pandemischen Ausnahmezustand

UNRAST

Bibliografische Information der Deutschen Bibliothek
Die Deutsche Bibliothek verzeichnet diese Publikation in der Deutschen
Nationalbibliografie; detaillierte bibliografische Daten sind im Internet
über http://dnb.ddb.de abrufbar.

çapulcu redaktionskollektiv
DIVERGE!
1. Auflage, Mai 2021
ISBN 978-3-89771-085-6

© UNRAST-Verlag, Münster
www.unrast-verlag.de – kontakt@unrast-verlag.de
Mitglied in der assoziation Linker Verlage (aLiVe)

Umschlag: cuore.berlin
unter Verwendung eines Ausschnitts der Fotografie
»Metropolis Maria«, © Matt Brown, 2017
Satz: Andreas Hollender, Köln
Druck: Multiprint, Kostinbrod

# Inhalt

Einleitung .................................................................... 7

Der neue Griff nach der Weltmacht ............................ 11

Libra ......................................................................... 17

Eine »Art von Krieg« oder: »Das Wüten des digitalisierenden Virus« .... 27

Die ›freiwillige‹ Corona-App und der digitale Immunitätsnachweis ..... 43

Going Viral ................................................................ 65
Organisierung in Zeiten von Corona

Behaviorismus und Kybernetik ................................... 71
Grundlagen der Verhaltenslenkung

Horizonte überschreiten ............................................. 77
Von Sandra Göbel

KI zur programmatischen Ungleichbehandlung ........... 89
Entsolidarisierung durch technokratischen »Solutionismus«

Weniger Ärztin im künstlich intelligenten Gesundheitssystem ......... 105
Digitalisierung mit Nebenwirkungen

Ökotechnokratie ....................................................... 119
›Smarte‹ Ökologie von oben

Hongkong ................................................................. 131
Widerstand gegen die Individualisierung des Sozialen
durch den Technologischen Angriff ........................... 149

Dokumentierte Widerstände ..................................... 157

Glossar ..................................................................... 185

# Einleitung

## Vorbemerkung

*Die meisten Texte dieses Buches wurden vor dem Beginn der Corona-Pandemie geschrieben. Andere mittendrin und einiges haben wir auch wenige Wochen vor dem Drucktermin noch überarbeitet oder neu geschrieben. Alle sind aber aktuell und eine Auseinandersetzung mit den beschriebenen technologischen Angriffsvektoren halten wir für absolut relevant.*

Die derzeitige Coronakrise macht ein Abweichen [engl.: *diverge*] von technokratisch vorgegebenen Pfaden nicht gerade leichter, aber umso notwendiger. Erschienen Ansätze der Verhaltensökonomie den meisten (zumindest hier in Deutschland) bisher noch vergleichsweise subtil ›zukünftig‹, präsentieren sich Methoden zum Bevölkerungsmanagement seit der Corona-Pandemie wie entfesselt. Wir erleben einen modernen Rückschritt in paternalistische Verhaltenslenkungsmuster, die bereits vor 70 Jahren nicht ›fortschrittlich‹ waren. Ihren leider hochaktuellen Ausprägungen in der Gesundheits- und Klimakrise sowie ihren Wurzeln in der Kybernetik und dem eng verwandten Behaviorismus wollen wir in den folgenden Beiträgen nachgehen.

Aber auch die globalen Machtverschiebungen und (sozial- und wirtschafts-)kriegerischen Auseinandersetzungen im Kampf um die technologisch-politische Vorherrschaft nehmen wir in den Blick. Im Zuge der Pandemie wird durch den Schub des »digitalisierenden Virus« auch das Verhältnis zwischen politischen Eliten und den technologischen Avantgarden neu ausgerichtet. Die Initiative, eine digitale und global einsetzbare Währung auf den Weg zu bringen, spielt in diesem Zusammenhang ebenfalls eine Rolle.

Die umbrechenden technologischen Entwicklungen der letzten Jahre werden uns stetig und mit allergrößten Bemühungen als ›Fortschritt‹ verkauft. Immer wieder werden unsere Sicherheit, Gesundheit und gesellschaftliche Teilhabe in die Waagschale geworfen, um daran aufzuzeigen, dass wir ohne die rasante technologische Entwicklung »nicht zu retten« seien. Die Technokratie und in ihrer Gefolgschaft der »Solutionismus« mit seinen vermeintlich unideologischen »Problemlösern« lösen mittlerweile nicht nur Probleme, die wir zuvor nicht hatten, sondern verschärfen vielmehr drängende Probleme und erschaffen dabei unsinnig viele neue. Insbesondere im Bereich der Klimakrise sorgt das für eine verheerende Rückschrittlichkeit des technokratischen ›Fortschritts‹. Dass nach dem ökologischen Desaster der Abwrackprämie vor zehn Jahren in der Coronakrise eine – grün-gewaschene – Neuauflage als Kaufanreiz eingeführt werden konnte, ist ein Ergebnis dieser kollektiv eingeübten Rückschrittlichkeit.

Der Einfluss der Tech-Giganten auf die Ökonomisierung der entlegensten Lebensbereiche nimmt stetig zu. Soziale Punktesysteme verlängern mit ihrem permanenten »Rating« und »Scoring« die Reichweite der lenkenden Disziplinierung weit über die direkte Ausbeutung im Arbeitsverhältnis hinaus. Es ist zu befürchten, dass wir noch sehr viel länger an den Folgen des pandemischen Ausnahmezustands knabbern werden, der sich dadurch auszeichnet, dass partielle Grundrechte zunächst temporär außer Kraft gesetzt oder in bedingte Zugeständnisse umgewandelt werden. Dem pandemischen Ausnahmezustand droht, wie schon dem ›Ausnahmezustand‹ durch den *War on Terror,* durch die (berechtigte) Befürchtung immer weiterer Corona-Wellen bzw. neuer Virenstämme die Verstetigung – so beispielsweise in Dänemark zu beobachten. Ein etwaiger *War on Virus* verfügt dabei über eine ungleich größere Kapazität gesellschaftlicher Umgestaltung. Der Imperativ der »sozialen Distanzierung« ermöglicht den Eingriff in das Leben einer beliebig großen Gruppe *viraler Gefährder\*innen* bis hin zur Isolation im Sinne des Gemeinwohls – mit der Coronakrise sind *alle* zu Gefährder\*innen geworden.

Bevormundende Verhaltenslenkung in hochindividualisierter Form lässt sich damit viel umfassender entwickeln. Kommende Beschränkungen im Zuge zukünftiger Epidemien brauchen dann nicht mehr per »Allgemeinverfügung« für *alle* geregelt werden. Stattdessen lässt sich feinkörnig vermessen, wer (per App) zur virologischen Gefahr erklärt wird und wer sich frei bewegen darf. Das ist zweifellos Gift für gesellschaftliche Solidarität. Letztere erfordert Mündigkeit und eigenverantwortliches Handeln statt autoritär verordneter (auch künstlich intelligenter) Verhaltenslenkung. Es sind nicht irgendeine Ausgangssperre oder App, die uns schützen. Was uns schützt, ist unser Verhalten in solidarischer Selbstverantwortung. Leider ist diese Einsicht auch in der zweiten Welle bei den meisten nicht angekommen. Die Politik reagiert nahezu identisch und hat, nicht verwunderlich, offensichtlich kein Interesse an nicht-autoritären Lösungen.

Und daher müssen wir insbesondere eine raumgreifende Sozial-Technokratie angreifen, die sich in Ausnahmezuständen wie der Corona-Krise Akzeptanz verschafft. Ganz gleich, ob ihre Werkzeuge der Verhaltenslenkung dem chinesischen Shenzhen, dem US-amerikanischen Silicon Valley oder einem Problemlöser-Startup im hippen Berlin entspringen.

In unseren Büchern und Broschüren haben wir immer wieder dargelegt, worin der gesellschaftliche Rückschritt dieser Technologien besteht und dass sie als Teil einer gesellschaftlichen Transformation funktionieren, die sich ohne weiteres einordnen lässt in historische Prozesse der letzten Jahrhunderte. Doch auch die Widerstände, die sich diesem Technologischen Angriff entgegenstellen, haben wir immer wieder beleuchtet: Widerstände, die den rückwärtsgewandten Fortschrittsmarsch nicht mitgehen und Abweichendes bzw. Abzwege (ver-)suchen. Einige unserer Texte wagen daher den Sprung über die Leitplanke und widmen sich der Frage, welche gesellschaftlichen Prozesse jenseits der offensichtlichen Veränderungen angestoßen werden und was dies für unseren Widerstand bedeutet. Um unseren oftmals eurozentristischen Blick zu weiten, setzen wir uns in diesem Band auch kritisch mit den Protesten in Hongkong auseinander, wo eine Bewegung massiv auf Technologie setzt.

# Der neue Griff nach der Weltmacht

»Griff nach der Weltmacht« ist eine Formulierung, die von Fritz Fischer Anfang der 60er Jahre des letzten Jahrhunderts für die Weltmachtansprüche des deutschen Kaiserreichs vor und im Ersten Weltkrieg gefunden wurde.[1] Eine genauere Analyse lokalisiert die Akteure dieses Griffs nicht in den politischen Eliten, sondern in den technologischen Avantgarden, die die Investitionsoffensive zu Beginn des 20. Jahrhunderts bestimmten. Und das nicht nur in Deutschland, sondern auch und sogar zuerst in den USA.[2] Die Offensive mit dem Ziel der Umwälzung der sozialen Verhältnisse und der technologischen Begründung einer neuen Macht in Produktion und Gesellschaft zielte auf die ganze Welt. Auf die Herstellung einer neuen Weltmacht mit den Mitteln, die die neuen Technologien den Avantgarden verliehen. Ihre Dynamik bezog sie aus der Gewalt zur Überwindung der sozialen Widerstände und der Konkurrenz. Jetzt allerdings nicht mehr nur zwischen den Unternehmen, sondern darüber hinaus zwischen den Ländern, die sie beherrschten. Das waren damals in erster Linie die USA und Deutschland, denen gegenüber Frankreich und England zurückfielen und zu denen später die Sowjetunion und Japan aufzuschließen suchten.

Heute sind es die USA und China, und die europäische Union fällt zurück. Auch sie konkurrieren in einem neuen Griff nach der Weltmacht. Wir haben bisher die verschiedenen Vorstöße untersucht, in die sich der neue Technologische Angriff auffächert. Wir wollen hier unsere Bemühungen aufgreifen, sie in einen größeren Zusammenhang zu stellen. Dabei sollen uns die Darstellungen zu den Entwicklungen vor hundert Jahren helfen, denn die aktuelle Konkurrenz wiederholt ihre Grundzüge auf neuem historischen Niveau. So wurde die heutige Innovationsoffensive bewusst im Rückbezug auf die damalige vorangetrieben.[3] Die Analogien sind denn

---

1  F. Fischer, Griff nach der Weltmacht, Düsseldorf 1961.
2  D. Hartmann, Krisen, Kämpfe, Kriege, Band 2: Innovative Barbarei gegen soziale Revolution – Kapitalismus und Massengewalt im 20. Jahrhundert, Berlin 2019, Kap. 2.
3  D. Hartmann, Krisen, Kämpfe, Kriege, Band 1: Alan Greenspans endloser »Tsunami« – Eine Angriffswelle zur Erneuerung kapitalistischer Macht, Berlin 2015, S. 50 f.

auch Gegenstand wirtschafts- und politikgeschichtlicher Erörterungen in den USA, in aktuellen Debatten und auch beim IWF.

Woher kommen diese Analogien? Im Zuge ihrer Entfaltung gerieten kapitalistische Innovations- und Investitionsoffensiven zunehmend in die Krise. Sie begegnen sozialen Widerständen in Produktion und Gesellschaft, die mit den alten Methoden nicht mehr zu beheben sind. Das Wertaufkommen in anderen, vor allem peripheren Ländern reicht für eine absatzsichernde Nachfrage nicht mehr aus oder wird von Widerständen bedroht. Infolgedessen trachten vor allem neue kapitalistische Avantgarden danach, die überkommenen Verhältnisse bis in die internationalen Beziehungen hinein im Zuge einer neuen Innovationsoffensive zu zerstören, um neue an ihre Stelle zu setzen und sich selbst zu ihren Herren, Inhabern globaler Machtpositionen und Nutznießern des neu geschaffenen Reichtums zu machen.

Wie schon vor über hundert Jahren, so bildeten auch in der aktuellen Innovationsoffensive US-Unternehmer die Avantgarden des neuen Griffs nach der Weltmacht. Sie errichteten nicht nur – wie in Silicon Valley – die neuen Kathedralen globaler Macht. Sie schufen oder besetzten auch in anderen Ländern Brückenköpfe dieser Macht, brachen disruptiv die ökonomischen und sozialen Verhältnisse auf und griffen tief in die Arbeits- und Lebensverhältnisse ein. Mittelbar taten sie dies, indem sie Nachahmer\*innen anstachelten und vor sich hertrieben. Dadurch befeuerte diese Offensive die Durchdringung der Welt.

So wurden ebenso wie vor hundert Jahren sie und nicht die Regierungen zum zentralen Motor des neuen Griffs nach der Weltmacht. Nicht nur im Vortrieb der transnationalen Lieferketten und Start-up-Systeme, sondern auch (wie schon 1906 mit der Erfindung des Trust-Systems durch das Bankhaus Morgan) durch Facebooks beileibe noch nicht erledigten »Libra«-Vorstoß. Und sie werden es aufgrund ihrer technologischen Kompetenz und unternehmerischen Aggressivität auch bleiben. Da die Aufmerksamkeit meist der nationalen Politik gilt, bleibt unbemerkt, wie sehr die privaten Unternehmen, die sich nur wenig zur Treue gegenüber der US-Regierung verpflichtet sehen, noch immer die globale Durchsetzung der neuen Technologien bestimmen und kontrollieren. Allerdings sind sie zur Überwindung von Widerständen und Krisen zunehmend auf die Unterstützung der Staatsmacht und ihrer Fähigkeit, in soziale und internationale Konflikte einzugreifen, angewiesen. So wird der Griff nach der Weltmacht unternehmerischer Akteure auch jetzt wieder stärker zum jeweils nationalen Griff nach der Weltmacht werden. Obwohl die Rolle des Staats in China (die unternehmerischen und staatlichen Anteile sind manchmal schwer zu entwirren) – wie auch damals in Deutschland – weit gewichtiger ist als in den USA, so gewinnt sie auch hier zunehmend an Bedeutung. Der maßgebende Protagonist und Motor ist allerdings Donald Trump.

Trumps Bedeutung wird noch immer sträflich unterschätzt. Trump und seine republikanische Entourage orientieren sich ausdrücklich an dem Republikaner Theodore »Teddy« Roosevelt, der vor hundertzwanzig Jahren als Präsident und Führer der progressistischen Bewegung den staatlichen Antrieb der damaligen Innovationsoffensive organisierte[4]. Er leitete den neuen amerikanischen Griff nach der Weltmacht ein, er förderte die dehumanisierende Behandlung der Migrant*innen (»schweinestallartige Lebensweise«), seine progressistischen »muckrakers« (Skandalmacher) betrieben die Auflösung der politisch korrekten zivilisierten Usancen der überkommenen Gesellschaft, so wie Trump heute wieder. Seine Orientierung an »Teddy« brachte Trump symbolisch zum Ausdruck, als er gleich zu seiner Inauguration »Teddys« Büste in die Bibliothek des Weißen Hauses stellen ließ, und sein Vize Mike Pence zog im Sommer 2017 auch offiziell den Vergleich zwischen Roosevelt und Trump.

Auf globalem Niveau betreibt Trump eine komplexe ökonomisch-politische Machtstrategie. Er zerstört das Netz multilateraler Handelsbeziehungen, indem er die Verträge kündigt und neue Vertragsstrukturen erzwingt und in den Dienst der amerikanischen Wirtschaft stellt. Er macht sich dabei die enorme Nachfragemacht der USA zunutze. Zu diesem Zweck schwächt er systematisch die Regelungsbefugnisse internationaler Handelsorganisationen wie der WTO.

Wie schon vor über hundert Jahren, so ist auch heute die technologische Konkurrenz der zentrale Motor der Innovationsoffensive und des Griffs nach der Weltmacht. Diesmal zwischen chinesischen und US-Unternehmen. Eine wichtige Rolle spielt der militärische Bereich, den wir schon im DELETE!-Band dargestellt haben. Wie in der gesamten fordistischen Epoche, so ist dies der Sektor, in dem der Innovationsdruck

---

4. Ist Trump der neue »Teddy«? Die Globalisierung des populistischen Moments, Hydra No. 1, https://www.the-hydra.world/index.php/2019/08/02/die-globalisierung-des-populistischen-moments/ [zuletzt abgerufen am 11.02.2020]

am unerbittlichsten auf andere Länder übertragen wird. Wer zurückfällt, wird militärisch anfällig und angreifbar. Hier spielt die staatliche Politik eine zunehmende Rolle, nicht nur in China, Russland und Israel, sondern auch in den USA. Da KI eine immer größere Bedeutung erlangt, wird die internationale Konkurrenz besonders auf diesem Sektor immer schärfer. Denn, wie wir Putin in DELETE! zitierten: »Wer immer sich zum Führer auf diesem Gebiet macht, wird die Welt beherrschen.«[5]

Die USA sehen sich gegenüber China auch im Hintertreffen bei der Konkurrenz um die Aufbringung der Datenmassen, die zur Durchsetzung der neuen Technologien benötigt werden. Als totalitärer Staat ist China in der Lage, dies viel effizienter und ohne Rücksicht auf Persönlichkeitsschutz zu organisieren als die relativ liberalen USA.

Eine große Rolle für die Durchsetzung der neuen Technologien spielt auch die Zurichtung der Bevölkerung und ihre Adaption an deren Anforderungen. So rücken etwa Scoring-Systeme zunehmend in den Fokus der Konkurrenz. Bei ihnen hat ein Regime wie das chinesische große Vorteile, wie die Entwicklung von Sesame Credit zeigt. Eine neue Massifizierung unter dem Regime der Informationstechnologien ist schon jetzt zu beobachten, ebenso wie die tayloristischen Technologien im fordistischen Zyklus für eine bis dahin ungekannte Massifizierung der Lebensbedingungen gesorgt hatten. Auch sie wird Gegenstand internationaler Konkurrenz bei der Effektivierung sozialer Kontrolle und damit Teil des neuen Griffs nach der Weltmacht.

Der von Trump entfesselte Handelskrieg wird dabei zunehmend zum Medium der Konkurrenz. Die USA haben zu diesem Zweck das überkommene WTO-System praktisch zertrümmert und nutzen, wie schon in der fordistischen Ära (als Deutschlands merkantilistische Politik sich zum Vorreiter machte), ihre enorme wirtschaftliche Nachfragemacht, um den Handelspartnern ihre Bedingungen aufzuzwingen. So zum Beispiel, die Produkte der chinesischen Firma Huawei auf den von ihr kontrollierten Märkten zurückzudrängen. Das wird nicht die einzige bleiben. Zudem hat die Regierung angekündigt, die Exporte von Produkten auf dem Gebiet der Informationstechnologie und hier besonders der KI regulieren und sogar einschränken zu wollen.

---

5  çapulcu redaktionskollektiv, DELETE! – Digitalisierte Fremdbestimmung, Münster 2019, S. 29

Es ist der Eintritt der Konkurrenz in ein Stadium des »technologischen kalten Kriegs«, den Expert*innen inzwischen diagnostizieren. Er kann jederzeit in einen heißen übergehen. Wie ihn ja auch die Antreiber des Technologischen Angriffs im Fordismus zur Durchsetzung der damals neuen Technologien im Griff nach der Weltmacht gesucht haben.

# Libra

Im Sommer 2019 macht Facebook öffentlich, woran es gerüchteweise schon länger arbeitet: Das *Libra* genannte Projekt soll eine neue Kryptowährung werden. Mit von der Partie sind Silicon-Valley-Größen wie Ebay und Uber, aber auch PayPal, MasterCard, Visa und Vodafone und einige mehr. Am 15.7.2019 erscheint das Whitepaper zum Projekt[1] – eine Art Werbetext, der zum einen weitere Mitstreiter*innen gewinnen will, aber im Wesentlichen Bedenken zerstreuen soll.

Das Whitepaper strotzt nur so vor Altruismus. »Finanzielle Inklusion« derjenigen, die bislang kein Bankkonto hatten: leichter Zugang zu billigen Krediten, Kontrolle über das eigene Geld und neue wirtschaftliche Möglichkeiten – der Aufbruch in eine bessere Welt (des Kapitalismus).

Was das Whitepaper verschweigt, ist das Business-Modell dahinter. Nur vage ist von neuen FinTech-Produkten die Rede und einer größerer Zahl von Menschen, die enger an den Kapitalismus gebunden werden sollen. Warum starten Facebook und all die anderen dieses Projekt? Alle sind kapitalistische Unternehmen, die dem Shareholder Value verpflichtet sind. Altruismus mag zwar gut sein für den Ruf eines Unternehmens, wirkt sich aber auf den Börsenkurs kaum aus.

Anscheinend glaubt auch niemand diesen Altruismus – das Projekt bekommt viel Gegenwind und die Zahl der Mitstreiter*innen schwindet: Ebay steigt aus, später Visa, MasterCard und PayPal. Das Gründungspapier[2] der Libra Association erscheint am 15.10.2019, die Anzahl der beteiligten Institutionen ist von 28 auf 21 geschrumpft.

›Regiert‹ werden soll Libra von der genannten Libra Association. Um ihr den Anstrich von Neutralität zu geben, soll der Sitz in der Schweiz sein. Anfangs ist die Schweizer Finanzaufsicht geneigt, Libra zu bewilligen, doch der internationale Druck führt im Januar 2020 zur Absage. Weitere Mitglie-

---

1  https://libra.org/en-US/white-paper/ [zuletzt abgerufen am 10.2.2021]
2  https://libra.org/wp-content/uploads/2019/10/Libra-Association-Charter-Press-Release-.pdf [zuletzt abgerufen am 13.3.2020]

der der Libra Association streichen die Segel: Vodafone will sich lieber auf sein M-Pesa-Projekt[3] konzentrieren – einen Mix aus Zahlungsdienstleister und Bank, der z.Z. in Afrika ausgebaut wird.

Am Ende verspricht Mark Zuckerberg, Chef von Facebook, Libra erst dann zu starten, wenn alle Bedenken der US-Regulierungsbehörden ausgeräumt sind. Der harte Gegenwind war absehbar, trotzdem ist das Projekt in dieser Form gestartet.

## Stable Coin

Libra ist eine Stable Coin. Wie bei anderen Kryptowährungen auch, gibt es in dieser Währung keine Münzen oder Scheine, sondern Besitz an Libra manifestiert sich durch Kontostände im geteilten Buchhaltungssystem. Anders als bei Kryptowährungen wie Bitcoin oder Ethereum bestimmt sich der Wert von Libra nicht auf einem ›Markt‹ – ein Bitcoin ist so viel wert, wie jemand anderes bereit ist, dafür zu zahlen – sondern das Geld, das für den Erwerb einer bestimmten Menge Libra eingezahlt werden muss, wird ›geparkt‹ und wieder ausgezahlt, die Libra werden zurückgetauscht. Eine Stable Coin ist also nicht den Wertschwankungen ›normaler‹ Kryptowährungen ausgesetzt, sondern ›nur‹ denen der hinterlegten Währungen. Dieser Mechanismus soll die Wertstabilität der Stable Coin realisieren.

Stable Coins (Libra ist weder die einzige noch die erste Stable Coin) sind ein vergleichsweise junges Phänomen in der Welt der Kryptowährungen. Sie dienen dazu, Geld zwischen den verschiedenen Handelsplätzen für Kryptowährungen (Exchanges) zu transferieren, Geld zu parken und die eigentliche Herkunft einer Transaktion zu verschleiern. Auch spielen sie eine zentrale Rolle beim on-and-off-ramp – dem Transfer von ›normalem‹ Geld in die Welt der Kryptowährungen und wieder zurück – und das möglichst anonym.

Das kollidiert nicht nur mit den diversen Gesetzgebungen gegen Geldwäsche, Steuerhinterziehung und verdeckte Finanzierung, sondern auch mit dem den Banken auferlegten Prinzip des »Know your customer«.

Tether[4] ist die nach Marktkapitalisierung zur Zeit größte Stable Coin und blickt auf eine Geschichte von Betrugsverfahren, Geldwäsche, Beinahe-

---

3 https://www.vodafone.com/what-we-do/services/m-pesa [zuletzt abgerufen am 10.2.2021]
4 https://tether.to/ [zuletzt abgerufen am 10.2.2021]

Insolvenzen und Veruntreuung zurück[5]. Tethers zentrales Feature ist das on-and-off-ramp, dieses Feature ist für die Welt der Kryptowährungen so zentral, dass selbst ein fundierter Veruntreuungsverdacht von hinterlegtem Geld nicht dazu führt, dass Leute die Finger davon lassen.

Für das on-and-off-ramp ist die Zusammenarbeit mit einer Bank notwendig. Den Betreiber*innen von Tether ist Anti-Geldwäschegesetzgebung oder das »Know your customer«-Prinzip egal, für die Kund*innen von Tether ist es sogar ein Vorteil, dass Tether hier alle Augen zudrückt. Für die beteiligten Banken ist das allerdings heikel, so heikel, dass sich Tether in Banken einkaufen musste, um eine Zusammenarbeit zu gewährleisten – mindestens eine Bank[6] hat das dann auch in den Abgrund gezogen, sie hat ihre Lizenz verloren.

Dieser kurze Exkurs in die schattige Welt der Stable Coins mag eine Erklärung liefern, warum Institutionen wie PayPal, Visa und MasterCard aus der Stable Coin Libra ausgestiegen sind. PayPal riskiert seine Banklizenzen, Visa und MasterCard ihre guten Beziehungen in die Bankenwelt.

Eine zentrale Kritik der diversen Regierungen und Zentralbanken an Libra ist, dass dessen Betreiber*innen nicht zufriedenstellend erklären, wie sie Geldwäsche, verdeckte Finanzierung und Steuerhinterziehung verhindern und zumindest rückwirkend aufklären können.

## Anonym, pseudonym, total überwacht

»The Libra Blockchain is pseudonymous and allows users to hold one or more addresses that are not linked to their real-world identity.«[7]

Dieser Satz aus dem Whitepaper ist bemerkenswert widersprüchlich – entweder ist Libra pseudonym, dann gibt es eine Verbindung zwischen Adressen (gemeint sind Konten) und »Real-World«-Identitäten – oder es gibt diese Verbindung nicht, dann wäre Libra anonym. Oder diese Verbindung existiert außerhalb der Libra-Blockchain, dann stellt sich die Frage, wer diese Daten erheben, verwalten und inwertsetzen kann.

---

5   https://www.kalzumeus.com/2019/10/28/tether-and-bitfinex/ siehe auch: https://crypto-anonymous-2021.medium.com/the-bit-short-inside-cryptos-doomsday-machine-f8dcf78a64d3 [zuletzt abgerufen am 10.2.2021]
6   Noble Bank, Puerto Rico
7   Libra white paper

Dem Technical Paper zur Blockchain von Libra lässt sich entnehmen, dass Adressen nur von Validator\*innen erzeugt – genauer: aktiviert werden können. Die Adresse muss jede\*r Teilnehmer\*in selbst erzeugen (es ist im Wesentlichen ein öffentlich/privates Schlüsselpaar). Damit die Adresse aber nutzbar wird, muss sie dem System bekannt gemacht werden. Das geschieht durch eine initiale Transaktion auf diese Adresse – ausgeführt (oder verweigert) durch eine\*n Validator\*in.

Validator\*innen gibt es in jeder Kryptowährung, ihre Rolle ist es, beantragte Transaktionen zu bestätigen und damit wirksam werden zu lassen. Dass Validator\*innen auch das Aktivieren von Konten übernehmen, ist eine Eigenart von Libra – andere Kryptowährungen kennen das Konzept einer dezidierten Kontoaktivierung gar nicht. Wer wann Validator\*in für wieviele Transaktionen werden kann, ist je nach Kryptowährung sehr unterschiedlich. Bitcoin etwa verlangt einen Proof of Work – wer eine überprüfbare Menge an Rechenzeit investiert hat, darf den nächsten Block der Blockchain zusammenstellen und damit die in diesem Block enthaltenen Transaktionen validieren. Jede\*r, der/die die entsprechende Rechenkapazität aufrufen kann, kann also Validator\*in werden.

Libra arbeitet da anders – Validator\*innen sind die Mitglieder der Libra Association. Sie sind durch ihre Libra-spezifische Rolle als Türsteher\*innen der Kontenaktivierung in einem Interessenkonflikt: Einerseits soll die Hürde für das Erstellen eines Libra-Kontos möglichst niedrig sein, damit schnell eine große Zahl an Nutzer\*innen eingemeindet wird, andererseits muss das Prinzip des »Know your customer« befolgt werden, sonst droht Ärger von Seiten der diversen Regulator\*innen.

Die Mitglieder der Libra Association haben jeweils zehn Millionen US-Dollar Eintrittsgeld bezahlt. Perspektivisch soll jedoch der Kreis der Validator\*innen geöffnet werden – von einem Proof of Authority soll zu einem Proof of Stake gewechselt werden. Validator\*innen können dann alle werden, die nachweislich Geld im System angelegt haben. Wann und wie genau dieser Übergang stattfinden soll, ist nicht formuliert. Mittlerweile scheint dieser Übergang obsolet geworden zu sein: In einem Statement vom 16.4.2020 verabschiedet sich die Libra Association von der Öffnung des Validator\*innen-Pools. Die Association wird bis auf weiteres ein handverlesener Kreis bleiben.

Wie auch immer die Hürde zur Erlangung eines Libra-Kontos ausfallen wird, bei den Validator\*innen laufen alle Daten zusammen: welche Transaktionen in welcher Höhe, Zeitpunkt der Transaktion, die beteiligten Konten und die Verknüpfung zu den »Real-World«-Identitäten hinter den beteiligten Konten.

Und wie auch immer die Hürde zur Erlangung eines Libra-Kontos ausfallen wird: Ist sie niedrig, dann ist die Chance auf eine schnelles Wachstum gegeben – mit einem hohen Rauschen in den Daten, ist sie hoch, dann wird das Wachstum nicht so stark ausfallen, die angesammelten Daten – die »Real-World«-Identitäten – sind dafür >echt<(er). Insofern ist eine Regulierung von Libra für Libra eventuell gar kein großes Problem.

Dass Libra ausgerechnet bei Facebook entwickelt wurde, lässt Schlimmes erahnen, was die Weiterverwertung der gesammelten Daten betrifft. Das scheint Facebook auch selbst bewusst zu sein – Facebook beteiligt sich nur über eine >unabhängige< Tochter (Calibra) an dem Projekt. Allerdings sind die Messaging Apps von Facebook – Facebook Messenger, WhatsApp und Instagram – die Apps, über die sich Libra als erstes nutzen lassen soll. Selbst wenn diese Apps die Transaktionen nicht selbst durchführen, sondern dafür Software der Libra Association (z.B. via Plugin) nutzen würden – aus dem Kontext allein fallen schon verwertbare Daten an.

Allein am Beispiel von WhatsApp lässt sich beurteilen, wieviel Wert das Versprechen von Facebook hat, sich aus der direkten Transaktionsabwicklung herauszuhalten – nämlich keinen. Facebook hatte WhatsApp im Februar 2014 gekauft, mit dem Versprechen und der Auflage, die Nutzer*innen-Daten von WhatsApp nicht mit den Daten von Facebook zusammenzuführen. Spätestens 2016 war dieses Versprechen schon Makulatur und die EU-Kommission verhängte eine Strafe von 110 Millionen Euro als Warnung wegen Falschangaben bei der Unternehmensfusion. Gegen die Zusammenführung der Daten an sich gab es seitens der Brüsseler Behörde keine Einwände. Eine Einladung, das beim Libra-Projekt zu wiederholen.

## Login via Facebook

Viele Webseiten erlauben schon jetzt den Zugriff auf personalisierte Dienstleistungen via eines Logins bei Facebook. Der/die Betreiber*in einer Webseite, die einen Login via Facebook erlaubt, bindet einen Codeschnipsel von Facebook statt des normalen Logins ein. Dieser Codeschnipsel implementiert einen tatsächlichen Login bei Facebook und liefert dem/

der Betreiber*in Name, E-Mail und weitere Daten über die Person, die sich gerade eingeloggt hat. Facebook wird zum Garant für diese/n Nutzer*in – fast wie ein Melderegister. Die Facebook-ID bekommt den Charakter eines digitalen Personalausweises. Dass Facebook eine Klarnamenpflicht hat, passt zum Konzept.

Der/die Nutzer*in des Logins via Facebook >gehört< Facebook – das bestimmen die AGB des genannten Codeschnipsels. Facebook sichert sich damit Zugriff auf Nutzer*innenverhalten auf Seiten, die mit Facebook ansonsten gar nichts zu tun haben. Die >Like<-Buttons von Facebook fallen in die gleiche Kategorie.

Für Facebook liegt nichts näher, als auch alle verknüpften Libra-Konten in das Nutzer*innenprofil zu integrieren. Die Facebook-ID erweitert sich vom Personalausweis zum Personalausweis mit Zahlungsfunktion.

Mit der Integration von Libra in die Messaging-Apps von Facebook verleiht Facebook dem erweiterten >Personalausweis< eine entsprechend große Nutzer*innenschaft. Funktionsmäßig würden diese Apps mit vergleichbaren chinesischen Apps gleichziehen oder sie evtl. sogar überholen. WeChat bietet neben Chat (also Messaging) diverse weitere Funktionen – u.a. eine Zahlungsfunktion: WeChat Pay. WeChat Pay implementiert allerdings keine eigene Währung, sondern ist eher mit PayPal vergleichbar.

Libra könnte für die Facebook Messaging-Apps zum Killerfeature werden. Und: Von Facebook vielleicht gar nicht intendiert, könnte das zum Killerfeature für Smartphones werden – ein Leben ohne die dann im Smartphone angesammelten Funktionalitäten wäre immer aufwendiger.

## Währungspolitik

Libra werden erworben, indem sie gegen eine gleichwertige Menge einer klassischen Währung getauscht werden. Dabei passiert eine Verdopplung des Wertvolumens – das Wertvolumen existiert jetzt in Form von Libra und in Form der >hinterlegten< klassischen Währung. Erst beim Rücktausch löst sich diese Verdopplung wieder auf. Libra verspricht, keine eigenständige Geldschöpfung zu betreiben, also kein Geld aus dem Nichts zu erschaffen. Technisch wäre das ohne Probleme möglich, es ist also an den Aufsichtsbehörden, entsprechende Machenschaften zu enttarnen.

Facebook sieht seine Messaging-Apps als Tools zur Benutzung von Libra vor. Libra ausgeben soll nicht schwieriger sein als das Versenden einer

Message. Die Nutzer*innenzahl der drei Apps zusammen beträgt etwa 2,7 Milliarden – das entspricht grob einem Drittel der Menschheit. Sollte sich Libra etablieren, dann sammelt die Libra Association eine Menge Geld von einer Menge Nutzer*innen ein.

Selbst wenn die Libra Association das eingesammelte Geld nur in einen Tresor legen würde, wäre das schon ein Eingriff in den Devisenmarkt. Das eingelagerte Geld wäre der Zirkulationssphäre entzogen, würde also zu einer Verknappung führen und damit den Kurs der betroffenen Währungen steigern. Umgekehrt könnte die Libra Association durch eine gezielte Ausschüttung (z.b. durch Tausch einer Währung in eine andere) den Kurs einer Währung schwächen. Die Libra Association hat angekündigt, das hinterlegte Geld u.a. in Form eines ›Währungskorbes‹ aus ›stabilen‹ Währungen zusammenzusetzen – allein durch eine Verschiebung der Zusammensetzung dieses Währungskorbes kann die Association Politik über den Hebel des Devisenmarkts machen.

Schon im Whitepaper wird aber klargestellt, dass eine ›Tresorlösung‹ nicht angestrebt wird – neben einem ›Währungskorb‹ in Form von Bankeinlagen ist von kurzfristigen Staatsanleihen die Rede[8]. Das eingesammelte Geld wird also weiter verliehen – an Banken in Form von Einlagen oder an Staaten. Die einzige ›Bedingung‹ ist eine geringe Wertschwankung, was weitere Anlageformen explizit nicht ausschließt.

Libra strebt an, zu einer Art Schattenwährung zu werden, die parallel zu den jeweiligen Nationalwährungen existiert. Üblicherweise etablieren Staaten in ihrem Machtbereich ein ›gesetzliches Zahlungsmittel‹ – die eigene Währung –, in dem Transaktionen akzeptiert werden müssen. Nationalbanken sichern sich so ihren währungspolitischen Hebel. Staaten mit inflationsgeplagten Währungen kennen das Problem, wenn Kapital aus der Nationalwährung in eine Schattenwährung flüchtet (historisch meist der US-Dollar, aber auch Euro oder Schweizer Franken). Geldpolitische Interventionen von Nationalbanken wirken sich dann auf eine geringer werdende Kapitalmasse aus. Was passiert, wenn eine Nationalbank komplett die Kontrolle über das ›gesetzliche Zahlungsmittel‹ verliert, lässt sich am Beispiel von Griechenland studieren.

---

8   Libra whitepaper: ... it (Libra) will be backed by a collection of low-volatility assets, such as bank deposits and short-term government securities in currencies from stable and reputable central banks.

Sollte sich Libra etablieren, dann sammelt die Libra Association ein erhebliches ökonomisches Erpressungspotential ein.
Update: Am 16.4.2020 verkündete die Libra Association, Libra nicht mehr nur gegen einen Währungskorb, sondern auch gegen konkrete Währungen zu binden – es gäbe dann zusätzlich einen Euro-Libra, einen Dollar-Libra usw.

## Privatisierung des Geldes

Libra ist ein weiterer Schritt in der Entwicklung, alle möglichen Bereiche der Gesellschaft zu privatisieren. Libra ist die Privatisierung des Geldes. Dass Libra harten Gegenwind erfahren würde, war vorhersagbar, Libra ist schon fast der Maximalentwurf einer privatwirtschaftlichen Währung. Ein Testballon, um herauszufinden, was an Privatisierung z.Z. durchsetzbar ist. Dass Libra dabei in der Umsetzung Abstriche vom Ursprungsentwurf machen muss, war vermutlich allen bewusst, die das Projekt gestartet haben.

Libra ist eine konsequente Umsetzung libertärer Ideologie, den Staat an möglichst vielen Stellen zurückzudrängen und in seiner Macht zu beschneiden. Damit reiht es sich in die anderen Kryptowährungen ein, die ebenfalls den Staat und seine Zentralbank als bekämpfenswertes Problem ausgemacht haben. Libra jedoch hat eine Zentralbank, nur dass diese auf die Mitglieder der Libra Association verteilt ist. Als Validator*innen kontrollieren die Mitglieder, welche Transaktionen wirksam werden und welche nicht, sie kontrollieren über die Kontenvergabe, wer mitspielen darf und können über den Währungskorb und die Verwendung des hinterlegten Geldes Geldpolitik betreiben.

Wer die Validator*innen kontrolliert, ist derzeit umkämpft – allerdings scheint es den Regulierungsbehörden mehr um Geldwäsche und Steuerhinterziehung zu gehen als um die Auswirkungen einer Privatisierung. Es ist ein Nebenschauplatz und Mark Zuckerbergs Einknicken vor den US-Regulierungsbehörden weniger dramatisch für das Libra-Projekt, als es in den Medien erscheint.

Libra ist ein unverhohlener Griff nach der Macht. Ähnlich wie es neben Facebook fast unmöglich erscheint, ein zweites soziales Netzwerk (in dieser Größe und mit dieser Ausrichtung) zu etablieren, wird es schwierig, neben Libra eine zweite Kryptowährung mit vergleichbarem Charakter und entsprechender Größe aufzubauen – ein ›Aus dem Stand‹-Monopol.

Den Währungshüter*innen diverser Nationen ist das nicht entgangen. Schon vor Libra planten einige Zentralbanken Blockchain gestützte Versionen der eigenen Währung. So hat die EZB bereits 2018 mit EUROchain einen Prototyp für einen Blockchain-Euro entwickelt.[9] Das Libraprojekt ist Wasser auf diese Mühlen und weitere Länder planen digitalisierte Währungen – z.B. den tunesischen E-Dinar. Auch China arbeitet an einer digitalen Version des Yuan, dem DPEC – unter anderem in bewusster Abgrenzung zu Libra, welches als ›Äquivalent der Rückkehr zu einer primitiven Gesellschaft‹[10] bezeichnet wird. Aber das gilt wohl für alle digitalen Währungen inklusive des DPEC.

Aus linksradikaler Perspektive ist am Staat, dessen Zentralbank und Nationalwährung kaum etwas Verteidigenswertes zu finden. Libra zeigt jedoch auf, dass es noch hässlicher werden kann.

---

9  https://www.ecb.europa.eu/paym/intro/publications/pdf/ecb.mipinfocus191217.en.pdf [zuletzt abgerufen am 10.2.2021]
10 https://www.followcn.com/china-central-bank-will-be-the-first-to-issue-digital-money-says-prominent-political-figure/ [zuletzt abgerufen am 10.2.2021]

# Eine »Art von Krieg«
# oder: »Das Wüten des digitalisierenden Virus«

Der Beitrag berichtet, wie der »Krieg« gegen die Coronapandemie dazu genutzt wird, die »animal spirits« (Keynes), die aggressiven unternehmerischen Kräfte der IT-Innovationsoffensive aus der Stagnation zu reißen und ihnen einen neuen Schub zu verleihen – ähnlich, wie es der Krieg 1914 mit den »animal spirts« des Taylorismus getan hat. Wir haben wenig Zweifel an dieser Deutung. Denn wir haben immer wieder die Ähnlichkeiten und Analogien der großen historischen Technologischen Angriffe herausgearbeitet. Allerdings greift unsere Deutung vor dem Hintergrund des Geschehen mit Hilfe der historischen Erfahrungen prognostisch ins Unerforschte der zukünftigen Angriffsstrategien der Gegenseite. Darum versehen wir dieses Deutungsangebot mit zwei Ausrufezeichen und einem Fragezeichen.

Wir möchten den Beitrag mit drei Schlaglichtern zum aktuellen sozialpsychologischen Klima auf den autoritären Herrengestus, den unbedingten Willen zur Verwertung der Krise und die allgegenwärtige Kriegsmetaphorik einleiten. Sie wirken in unterschiedlichen Mischungen, Akzentuierungen und kulturell bedingten Einfärbungen in allen Ländern und beleuchten nicht nur treffend den komplexen Angriff des Corona-Moments, sondern formen auch die Zukunft und werden nicht mehr verschwinden. Das erste ist ein Artikel von Wolfgang Michal im FREITAG vom 16.4.2020 unter der Überschrift »Volksgemeinschaftsmoral bitte«. Darin analysiert er die Strategien der gegenwärtigen Coronakrisen-Inszenierung der Regierung unter dem Stichwort »Krisenkommunikationsstrategie«: lückenlose Geschlossenheit einer expertokratisch/politischen Dauershow im Sinne einer Hof- wie auch Frontberichterstattung, die infolge der föderalen Struktur auch Grüne einbinde. Sie lasse Risse nicht mehr erkennen und zelebriere die absolute Kommunikationshoheit, die die Bevölkerung zum volksgemeinschaftlichen Auditorium verkommen lasse. Zur Lektüre empfohlen wird hierzu auch die Beleuchtung dieses Vorgangs als »Einübung in den Ausnahmezustand« von Dirk Vogelskamp.¹ Aufgrund der unten erörterten Parallelität zu 1914 könnte man hinzufügen: »Angesichts der Krise kenne ich keine Parteien mehr, ich kenne nur noch Deutsche«. Die Krise ist nach Meinung der Expert*innen katastrophisch. Sie übersteigt, ja, potenziert die von 2008, was soviel heißt, wie sie der Weltwirtschaftskrise von 1929 bis 1945 gleichzusetzen.

Das zweite Schlaglicht ist der offensichtliche unbedingte Wille, die Krise zu nutzen. Wir haben einen derartigen Willen Merkels schon im Zusammenhang mit der Drohung des globalen Zusammenbruchs im Jahre 2010 kennengelernt². Damals war es der Wille, die Krise zur Realisierung des alten deutschen Traums von einem deutschen Europa zu verwerten. In ähnlicher Weise spekuliert ihre Digital-Staatsministerin Dorothea Bär, so wie auch die führenden Akteure in anderen Ländern, nunmehr auf einen »massiven Schub« durch die Coronakrise. In europäischer Verzweiflung allerdings im Kampf gegen die gähnende digitale Lücke gegenüber China und den USA (dazu unten mehr). Und schließlich rät der hierzulande als bloßer Spekulant sträflich unterschätzte George Soros – angesichts der Bedrohung Europas in dieser tiefen Krise und dem »once-in-a-lifetime war against a virus« – zu »perpetual bonds«, »ewigen Anleihen«, die von England schon in den napoleonischen Kriegen und dem Ersten Weltkrieg eingesetzt worden seien.³ Es handelt sich um zinstragende Anleihen ohne eine ausdrückliche Pflicht, aber mit dem Recht zur Rückzahlung, das von der englischen Regierung auch wahrgenommen wurde. Sie sind ein kriegsökonomisches Instrument und so ist auch die Kriegsmetaphorik allgegenwärtig, selbst wenn die »Frontberichterstattung« in Deutschland aus historischen Gründen das Wort »Krieg« vermeidet. Wir kennen sie beispielsweise von Macron oder dem ehemaligen Vorsitzenden der englischen Zentralbank Mark Carney. Auf den Punkt gebracht hat der zwar nach rechts abgeglittene, aber durchaus intelligente Varoufakis derlei Maßnahmen im Zusammenhang mit der schuldenfinanzierten Geldflutung als »Kriegsökonomie ohne Krieg«. »The analogue of war« war die Überschrift des Historikers William Leuchtenburg über Franklin D. Roo-

1   www.grundrechtekomitee.de/details/pandemie-versus-demokratie-oder-die-einuebung-in-den-ausnahmezustand [Dieser sowie alle folgenden Links wurden zuletzt abgerufen am 17.02.2021]
2   Vgl. dazu D. Hartmann, J. Malamatinas, Krisenlabor Griechenland, Berlin, Hamburg 2011, S. 53 ff.
3   THE GUARDIAN vom 21.4.20, wiederholt in einem Gastbeitrag im SPIEGEL vom 1.5.20.

sevelts 1933er Aufgalopp zum sogenannten »ersten New Deal«, der seine Verwirklichung im Übergang zur Kriegsökonomie der späten 1930er Jahre finden sollte[4]. Autoritärer Herrschaftsgestus, Krisennutzung, Kriegs- und Frontmetaphorik, Kriegsökonomie ohne Krieg, sie alle summieren sich, das sagt uns die Geschichte, zu einer äußerst brisanten Situation.

## Die Krisenlage

In einem Artikel vom 29.4.2020 für *Project Syndicate* thematisierte der renommierte amerikanische Ökonom der New York University Nouriel Roubini, seit Jahrzehnten Mitarbeiter höchstrangiger Beratergremien, »zehn Gründe, warum eine größere Depression in den 20er Jahren unvermeidlich ist«, die allerdings für Trends stünden, die schon vor Corona gewirkt hätten. Es sind im Kern diejenigen, die wir in der online-Zeitschrift »Hydra«[5] seit langem beobachten, vor allem das ungeheure Ausmaß ökonomisch nicht tragbarer (unsustainable) Verschuldung auf allen Ebenen. Ebenso hat der »Hydra«-Krisenticker#3 den in den vorhergehenden Krisentickern[6] dargestellten Krisenpegel in seiner ökonomischen Dimension durch eine dramatische Entwicklung der globalen Verschuldung charakterisiert. War sie vom Jahr des globalen Crashs 2008 bis Anfang 2017 von 97 Billionen (US-amerikanisch »trillions«) auf 169 (laut IWF Global-Data-Base sogar 184) Billionen angewachsen, so hat sich inzwischen die Verschuldung derart dramatisch weiterentwickelt, dass sich die amerikanische Federal Reserve (Fed) 2019 zur erneuten Anwendung einer Notmaßnahme aus dem Crash-Jahr 2008 gezwungen sah. Zur Sicherung des Vertrauens und der prophylaktischen Vermeidung einer totalen Austrocknung der Liquidität wurden wieder hohe »Übernachtkredite« zur Verfügung gestellt. Das war noch unter den Bedingungen einer, wenn auch durch Schulden und Nachfrageverfall, Protektionismus, Abwertungswettbewerb stotternden globalen Mechanik. Der World Economic Outlook des IWF verzeichnet nunmehr aufgrund der durch Corona hinzugekommenen Bedingungen – Schuldensteigerung, Produktionsein-

---

4   D. Hartmann, Krisen, Kämpfe, Kriege, Band 2: Innovative Barbarei gegen soziale Revolution – Kapitalismus und Massengewalt im 20. Jahrhundert, Berlin 2019, Kap. 8.4.
5   https://www.the-hydra.world/index.php/krisenticker/
6   Murmeltier ante portas, https://www.the-hydra.world/index.php/2019/10/01/krisenticker-3/

schränkungen – den Absturz in die tiefste Krise seit der Großen Depression. Realistische Betrachter\*innen stellen die aktuelle Krise dieser gleich.[7] So mussten die USA Ende April dieses Jahres – bei einer Million Infizierter und 60.000 Toten – mehr als 30 Millionen krisenbedingte Arbeitslose hinnehmen, so viele wie nie zuvor in so kurzer Zeit, 18 % der Arbeitsbevölkerung mit einer Quote von fast fünf Prozent, dazu einen dramatischen Wirtschaftseinbruch und im mittleren und unteren Bereich zahllose Firmenzusammenbrüche. Die deutschen Unternehmen haben für 10,1 Millionen Beschäftigte Kurzarbeit angemeldet bei gleichwohl zudem noch wachsender Arbeitslosigkeit und steigenden Firmenzusammenbrüchen, verfallenden Exporten und einem Rückgang der Wirtschaftsleistung um 6,3 %. In den übrigen großen Volkswirtschaften herrscht das gleiche Bild. Ebenso wie Roubini sieht der Finanzexperte aus Berkeley Barry Eichengreen Trumps ostentativen Optimismus als völlig verfehlt an. Er hält ihm die Gründe entgegen, warum die Auswirkungen des ökonomischen Schlags von Corona viele Jahre anhalten werden. Der ehemalige IWF-Chefökonom und Krisentheoretiker Kenneth Rogoff verweist darauf, dass kein Zusammenbruch der letzten 150 Jahre derart stark und schnell gewesen ist. Und China erlebt den schlimmsten Zusammenbruch seit der Kulturrevolution mit einem Mitte April 2020 registrierten Absturz des Wachstums von + 6 % auf – 6,8 % unter Einschluss des IT-Sektors und des Verbraucher\*innenvertrauens. »Wir werden in China keinen V-förmigen Aufschwung sehen«, diagnostiziert der Chefökonom des auf China spezialisierten Berliner Mercator-Instituts.

Und vor allem: Es ist kein »exogener«, dem Kapitalismus äußerlicher Schock. Vielmehr sind es die Bedingungen des Marktes und der Globalisierung, mit ihren bis ins Lokale reichenden Marktansammlungen, weltumspannenden Lieferketten und Verkehrsverbindungen, die die Coronaoffensive mit hervorgebracht haben. Sie ist ein genuines Produkt des gegenwärtigen Kapitalismus. Und das gilt auch für die Fluten eines weiteren »Geldtsunamis«, die, wie schon 2001 und 2008, zur Krisenlösung entfesselt werden.

---

7   Auf den Hydra-Krisenticker#4 wird verwiesen.

## Stagnation der Digitalisierung
## und Blockierung der Innovationsoffensive ...

Wir wissen, dass Wachstum und Profitsteigerung nachhaltig nur durch Innovationsoffensiven erreicht werden können, weil allein sie die gesellschaftlichen Quellen von Produktivität angreifen, gestalten und erschließen und Produktivität erhöhen können. Dies ist auch die herrschende Meinung der Ökonom*innen. Innovationsoffensiven sind jedoch keine subjektfreien Geschehnisse. In ihnen verwirklicht sich das, was Keynes in seiner 1936 erschienen »General Theory« die »animal spirits« als subjektive, im weitesten Sinn unternehmerische Antriebskräfte bezeichnet hat, und was der ebenso bedeutende Ökonom Joseph Schumpeter als die in den innovativen Akteuren verkörperten Kräfte der »schöpferischen Zerstörung« beschrieben hat.[8] All das begründet die Brisanz der Befunde aus dem Working Paper der OECD No. 1533 von Februar 1919. Danach stagnierten die Durchsetzung der IT-Technologien und Gewinne zugleich mit den in ihnen verkörperten »animal spirits«. In den großen Industriegiganten weitgehend verwirklicht, machte die Offensive an der Grenze zum Gefälle der überkommenen Betriebsformen halt. Die Ursachen können nur in Resistenzen – etwa das Beharren auf überkommenen Lebens- und Arbeitsformen – zu suchen sein, die die Fortsetzung der Digitalisierung blockieren. Es ist das, was Bär mit der gebotenen Zurückhaltung so charakterisiert: »Eine Studie, die ich seit längerem zitiere, sagt, dass wir Deutschen den Wandel nicht mögen, wenn wir aber dazu gezwungen werden, bewältigen wir ihn am besten.«[9] In der Tat sind die Wege aus der biedermeierähnlichen Gemütlichkeit der Stagnation des Kapitalismus in der deutschen Geschichte unter dem Diktat krisenhafter »Zwänge« immer mit geballter Gewalt verbunden gewesen.

## ... und der Durchbruch durch Corona,
## das »digitalisierende Virus«

Nachdem Bär ähnlich schon im November 2018 meinte, dass Deutschland eine Krisenmentalität brauche, um die Digitalisierungslücke zu schließen[10], sieht sie in der Coronaepidemie die Chance, »dass die Digitalisierung auf

---

8   Dazu D. Hartmann, Krisen, Kämpfe, Kriege, Band 1: Alan Greenspans endloser »Tsunami« – Eine Angriffswelle zur Erneuerung kapitalistischer Macht, Berlin 2015, S. 66ff., 199ff., 202ff.
9   FRANKENPOST vom 22.3.20
10  C. Stöcker, M. Büch, P. Sandner, Die positive Seite dieser Krise, FAZ vom 20.4.20

diese Weise einen massiven Schub erfährt«[11], auch wenn sie sich diese Weise nicht gewünscht habe. Selbstredend, geschenkt. Aber Bär ist nicht so zartfühlend, wie sie tut. So ist sie durch ihre Robustheit aufgefallen, als sie autonome Flugtaxis propagierte. Fürs erste sieht sie Einsatzfelder des Digitalisierungsschubs in Videokonferenzen, Homeoffice, Bildung und Erziehung (»Vieles, was in der digitalen Bildung versäumt wurde, wird jetzt ausprobiert«), der staatlichen Verwaltung im E-Government oder dem »Digitalen Staat« – und natürlich im Gesundheitssektor (auf Corona gemünzt: Vernetzung der Ärzt*innen untereinander und mit Krankenhäusern, kontaktloses Fiebermessen, Pflegeroboter zur Medikamentenverteilung etc.). Das gelte auch für die Corona-App, »die man am Anfang jetzt mal freiwillig starten (muss), in der Hoffnung, dass es dann auch möglichst viele nutzen. Und dann muss man einfach dem Ganzen mal eine Chance geben«.[12]

## Die technologischen Aufmarschfelder in der Nutzung der Coronakrise

Als exemplarisch für die Unternehmerseite kann man das Startup-Management der Spherity GmbH anführen. Sie vertreibt dezentrales Identitätsmanagement im Sinne sicherer Identitäten für das Zusammenspiel von Unternehmen, Maschinen, intelligenten Geräten und Algorithmen. Ihr Mitgründer und General Manager Carsten Stöcker hat in der FAZ vom 20.4.20 »die positive Seite dieser Krise« propagiert – bezeichnenderweise zusammen mit Hochschullehrer, Netzwerkberater und Vorstandsmitglied des Blockchain Bundesverbandes Prof. Markus Büch und Kryptowährungsspezialisten Prof. Philipp Sandner. Demnach fordert die Coronaepidemie zum Beispiel bei der Heimarbeit »einen hohen Grad von Digitalisierung« heraus. »So ist Corona auch das ›digitalisierende‹ virus«, denn »grundsätzlich hat das Corona-Virus geschafft, was viele Manager und Digitalisierungsberater nicht geschafft haben«. Als Einsatzfelder des viralen »Digitalisierungsschubs« nennen die Autoren E-Justiz, E-Notariat und E-Government, E-Health mit Videosprechstunden, digitaler Versicherungskarte und Rezeptur, den digitalen Euro und digitale Bildung. Sie erwarten vom Corona-induzierten »Schub« Wirkungen über die Zeit

---

11 FRANKENPOST a.a.O.
12 www.presseportal.de/pm/51580/4564292

des Corona-Lockdown hinaus, wobei sie sich auf Ministerin Bärs Ferment der »Krisenmentalität« berufen. Der Staat soll »als langsamer Tanker mit einer ganzen Flotte von Schnellbooten« (gemeint sind wohl kleinere Unternehmen, Start-ups) im Sinne einer Public-Private-Partnership operieren. Er soll »die Komfortzone der Tagesgeschäfte verlassen ... und den Turbo in der Digitalisierung zünden. Führt die Politik dann noch digitale Infrastrukturprogramme, digitale Identität und den digitalen Euro ein, so, wie es die Amerikaner mit ihrem Stimulusprogramm vorgemacht haben, entstehen neuartige digitale Ökosysteme. Nicht zu vergessen: Am Ende geht es darum, auch später mit digitalen Lösungen nachhaltig Geld zu verdienen. Denn nur so erreichen wir mehr, als das Heranzüchten digitaler Eintagsfliegen ... Nun sollten proaktiv die entlegensten Winkel der Gesellschaft digital durchdrungen werden«.

Auch das Handelsblatt, als das grundsätzlich und in der Berichterstattung profilierteste Blatt, belegt in seiner Printausgabe – vornehmlich an Einzelbeispielen – diesen Schub. Zunächst grundsätzlich im Sinne eines Leitartikels: »Die Krise ist unsere Chance ... schafft Bedingungen für radikale Veränderungen ... eine ›Can-do‹-Mentalität« (16.4.20). »Corona sportt massive Investitionen in die Digitalisierung, d.h. die digital gestützte Automatisierung des Flughafenbetriebs an« (23.4.20). »Das Coronavirus beschleunigt den Wandel ... virale Beschleunigung im Hörsaal« der privaten Hochschulen vornehmlich im Management- und Business-Bereich (24.4.20). Proptechs, also Immobilien-Start-ups, macht Corona zu »Krisengewinnlern« (24.4.20). Des Weiteren das Übliche zu Heimarbeit und Universitäten.

Der Digitalisierungsschub in der Justiz beschleunigt sich mit einer für diese konservative Schnecke rasenden Geschwindigkeit. Der Widerstand und das Beharrungsvermögen der an Papierakten gewöhnten Richter*innen bröckelt rapide, eine umfassende Digitalisierung wird eingeleitet – auch des Schriftverkehrs und durch Videokonferenzen, etwa im Arbeits- und Sozialrecht. Ausgenommen dort, wo es auf face-to-face-Eindruck und -Einwirkung ankommt, also bei Zeug*innenbefragungen und im Strafprozess.[13]

Shopping und Tourismus sollen laut DIHK durch den massiven Einsatz von Apps wiederbelebt werden. In einem Merkel und den Koalitionsspitzen zum Wochenende 25./26.4.2020 zugeleiteten Konzeptpapier schlägt

---

13   SPIEGEL vom 30.4.20

der DIHK vor, den Zugang zu Fußgängerzonen, Geschäften und Hotels über Tickets zu begrenzen, die über eine App ausgegeben werden und mit deren Hilfe Kund*innen Einkaufszeiten und Dienstleistungen buchen könnten. An Stränden, Seen, in Nationalparks, Messen – tendenziell wird der gesamte öffentliche Raum ins Visier genommen – könnten über Echtzeitpositionsdaten Personenströme reguliert werden. (So zu lesen in allen über das Redaktionsnetzwerk Deutschland (RND) versorgten Blätter, z.B. im SPIEGEL vom 28.4.20 oder im Weser-Kurier vom selben Tag. Das ist ein kleiner Schritt in der Digitalisierungsoffensive, aber ein großer Schritt für die gesamte Innovationsoffensive. Denn es würde eine weitere epochale Etappe eines Strukturwandels der Öffentlichkeit eröffnen, der denjenigen tayloristischer Öffentlichkeitsrationalisierungen (vgl. Hydra#2) auf eine neue historische Stufe heben würde. Die App-vermittelten ersten Schritte hierzu haben wir bei çapulcu schon analysiert.

Dem notgedrungen knappen Schlaglicht auf die US-amerikanischen Entwicklungen kann man Microsoft-CEO Nadellas Quintessenz über die technologischen Wirkungen von Corona aus einem Bericht des BUSINESS STANDARD vom 30.4.20 voranstellen: »Zwei Jahre digitaler Transformation brauchen nur zwei Monate.« Natürlich haben digitalisierte Videokonferenzen, Homeoffice und digitalisierter Unterricht einen enormen Schub erlebt. Aber in manchen Segmenten und Städten waren sie schon viel weiter entwickelt als in Deutschland, sogar als in Greater London, sodass niemand viel Aufhebens davon macht. Das gilt aber nicht für viele Städte und weite Landstriche zurückhängender Bundesstaaten, über die wenig anderes zu sagen ist als über Deutschland. Kurz: das Binnengefälle ist krass. Daran mag es liegen, dass über Allgemeinheiten wie die schlichte Konstatierung eines IT-Schubs hinaus die Berichterstattung und Analysen von McKinsey nicht gerade spannend und hier kaum berichtenswert sind.[14] Beachtenswert ist hingegen der Bericht von Guido Mingels aus San Francisco[15], wonach der Schub in den coronabedingten IT-Anwendungen das angewachsene Misstrauen gegenüber Silicon Valley zum Schmelzen bringt: »Der Techlash ist vorerst abgesagt ... Big Tech gewinnt«, zumal es seine Lieferketten erfolgreich habe reorganisieren können. Corona beschleunige Trends, mache manche Ideen und Firmen zu Gewinnern – hervorstechend

---

14 Vgl. https://www.mckinsey.com/industries/healthcare-systems-and-services/our-insights/beyond-coronavirus-the-path-to-the-next-normal
15 Abgedruckt im SPIEGEL vom 16.4.20.

Amazon als »unverzichtbarer Grundversorger« – und andere zu Verlierern, wie die sogenannte »Sharing-Industrie« oder besser »on-demand-Industrie«. Die Digital-Industrie werde nunmehr von der Option zum Standard, die verheerendste Folge für die Perspektiven der sozialen Revolution gegen den Technologischen Angriff. Ist diese Wasserscheide in den USA wirklich überschritten, bei der nach Mingels die »Digitalisierung zur [technologisch definierten, çapulcu redaktionskollektiv] Klassenfrage« wird, zur Frage derjenigen, die aus unterbezahlten Positionen aus Supermärkten, Tankstellen, Kurierdiensten die Homeoffice-Elite mit dem Notwendigsten versorgen, zum Schaden urbaner Zentren?

Die Bewertung der Prozesse in den USA ist infolge der US-Führerschaft in der Innovationsoffensive und der – bisher noch prägenden – weit liberaleren sozial/ökonomischen Organisation eine andere. Der von privaten Unternehmen betriebene disruptive, zerstörerische Prozess wird bislang noch brutal fortgesetzt, der Moment einer staatlichen oder sonst gesamtgesellschaftlichen Hegemonisierung ist noch nicht erreicht (wie ja die USA in der Geschichte auch immer verspätet Anschluss an die von Deutschland vorangetriebene gesamtorganisatorische Entwicklung gesucht haben[16]). Andere, auch europäische Länder, in denen das Transformationsprofil blasser entwickelt ist, müssen hier unbehandelt bleiben.

## Chaos oder Lenkung?

Weder noch. All diese Vorstöße erscheinen chaotisch. Aber in der Geschichte der Innovationsoffensiven lag das »organisierende« Moment immer, so auch heute, begründet in vom Ehrgeiz befeuerten privaten Initiativen. Das sind Initiativen der großen Player wie Google, Amazon, Facebook, ja, unter ferner liefen sogar auch SAP. Aber auch der Start-ups und nicht zuletzt der innovativen Forschungsinstitute und darüber hinaus der Problemlöser (vgl. den Beitrag über »KI zur Programmatischen Ungleichbehandlung« in diesem Band), der Expert*innen, die – selten selbst Entscheider*innen – Such- und Problemräume eröffnen und Lösungsmöglichkeiten anbieten. Alle suchen sie zugleich ihre Chancen. Und das »Organisierende« daran ist die gleichgerichtete innovative Orientierung. Sie ist zugleich befeuert von Ehrgeiz, Profilierungseifer und Konkurrenz, geprägt vom gegenseitigen Lernen bis zum Diebstahl und zur Hochstapelei. Mit (zeitweiligen) Vorrei-

---

16 Vgl. D. Hartmann, Krisen, Kämpfe, Kriege, Bd. 2, op. cit., Kap. 3.3, 8.4.

tern, Vorpreschern, Taktgebern. Sie sind es allesamt, in denen sich die »animal spirits« des Schubs verkörpern, ausprägen und ausdifferenzieren. Und der Staat? Schiebt er nicht ebenfalls, wenn man Bär glauben darf und ernst nehmen möchte? Sicher doch. Aber ist nicht das Analysepotential, Knowhow und die Mischung von Gier und Ehrgeiz der »Privaten« aller dieser Ebenen unvergleichlich größer? Ebenso sicher. Doch sie sind Konkurrenten und gönnen sich gegenseitig bei allen vorübergehenden Allianzen das Schwarze unterm Nagel nicht. So tritt denn, wie schon früher, der nicht nur ideelle (Engels), sondern eher reale Gesamtkapitalist als Garant nicht nur staatlicher, sondern vor allem militärischer Macht als Angelpunkt auf, der eine kohärente Formierung der Initiativen zu einem komplexen historischen Schub ermöglicht. Und gerade hier ist die Ähnlichkeit, die Analogie mit dem tayloristischen Schub im Ersten Weltkrieg (wiederholt im NS) besonders augenfällig. Es waren die Kapazitäten und die Akteur*innen der großen Player (AEG, BASF), die den Krieg praktisch übernahmen und binnen Monaten das Kriegsministerium zu einem Wurmfortsatz der von ihnen geschaffenen gigantischen Strukturen machten. Komplettiert durch Horden ehrgeiziger wissenschaftlicher Problemlöser*innen aus den Universitäten, Instituten und dergleichen mehr, betrieben sie unter einer zusammenfassenden, richtunggebenden, aber sich zugleich verändernden Staatlichkeit ihre Konkurrenzen und zugleich die Formierung eines militärisch-industriell-wissenschaftlichen Komplexes und den Durchbruch des Fordismus/Taylorismus.[17]

Das von den »animal spirits« des Schubs angestachelte Digitalisierungsrennen kann man in einer derart hektischen Phase nur in Momentaufnahmen wiedergeben. Aufnahmen, die schon im nächsten Monat anders aussehen werden. Daher soll es mit dem hier festgehaltenen »Schnappschuss« erst einmal sein Bewenden haben. Wir verstehen diesen eher als Auftakt zu weiteren Schnappschüssen von Vorstößen, die wir in den kommenden Monaten und Jahren behandeln werden.

## Vorwarnungen aus der Geschichte und Ausblick

Wir haben bei çapulcu wiederholt betont, dass unsere Darstellung von Facetten des Technologischen Angriffs zeithistorisch in das komplexe Geschehen der Innovationsoffensive eingebettet und historisch zurückge-

---

17   Ebd., Kap. 3, 8.3

bunden werden muss. Das müssen wir jetzt auch tun. Denn die über die großen Zyklen hinweg so ähnlichen Verlaufspfade bzw. das dynamische Profil solcher Offensiven sind jeweils unhintertreiblich ein historisches Gesamtgeschehen. In ihm verbinden sich unauflöslich Angriffsstränge, Finanzinstrumente/Ökonomie, Sozialstrategien, was immer die Analyse an Einzelsträngen da herauslösen mag. Eben das, was die oben referierten Autoren das »digitale Durchdringen auch der entlegensten Winkel der Gesellschaft« nannten. Gegen die Bevölkerung in allen Dimensionen von Arbeiten und Leben gerichtet, hat die Offensive immer wieder – in den historischen Etappen von »industrieller Revolution«, tayloristischer bis zur heutigen IT-Offensive – den Durchbruch in einem epochal angelegten, technologisch/ökonomischen Vorstoß gesucht. Krisen sind sowohl den Resistenzen und Widerständen gegen die Offensive geschuldet, wie auch dem Ausbleiben der anvisierten Werte, die das jeweils modifizierte und gesteigerte Warenangebot tragen können. Die Krisenträchtigkeit der Verschuldungswellen haben wir hier und bei »Hydra« nachgezeichnet. Das genannte OECD-Papier hat der daraus resultierenden technologisch/ ökonomischen Blockierung Rechnung getragen, was uns nicht überrascht. Corona hat die Situation derart verschärft, dass die innovatorisch-kapitalistischen Eliten nunmehr die Gelegenheit ergreifen, den Schock der Krise, die »shock and awe«-Wirkung des potenzierten Technologischen Angriffs und vor allem die ökonomisch-existenzielle Angst der Menschen zu nutzen.

Die Analogien zu Krisensituationen wie 1913 f. und 1929 ff. liegen auf der Hand.[18] Im Zuge des Innovationsvortriebs musste die Innovationsoffensive, damals ebenso wie heute, auf eine fundamentale ökonomisch/ soziale Blockierung stoßen. Sie konnte, angesichts von Resistenzen und Widerständen und ausbleibenden ökonomischen Anpassungen, nie glatt durchgehen. Damals nutzten ihre Avantgarden den von ihnen nicht herbeigeführten, sondern allenfalls unterstützten Kriegseintritt, um den Durchbruch der Offensive in einem nie dagewesenen Blutbad zu suchen.[19] Und heute? Tun sie es in gleicher Weise, so sehr sich die Wirkungen von Corona vom damaligen Blutbad auch unterscheiden. Bedarf es zum Durchbruch der zerstörerischen Wirkungen und organisatorischen Prozesse eines Krieges, ist er anvisiert? Oder reicht vorerst eine Corona-induzierte Zerstörung mit einer »Kriegsökonomie ohne Krieg« aus? Ebenso wie den Krieg von

---

18 Vgl. dazu D. Hartmann, Krisen, Kämpfe, Kriege, Bd. 2, op. cit., Kap. 3 und 5.
19 D. Hartmann, Krisen, Kämpfe, Kriege, Bd. 2, op. cit., Kap. 2 und 5.

1914 haben die Protagonist*innen der Offensive die Coronaepidemie nicht herbeigeführt (die Verschwörungstheorien lenken auf schändliche Weise vom wirklichen Geschehen ab). Aber sie nutzen diese in ähnlicher Weise. Und zwar durchaus unter bezeichnender Verwendung von Kriegsrhetorik und mit aus der Kriegsökonomie bekannten Mitteln. Und zugleich vor dem Hintergrund und unter Nutzung politisch-strategischer und militärischer Spannungen, die wir im Beitrag zum »Griff nach der Weltmacht« behandelt haben und die in der Lage sind, die »schöpferische Zerstörung« durch Corona durch eine kriegerische zu steigern. Die amerikanische Futurologin und Beraterin hoher Militärs und Politiker*innen Amy Webb beschwor in einem Handelsblatt-Interview und im Coronakontext am 22.4.20 die Gefahr eines »ökonomisch-technologischen Krieges« und sagte: »China nutzt die Krise, um noch viel mehr Daten zu sammeln. Ortsdaten der Menschen, aber auch hochsensible biometrische Informationen. Dadurch werden die Datenanalysefähigkeiten und die KI-Technologien der dortigen Unternehmen noch besser. Diese Entwicklung trifft übrigens nicht nur die einzelnen Nutzer. Auch Unternehmen werden in China von automatischen Scoring-Systemen erfasst und kategorisiert. Gleichzeitig entsteht ein neuer militärisch-technologischer Komplex. Denn die Waffen der Zukunft sind Daten und Algorithmen. Und viele Unternehmen, die eng mit dem Militär kooperieren, sind auch diejenigen, die am weitesten mit der KI-Forschung sind. Ich mache mir Sorgen, dass die globale Pandemie einen ökonomisch-technologischen Krieg auslöst, wie wir ihn noch nicht gesehen haben.«[20] In Anbetracht unserer detaillierten Darstellungen in »DELETE!« ist in diesem Statement für uns nur der Corona-Kontext neu, den sie zu Recht als Beschleuniger betrachtet. Webb redet mit Admiralen, Sterne-Generälen und Politiker*innen in strategischen Positionen. Wird die Tendenz zum Krieg in Kauf genommen oder gar beabsichtigt? Die antichinesische Rhetorik – Webb rechnet mit einer »De-Chinaisierung« – ist von Trump bis zu den Demokraten unüberhörbar. Die hier und im Beitrag über den »Griff nach der Weltmacht« gegebenen historischen Hinweise sagen uns, dass die USA innovationstreibende Kriege sowohl angezettelt, als auch aufgegriffen haben. Und das ist wichtig, denn die historische Orientierung spielt bei ihren Akteur*innen immer eine große Rolle. All das sagt mehr als der nackte informative Inhalt ihres Statements und wird uns weiterhin beschäftigen.

---

20   Handelsblatt, 22.4.20

Auch wenn wir den rasenden Wirbel der Veränderung nur in Momentaufnahmen fassen können, einige Vorstöße übergreifender und grundsätzlicherer Natur wollen wir – ohne Anspruch auf Systematik und Vollständigkeit – benennen.

## Konzentrations-, Bereinigungsprozesse und weitere Auswirkungen

Der Erste Weltkrieg wurde durch die Kriegsrohstoffabteilung wie auch durch analoge Organisationen in anderen kriegführenden Ländern über den Begriff der »Kriegswichtigkeit« bzw. »Kriegsrelevanz« unter dem Machtmonopol der damals innovativen Elektro- und Chemiegiganten zur gelenkten Konzentration und Unternehmensbereinigung genutzt. Etwas Ähnliches geschieht jetzt mit dem Instrumentarium der Bedingungen unterliegenden Kreditvergabe, die an der Leitlinie der »Systemrelevanz« orientiert sind – allerdings auf der neuen Innovationsstufe unter dem Machtmonopol der IT-Giganten.

Die Prozesse der Konzentration, Auslese und Bereinigung lassen auf allen industriellen Stufen Unternehmen verschwinden, wie es keine der früheren großen Krisen gründlicher bewerkstelligt hat. Am dramatischsten in der Luftfahrt und Flugzeugindustrie, wo ganze Airlines untergehen in Ländern, die sich eine auffangende Finanzierung nicht leisten können. Besonders dramatisch in Afrika, wo Ethiopian und Southafrican Airlines der Auflösung anheimgegeben scheinen. Es sei denn, eine der großen metropolitanen Linien sammelt sie für 'nen Appel und ein Ei auf.

Ein ebenso dramatischer Prozess tobt im *Einzelhandel und Servicesektor*. Der ist von großer Bedeutung für tradierte Lebensformen und die in ihnen angelegten Resistenzpotentiale, insbesondere der mittlere und Kleinhandel auf Quartiers- und Stadtebene. Corona hat ihm in allen Ländern einen teilweise irreversiblen Schock versetzt. Nutznießer ist der Onlinehandel, aber auch Netflix, Ocado & Co. Vor allem aber Amazon. Unter Corona hat das Unternehmen seinen Absatz auf 11.000 US-Dollar in der Sekunde hochgefahren, Bezos hat sein Vermögen auf 138 Milliarden erhöht und als reichster Mann der Welt den Abstand zu den ärmlichen, im unteren zweistelligen Milliardenbereich vegetierenden Hungerleider*innen noch ausgebaut. Seine gewachsene Arroganz gegenüber den Arbeiter*innen schlägt sich im amerikanischen System des »hire and fire«, in zunehmender Brutalität und Mitleidlosigkeit nieder. Der CEO von Ritholz Wealth Management, Josh Ritholz, gibt die übereinstimmende Meinung vieler wieder, wenn er sagt: »Amazon ist in dieser Krise ein öffentliches Versorgungsunternehmen geworden – aggressiv, verlässlich, unverzichtbar.«. Vizepräsident Mike Pence hat in einem U-Turn gegenüber Trumps vorheriger Ablehnung seine Ergebenheitsadresse bei Bezos angebracht[21]. Das oben geschilderte Beispiel der Initiative des DIHT verleiht diesem Vorstoß der »schöpferischen Zerstörung«, d.h. der Zerstörung und Neuschöpfung der Lebenswelt, eine technologische Form, die für weitere Vorstöße prägend sein wird.

Eine Momentaufnahme aus *Hochschulen* in NRW lieferte uns ein Genosse. Er berichtete, dass Hauptamtler\*innen per Anordnung aus dem Ministerium verpflichtet wurden, den Unterricht selbst zu digitalisieren – zwar mit finanzieller Unterstützung, aber mit den marktgängigen Hilfsmitteln. Auch Nebenamtler\*innen wurden dazu aufgefordert, verbunden mit der Drohung des Gehaltsverlusts, wenn sie nicht spuren sollten.

In *finanztechnischer* Hinsicht verweisen wir auf die Beiträge zu »Libra« in diesem Band und auf den »Hydra«-Krisenticker#4. Das Fluten des Schulden- und Liquiditätspegels in vielfacher Billionenhöhe hat überall und auch in Deutschland Dämme brechen lassen und Fragen nach einer neuen Ökonomie aufgeworfen. Zum offensichtlich coronabedingten Ausbruch der Formen kontaktfreier Bezahlung, besonders durch Smartphones, liegen noch keine verlässlichen Berichte vor. Zum Gesundheitsbereich verweisen wir auf die entsprechenden Beiträge.

Die *Globalisierung* wird zurückgefahren, ebenso werden Lieferketten zurückgefahren und reorganisiert, Unternehmen richten Zwischenlager ein. Nach 1914 ff. und 1933 ff. werden Vorstellungen eines versorgungssicheren »Großraums« erneut erörtert.

Die *patriarchal-sexistische Gewalt-* und Ausbeutungskaskade, deren informationstechnologischen Ausdruck wir immer wieder beleuchtet haben, radikalisiert sich unter Corona einmal mehr. Frauen tragen eine unerträgliche Last in Heimarbeitsplätzen mit Kindern, aber auch in der Isolation häuslicher Versorgungsleistungen. Dies wird sich unter den Bedingungen der zu erwartenden ökonomischen Krise noch verschärfen.

---

21  R. Neate, Amazon reaps $11,000-a-second coronavirus lockdown bonanza, THE GUARDIAN vom 15.4.20

In *Europa* spielen Merkel/Scholz va banque. Sie wollen ihr rigides, an Griechenland entwickeltes Regime weiterverfolgen, das Europa inzwischen in drei Zonen einteilt: im Zentrum der alte wilhelminische und NS-Kern, bestehend aus Deutschland, Österreich, Benelux und eventuell auch Frankreich, danach Italien und Spanien und schließlich den übrigen Länder.[22] Corona-Bonds wird's nicht geben, die Einigungslinie wird auf der »gemeinsamen« Verschuldung über die Europäische Union gesucht, verbunden mit Machtgewinn für von der Leyens Europa als die BRD-dominierte Macht. Die EZB kauft weiter Bonds, d.h. verbriefte Staats- und Unternehmensanleihen, über die Ramschgrenze hinaus. Als europäisches Organ sieht sie sich durch die ablehnende Entscheidung des Bundesverfassungsgerichts nicht daran gehindert. Sie ventiliert gerade die Auslagerung in »bad banks«. Mit einer Bankenkrise wird gerechnet.

Die soziale Verwüstung in den *Ländern des globalen Südens* durch Corona wird als enorm eingeschätzt – mit weiteren Verschärfungen für die Migrant*innen. Schon die Gewaltausbrüche im Libanon seit Oktober 2020 werfen ein düsteres Licht darauf.

Das alles sind keine kurzatmigen *Projektionen*. Die Krise bleibt uns nach den letzten Meldungen und Einschätzungen auf unabsehbare Zeit erhalten. Die epidemieträchtigen Gebiete sind für weitere Ausbrüche gut. Der Innovationsdruck wird nicht nachlassen.

Der Schub ist beileibe *nicht konsolidiert*. Selbst wenn es inzwischen auch in der GroKo durchsickert, dass die Tage der Ära von tayloristischer Massenproduktion, -konsum und -kultur gezählt sind, ist das Beharrungsvermögen von Mittelstand und Mittelschicht nicht überwunden. Wir könnten – ähnlich wie in analogen historischen Situationen – einem Umbruchstheater mit wechselnden Inszenierungen entgegengehen. Aber: der Druck der ökonomischen und sozialen Krise nimmt unerbittlich zu. Auf der anderen Seite ist die Erwartung sozialer Unruhen weltweit eine schwer einzuschätzende Größe. Aufgrund ihrer Komplexität wird sie an dieser Stelle nicht behandelt. Der umbruchbedingte Zerfall der überkommenen Muster des Politischen ist unübersehbar, bedarf aber einer genauen Analyse.

*»A mental revolution«* von oben war Taylors Formulierung für das auf eine Epoche angelegte tayloristische Programm. Zu seinen Produkten

---

22  Vgl. dazu D. Hartmann, Krisen, Kämpfe, Kriege, Bd. 2, op. cit., Kap. 3.1 und 8.3. John Malamatinas und Detlef Hartmann haben das bereits in ihrem Buch »Krisenlabor Griechenland«, op. cit., beleuchtet

zählte daher die mentale Konsolidierung in Hitlers »Leistungsvolksgemeinschaft« – »Volksgemeinschaftsmoral« war kein schlechter Begriff von Wolfgang Michal. Im Beitrag zum »populistischen Moment«[23] wurde genug gesagt, um hier auf eine Analyse seiner Fortentwicklung verzichten zu können. Zur Frage der staatlich/technologisch/ökonomischen Verfasstheit zeichnet sich schon jetzt eine Entwicklung in neokorporatistischer Richtung ab, ähnlich wie sie im Ersten Weltkrieg als »militärisch-technologisch-ökonomischer Komplex« unter deutscher Führung in allen kriegführenden Ländern eingeleitet wurde.[24] Amy Webb liegt nicht falsch, wenn sie dem Rechnung trägt.

---

23 https://www.the-hydra.world/index.php/2019/08/02/die-globalisierung-des-populistischen-moments/
24 D. Hartmann, Krisen, Kämpfe, Kriege, Bd. 2, op. cit., Kap. 3

# Die ›freiwillige‹ Corona-App und der digitale Immunitätsnachweis

*Unter dem Label »Zusammen gegen Corona« propagiert das Bundesministerium für Gesundheit die allgemeine Nutzung der sogenannten Corona-Warn-App zur nachträglichen Kontaktrekonstruktion Infizierter. Die berechtigte Angst vor dem Virus wird benutzt, um einem Großteil der Bevölkerung ›freiwillig‹ ein autoritär hochwirksames Werkzeug zu verabreichen. Obwohl sich die deutsche Bundesregierung für die dezentrale Variante entschieden hat, kritisieren wir in diesem Artikel sowohl die technische Konstruktion und Infrastruktur der Apps, als auch ihre sozial-technokratischen Konsequenzen. Selbst wenn das Protokollieren von Kontakten vollständig pseudonym erfolgen würde, müssten wir dringend vor dieser App warnen. In dem Moment, wo (sogar anonyme) Verhaltensdaten flächendeckend anfallen, sind die prädiktiven Modelle, die damit trainiert werden, dazu in der Lage, ganze Populationen in Risikogruppen einzuteilen und algorithmisch zu verwalten. Es ist eine Überwachungsinfrastruktur, die da ausgerollt wird. Deshalb halten wir den Applaus einiger kritischer Datenschützer\*innen für unangemessen – ja sogar fahrlässig.*

## Die Apps

Im März 2020 wurde bekannt, dass ein internationales Team, bestehend aus rund 130 Wissenschaftler\*innen, IT-Entwickler\*innen, Datenschutzbeauftragten und Soldat\*innen, in einem Projekt mit dem Namen Pan-European Privacy-Protecting Proximity Tracing (PEPP-PT) an einer Software arbeitet, die in der Lage sein soll, die SARS-CoV-2-Virusverbreitung einzuschränken.

Um die Ausbreitung einzudämmen, sollen Kontaktpersonen von Infizierten frühzeitig gewarnt werden. Wenn Menschen Symptome zeigen, dann haben sie das Virus bereits weitergegeben. Deshalb sollen nach einer positiven Diagnose alle Smartphonebesitzer\*innen benachrichtigt werden, deren Geräte in der Nähe der Erkrankten waren. Um Infektionsketten wirksam zu unterbrechen, streben die Forscher\*innen eine Nutzer\*innenbasis von etwa 60 Prozent der Bevölkerung an. In Deutschland wären das 50 Millionen Menschen. Bislang gibt es in Deutschland keine App, die so viele Nutzer*innen hat und die nicht auf Smartphones vorinstalliert ist, sondern bewusst heruntergeladen werden muss. Allerdings könnte auch ein geringerer Anteil helfen, die Ausbreitung zumindest zu verlangsamen. Laut Bitkom besitzen 81 Prozent aller Menschen in Deutschland über 14 Jahren ein Smartphone.

21,3 Millionen mal ist die App laut Robert Koch-Institut (RKI) (Stand 6.11.2020) heruntergeladen worden. Wenn davon ausgegangen wird, dass im Idealfall nach jedem Download auch eine Installation und eine durchgängige Aktivierung der App erfolgt, dann entspricht das bei einer geschätzten Bevölkerungszahl der BRD von 80 Millionen einem Durchdringungsgrad von ca. 27 %. Die Wahrscheinlichkeit, dass in diesem Szenario zwei Personen aufeinandertreffen, die beide die App aktiviert haben, beträgt gerade einmal etwas über 7 %, und das trotz der sehr optimistischen Schätzung bezüglich der Aktivierung der App.

Um überhaupt dahin zu kommen, nur die Hälfte aller »Kontakte« zu registrieren, müssten ca. 70 % der Bevölkerung die App laufen haben. Das heißt, es müssten 70 % der Menschen die App heruntergeladen, installiert und gestartet haben, Bluetooth müsste aktiviert sein – wobei das Ganze ein halbwegs aktuelles Smartphone voraussetzt, welches natürlich auch nicht zu Hause vergessen werden darf. Ein durchaus anspruchsvolles Szenario, um gerade mal die Hälfte aller Kontakte nachvollziehen zu können.

**Technische Details der Apps**

Die Apps weisen jedem Gerät eine vorübergehend gültige, authentifizierte und zufällig generierte Identifikationsnummer (ID) zu. Die temporäre ID funktioniert als Pseudonym, welches die Identität zuverlässig schützen soll. Sie wird in regelmäßigen Abständen geändert und soll nicht mit einem bestimmten Telefon oder der Person in Verbindung gebracht werden können. Jedes Smartphone mit installierter App sendet über eine kurze Entfernung mit Bluetooth-Funktechnik (Bluetooth Low Energy) seine aktuelle ID, scannt gleichzeitig die Umgebung und erfasst, welche anderen Smartphones mit installierter PEPP-PT-Software sich in Reichweite befinden und lauscht parallel auf IDs benachbarter Geräte. Wenn sich zwei Geräte näherkommen, speichern die Apps die temporäre ID des jeweils anderen Smartphones. Die Annäherung von Telefonen anderer PEPP-PT-Benutzer*innen wird durch die Messung von Funksignalen (Bluetooth usw.) realisiert. Die Daten bleiben zunächst verschlüsselt auf dem Smartphone, niemand könne darauf zugreifen, heißt es. Nicht jede Annäherung wird gespeichert. Nur wenn sich Smartphone A über einen epidemiologisch ausreichenden Zeitraum in der Nähe von Smartphone B befindet (die Rede ist von 15 Minuten in 1,5 Metern Entfernung), wird die aktuelle temporäre ID von Telefon B in der verschlüsselten, lokal auf dem Telefon gespeicherten Annäherungsgeschichte (Proximity-Historie) von A gespeichert (und umgekehrt). Offen bleibt, ob die Wahl von 15 Minuten eine sinnvolle Zeitdauer ist, denn das Anhusten im Bus oder im Geschäft dauert nur wenige Sekunden, Kurzgespräche ein bis zwei Minuten. Das reicht für eine Ansteckung. Offen bleibt auch, was konkret gespeichert wird. Laut PEPP-PT-Website werden Geolokalisierung, persönliche Informationen, einzigartige Gerätekennungen wie die IMEI-Nummer des Smartphones oder andere Daten, die eine Identifizierung der Benutzer*in ermöglichen würden, nicht protokolliert. Weiter heißt es, die pseudonyme Annäherungsgeschichte könne von niemandem eingesehen werden, auch nicht von Benutzer*in A oder B. Ältere Ereignisse in der Annäherungsgeschichte würden gelöscht, wenn sie epidemiologisch unbedeutend werden.

»Wir messen nur, wie lange und wie nahe sich zwei Personen begegnet sind«, sagt Thomas Wiegand (Leiter des Heinrich-Hertz-Instituts). Wo das Treffen stattgefunden habe, sei dem Virus egal. »Das sind die einzigen Informationen, die epidemiologisch von Bedeutung sind.« Statt auf Tracking setzt PEPP-PT auf Tracing – es sollen nicht die Bewegungen von Menschen verfolgt, sondern nur ihre Kontakte nachverfolgt werden.

Um Fehlalarme zu reduzieren, haben die Forscher*innen alle weit verbreiteten Smartphone-Modelle untersucht und die Signalstärke der Funktechnik gemessen, die sich zuweilen unterscheidet.

An der Genauigkeit und Aussagekraft der Maßnahme sind Zweifel angebracht angesichts der technischen Probleme mit Bluetooth (genauer BLE). Dieser Kurzstreckenfunk ist nicht dafür entwickelt worden, Abstandsmessungen vorzunehmen, dementsprechend schwankend sind auch die Ergebnisse. Hersteller*innen verbauen unterschiedlichste Bluetooth-Chipsätze und Antennen, was die Vergleichbarkeit von Messergebnissen zusätzlich erschwert. Das RKI spricht folgerichtig auch von »Schätzungen«, wenn es um die Interpretation der gemessenen Sendeleitung benachbarter

Bluetooth-Sender geht. Diese Schätzungen und damit die Kalibrierung der App werden laufend angepasst – schließlich hat sie das Potential, bei zu empfindlicher Kalibrierung weite Teile der Bevölkerung in die Isolation zu schicken – mit all den Kollateralschäden, die damit verbunden sind. Andersherum könnte zur Wiederbelebung der Wirtschaft die Kalibrierung desensibilisiert werden. Angesichts der Hardwaresituation ist der Korridor für solche Nachkalibrierungen breit, auch ohne sich dem Verdacht auszusetzen, andere als epidemiologische Ziele zu verfolgen.

Falls ein*e Benutzer*in nicht getestet wird oder negativ getestet wurde, bleibt die Annäherungsgeschichte auf dem Telefon der Benutzer*in verschlüsselt und kann von niemandem eingesehen oder übertragen werden. Wenn allerdings bestätigt wurde, dass die Benutzer*in von Telefon A SARS-CoV-2-positiv ist (also in der Regel bereits an Covid-19 erkrankt ist), dann soll diese Person ihre aktuelle bis dato lokal gespeicherte ID-Liste in der Annäherungsgeschichte auf einen nationalen zentralen Server übermitteln. Das ist nicht ohne weiteres möglich. Ärzt*innen, Labore und Gesundheitsbehörden müssen die Meldung bestätigen. Es braucht also zwingend eine positive Diagnose. Dann setzen sich die Gesundheitsbehörden mit Benutzer*in A in Verbindung und stellen ihr eine TAN zur Verfügung, die sicherstellt, dass potenzielle Malware keine falschen Infektionsinformationen in das PEPP-PT-System einschleusen kann. Die Schnittstelle soll verschlüsselt und geheim funktionieren, sodass die Identität der Erkrankten geschützt bleibt. Die Benutzer*in verwendet diese TAN, um Informationen an den Server des nationalen Dienstleisters zu übermitteln, in Deutschland also ein Server des RKI.

Da laut Konsortium die Annäherungsgeschichte in der zentralisierten Variante pseudonyme Identifikatoren enthält, kann der Server aus diesen IDs nicht auflösen, welche Menschen sich dahinter verbergen, er kann aber alle betroffenen Kontaktpersonen über die App benachrichtigen und auffordern, sich testen zu lassen.

Allerdings muss darauf vertraut werden, dass der Server nach 21 Tagen epidemiologisch irrelevante Daten löscht – und nicht für Big Data-Zwecke weiterhin speichert. Sobald man die Push-Token, die die App bei der Installation generiert, mit Daten des Providers verknüpfen würde (Push-Token-Zuordnung zur Geräte-ID, IMEI oder Rufnummer), wäre eine Zuordnung möglich.

## Die dezentrale Variante: DP3T

Zwischen den Wissenschaftler*innen, die an der Entwicklung einer Technologie für die Covid-19-Kontaktrückverfolgung beteiligt sind, wurde öffentlich ein Konflikt ausgetragen, bei dem es im Wesentlichen um die Frage ging, ob die verschlüsselten IDs der einzelnen App-Nutzer*innen zentral auf einem Server gespeichert werden sollen oder auf dem jeweiligen Gerät verbleiben. Wir teilen in unserem am 5. April 2020 veröffentlichten Text die Kritik[1], dass das zentrale Verfahren das Risiko einer (schleichenden) Ausweitung der Zweckbestimmung birgt. Dass sich das dezentrale Modell durchgesetzt hat, hat unterschiedliche Gründe. Nicht zuletzt auch, weil sich während der Debatte zentral/dezentral offenbarte, dass das RKI und Konsorten durchaus zwei Ziele verfolgten: sowohl das öffentlich bekanntgegebene als auch die Big Data-Analyse der (epidemiologischen) Daten – angeblich nur, um die Infektionsausbreitung zu erfassen.

Im aktuellen dezentralen Modell verbleibt die Liste der IDs von Kontaktpersonen auf dem jeweiligen Endgerät. Infizierte schicken nach wie vor die Liste der IDs, die sie getroffen haben, an einen zentralen Server. Aber statt betroffene Personen zu benachrichtigen, erfragen die Apps in regelmäßigen Abständen, ob eine ID, die sie in letzter Zeit getroffen haben, publiziert wurde. Die beiden Modelle zur digitalen Kontaktverfolgung unterscheiden sich also sehr grundsätzlich im Hinblick auf die Kontrolle über die anfallenden Daten, den Datenschutz und nicht zuletzt hinsichtlich der Missbrauchsmöglichkeiten. Aber auch der dezentrale Ansatz bietet keine absolute Sicherheit. Auch er funktioniert in den meisten Ausprägungen nicht ›anonym‹, selbst wenn das manche behaupten. Auch hier gibt es kryptographische Probleme, die gelöst werden müssen: DP3T hat mittlerweile die Linkability zwischen einzelnen Pseudonymen als Problem erkannt und in ihrem aktualisierten Whitepaper einen Non-linkable-Ansatz eingebaut. Aber er kommt ohne die Voraussetzung aus, einer zentralen (staatlichen) Instanz vertrauen zu müssen, dass sie die Daten exakt so verwendet wie versprochen und das morgen auch noch tun wird. Zwar wissen die zentralen Stellen, welche Pseudonyme die Infizierten in der Vergangenheit verwendet haben und können beim Upload der IDs auch dem Pseudonym

---

1 https://capulcu.blackblogs.org/wp-content/uploads/sites/54/2020/04/Corona-App-final.pdf [zuletzt abgerufen am 03.03.2021]

eine IP-Adresse zuordnen[2], sie können jedoch die individuellen Kontaktnetzwerke nicht rekonstruieren. Es entstehen also keine zentral gespeicherten Informationen über das soziale Umfeld der App-Nutzer\*innen. Der Server der Gesundheitsbehörden kann keine Abbildung des sozialen Umfelds ableiten und lernt von Verdachtsfällen nur, wenn die Nutzenden sich nach einer Aufforderung der App beim Gesundheitsamt beziehungsweise einer Ärzt\*in melden. Verglichen mit dem zentralen Ansatz bewahren die Nutzer\*innen der App ein größeres Maß an Privatsphäre und Autonomie gegenüber staatlichen Stellen und deren Infrastruktur.

Derzeit ist oft zu lesen, Datenschützer\*innen sollten pragmatischer sein und sich endlich bewegen. Doch Vertrauen lässt sich nicht verordnen. Hunderte Wissenschaftler\*innen und diverse zivilgesellschaftliche Organisationen warnen inzwischen vor der zentralen Variante.

### Was verbirgt sich hinter ›Proximity Tracing‹?

Das, was bei der App ›Proximity Tracing‹ genannt wird, ist ein Ausforschen des ›Social Graphs‹, des sozialen Geflechts also, in dem sich eine Person bewegt: Wer trifft sich mit wem, wann, wie lange und wie oft? Es geht darum, alle ›Kontakte‹ der letzten 21 Tage der gesamten Bevölkerung digital zu erfassen und zu speichern. So zumindest ist das Design der Maßnahme angelegt. Eine derart ambitionierte Überwachungsinfrastruktur stellt selbst die vielen Projekte der NSA in den Schatten. Zugestanden, Proximity Tracing erfasst auch die ›Kontakte‹ z.B. im Supermarkt, also mehr als die eigentlich relevanten sozialen Kontakte. Die Social Graphs sind aber als Untermenge vollständig enthalten und rekonstruierbar. Dass die Repressionsbehörden an solchen Social Graphs brennend interessiert sind, ist vielfach belegt. Aber auch ›nicht-kriminelle‹ Verhaltensweisen (wie etwa Affären oder Nebenjobs) lassen sich damit erkennen. Im Grunde handelt es sich hierbei um das Metadaten-Problem, welches schon lange Thema der netzpolitischen Debatte ist. Jetzt werden die Daten aber nicht aus anderen Daten (Telefonate, E-Mails etc.) extrahiert, sondern direkt erfasst – und das auch, wenn ansonsten keine digitale Kommunikation stattfindet. Diese Überwachungsinfrastruktur ist wesensgleich mit der Vorratsdatenspeicherung. Daten werden erhoben und gespeichert mit der

---

2  Allerdings kann das durch Verwendung von Proxies, VPNs oder Tor verhindert werden.

Argumentation einer zukünftigen ›sinnvollen‹ Verwendung. Es wird erst einmal der Heuhaufen aufgehäuft, bevor die Nadel gesucht wird (frei nach K. Alexander, Ex-Chef der NSA[3]).

Welche Auswirkungen diese Überwachungstechnologie haben kann, zeigt ein Beispiel aus Südkorea.[4] Durch aggressives Tracking von Infektionssträngen mithilfe von Überwachungsdaten sowie einer radikalen Transparenz über Neuansteckungen hatte Südkorea das Virus bisher eindämmen können. Dann machte es Schlagzeilen, dass eine Person fünf Klubs und Bars der queeren Szene besuchte, dabei potenziell mit 2.000 Menschen Kontakt hatte und mutmaßlich mehrere Menschen durch sie mit Corona infiziert wurden. Da Südkorea nach wie vor eine homophobe Gesellschaft ohne Antidiskriminierungsgesetz ist, lässt dies potenziell betroffene Menschen jener Nacht vor Tests zurückschrecken. Denn jede*r Neuinfizierte wird von den Behörden zwar anonymisiert, jedoch mit Alter, Nationalität, Wohnbezirk und Bewegungsabläufen während jener Nacht veröffentlicht. Wer sich meldet, riskiert also ein Zwangs-Outing.

## Wo ein Trog ist, kommen die Schweine[5]

»Zusammen gegen Corona« ist das Motto der Kampagne, mit der die App ideologisch flankiert wird. Was hinter dieser App steht, ist der Versuch, die Einzelfallverfolgung von Infektionen zur Aufdeckung der Infektionsketten und weiteren Infizierten auf die gesamte Gesellschaft zu skalieren. Einzelfallverfolgung ist erfolgreich bei früheren Ausbrüchen praktiziert worden, allerdings waren die betroffenen Personenzahlen bei SARS, Mers und auch Ebola viel kleiner.

---

3   Der ehemalige NSA-Direktor General Keith Alexander rechtfertigte die Massenüberwachung: »Du brauchst den ganzen Heuhaufen, um die Nadel zu finden«, vgl. Ellen Nakashima und Joby Warrick: For NSA chief, terrorist threat drives passion to ›collect it all‹, The Washington Post, 14.07.2013. https://www.washingtonpost.com/world/national-security/for-nsa-chief-terrorist-threat-drives-passion-to-collect-it-all/2013/07/14/3d26ef80-ea49-11e2-a301-ea5a8116d211_story.html [zuletzt besucht am 03.03.2021]
4   Fabian Kretschmer: Angst vor Zwangs-Outing per Tracking-App. taz, 8.5.2020. https://taz.de/Angst-vor-Zwangs-Outing-per-Tracking-App/!5681439/ [zuletzt besucht am 03.03.2021]
5   Wir wollen uns an dieser Stelle bei allen Leser*innen der Gattung *Sus scrofa domesticus* für die Verwendung diese geflügelten Wortes entschuldigen – ihr seid im Folgenden nicht gemeint.

Das Paradigma der vollständigen Überwachung der Bevölkerung ist übrigens unhinterfragt vom Gesundheitsministerium gesetzt worden. Debattiert wurden in der Öffentlichkeit nur Fragen des Datenschutzes und technische Details der Umsetzung.

»Eine zentrale Datenspeicherung findet selbstverständlich nicht statt«, versichert das Bundesministerium für Gesundheit – überprüfen lässt sich das nicht. Und es entspricht auch nicht der ursprünglichen Intention des Ministeriums, welches eine zentrale Datenspeicherung inklusive Auswertung implementieren wollte. Der Satz lässt außerdem offen, welche Daten gemeint sind: die aufgezeichneten Kontakte oder die Daten, die aus der Kommunikation der Apps mit der zentralen Infrastruktur herausfallen. Auch ist nicht klar, was das Ministerium schon unter ›Speicherung‹ versteht und was nicht mehr.

Dass Daten insbesondere bei größeren Mengen dezentral gespeichert werden, ist außerdem kein Alleinstellungsmerkmal, sondern Industriestandard. Unternehmen, Institutionen und Behörden wollen dadurch dem Ausfall einzelner Server die Brisanz nehmen und gleichzeitig sicherstellen, dass der Speicherpool auch zukünftig mitwächst und nicht an Kapazitätsgrenzen stößt. Insofern ist die Aussage des Gesundheitsministeriums bzgl. der nicht stattfindenden zentralen Datenspeicherung, zumindest wenn es um die Kontaktdaten geht, eine Nebelkerze.

Dass selbst Datenstaubsauger wie Google nicht Millionen Endgeräte in ihrem Speicherpool haben, sondern nur ein paar Tausend, macht nur einen quantitativen Unterschied aus. Entscheidend ist die Frage, wer unter welchen Bedingungen auf die Daten zugreifen kann. Ein zentraler Zugriff auf die Kontaktdaten scheint zur Zeit durch das Design der App unmöglich zu sein. Ein dezentraler Zugriff, zum Beispiel nach der Beschlagnahmung eines Smartphones, wird in der öffentlichen Debatte kaum diskutiert. Bei derzeitigem Stand hat die App keinen verschlüsselten Container, in dem die Kontaktdaten und die verwendeten Schlüssel hinterlegt sind. Da Repressionsorgane grundsätzlich alle auffindbaren Smartphones beschlagnahmen, wäre es möglich, soziale Netze zumindest partiell zu rekonstruieren. Die Welle von neuen verschärften Polizeigesetzgebungen erlaubt diversen Behörden, »Staatstrojaner« einzusetzen, also Software unter der Kontrolle der jeweiligen Behörde auf dem trojanisierten Smartphone zu installieren und auszuführen. Das könnte die Behörde in die Lage versetzen, kontinuierlich Tagesschlüssel auszulesen und damit einen Großteil der Kryptographie der App, die den Datenschutz sicherstellen soll, unwirksam zu machen. Aktuell gibt es wieder einen Vorstoß, auch Geheimdiensten den Einsatz von Staatstrojanern zu erlauben. Grundsätzliche Annahmen bezüglich der Integrität der Plattform, auf der die Corona-App läuft, stehen damit zusätzlich in Frage und damit auch alle Bemühungen, den Datenschutz auf diesen Plattformen zu gewährleisten.

Die Probleme, die sich aus der ungeeigneten Bluetooth-Hardware und der notwendigen hohen Akzeptanz ergeben, waren bekannt, trotzdem wird ein ›Besser als nichts‹-Ansatz gefahren.

Sicherlich findet hier auch staatliche Industrieförderung von T-Systems und SAP statt, bislang hat die Maßnahme etwas über 60 Millionen Euro in deren Kassen gespült. Doch »Zusammen gegen Corona« darauf zu reduzieren, blendet den größeren Rahmen aus.

Die digitale Branche will die Gelegenheit nicht verpassen, sich als ›Problemlöser‹ zu präsentieren. Nur Videokonferenzen und Home-Office zu ermöglichen, ist zu wenig, um zu glänzen. Für Solutionist*innen liefert die Pandemie die Chance, einen unübersehbaren Beleg zu erbringen, dass sich jedes Problem technisch lösen lasse. Hier wird über eine profane App hinausgedacht. Leute wie Eric Schmidt (Ex-Google-Chef und u.a. frischer Berater der Stadt New York in Pandemiefragen) propagiert die pandemieresistente Stadt, in der praktisch jede zwischenmenschliche Interaktion über eine digitale Plattform abgewickelt wird – »tele-everything«. Losgehen soll es mit (Aus-)Bildung und Gesundheitsversorgung (Telemedizin). In diesem Entwurf scheinen Menschen eine biologische Bedrohung, Maschinen hingegen steril und risikolos zu sein.

»Zusammen gegen Corona« zeichnet ein Bild, in dem die gesamte Gesellschaft wie eine Volksgemeinschaft zusammensteht, um sich gegen eine von außen kommende Bedrohung zur Wehr zu setzen. In diesem Bild ziehen alle wie selbstverständlich an einem Strang – gesellschaftliche Widersprüche und divergierende Interessen werden verleugnet. Da passt eine App, die ein Angebot an die Bevölkerung darstellt, ein einfaches und nicht behinderndes Tool an die Hand zu bekommen, um so an dem gesamtgesellschaftlichen Projekt der Bekämpfung der Pandemie teilnehmen zu können. Die Teilnahme an diesem hoch ideologischen Szenario wird einfach gemacht. Dass Menschen das Bedürfnis haben, in einer Gefahrensituation solidarisch zu sein, und bereit sind, sich zu engagieren, wird hier aber missbraucht, um ganz andere Projekte durchzudrücken.

Es zeigt sich ein bemerkenswerter Anlauf eines größenwahnsinnigen totalitären Überwachungsprojekts, welches aller Voraussicht nach an der unzureichenden Teilnahme und der gegen ihr Design genutzten Hardware scheitern wird, gleichzeitig aber den Boden legt für zukünftige, womöglich gezieltere Kontaktverfolgung.

## Die Rolle von Google und Apple

Es ist wichtig, die grundlegenden Unterschiede zwischen den Tracing-Apps zu verstehen und ernstzunehmen. Anstatt die technischen Details als Lappalie abzutun, sollten wir die Möglichkeit bedenken, dass Tracing-Apps womöglich keine temporäre Erscheinung sind, die wieder verschwinden, sobald die Pandemie unter Kontrolle gebracht ist. Tracing-Apps könnten sich als Instrument der Gesundheitspolitik oder anderer Bereiche verstetigen. Wenn einmal ein großer Teil der Smartphone-Nutzenden eine solche App installiert hat und ihr Betrieb zum Normalfall geworden ist, ergeben sich womöglich weitere Anwendungsmöglichkeiten, die jetzt noch jenseits des Vorstellbaren liegen. Das Verfolgen der jährlichen Influenza-Welle wäre nur ein erster Schritt. Wenn diese Funktionalität zur Verfügung steht, dann gibt es in Zukunft wahrscheinlich noch mehr Apps, die sie nutzen. Des Weiteren haben Google und Apple auch Interesse an Social Graphs.

Dass diese Entwicklung wahrscheinlich ist, lässt sich daran festmachen, dass Google und Apple gemeinsam an Contact-Tracing-Software arbeiten[6]. Außerdem haben Google und Apple angekündigt, das dezentrale Modell der Kontaktverfolgung zu unterstützen, indem sie entsprechende Funktionen in ihre Smartphone-Betriebssysteme einbauen. Auf diese Weise kann die ständige Suche nach neuen Kontakten kontinuierlich im Hintergrund der Smartphones ablaufen, ohne den Akku zu sehr zu strapazieren. Die Kooperation könnte bald auf den meisten Smartphones der Welt Apps verfügbar machen, die ihre Nutzer*innen informieren, ob sie sich in der Nähe von möglichen Corona-Infizierten aufgehalten haben. Die außergewöhnliche Zusammenarbeit der zwei Technologiekonzerne schafft einen globalen Standard für Contact-Tracing. Denn anders als vielfach öf-

---

6   Siehe dazu: Apple and Google partner on COVID-19 contact tracing technology, https://blog.google/inside-google/company-announcements/apple-and-google-partner-covid-19-contact-tracing-technology [zuletzt aufgerufen am 03.03.2021] und https://netzpolitik.org/2020/apple-und-google-schaffen-globalen-standard/ [zuletzt aufgerufen am 03.03.2021]

fentlich kommuniziert sind beide Ansätze auf eine Unterstützung durch die Betriebssysteme von Google und Apple angewiesen. Beide Unternehmen haben im Übrigen angekündigt, dass sie keine eigene Infrastruktur betreiben wollen, sondern diese Aufgabe den Gesundheitsbehörden überlassen werden, die an der digitalen Kontaktverfolgung mitwirken möchten. Die Schnittstelle im Betriebssystem der Smartphones soll dazu dienen, die notwendigen Daten lokal zu erheben und diese dann mit dem Server der Gesundheitsbehörden auszutauschen.

Apple und Google haben mittlerweile den Funktionsumfang erweitert: Statt einer App nur zu erlauben, kontinuierlich im Hintergrund zu laufen und die Bluetooth-Hardware in Anspruch zu nehmen, soll in zukünftigen Versionen von iOS und Android bereits eine komplette Tracing-App mit ausgeliefert werden. Alles, was dieser App dann noch fehlt, ist eine Art Konfigurationsdatei, die die Daten der angebundenen Infrastruktur der Gesundheitsbehörden enthält.

Offen bleibt die Frage, wie die geplanten Erweiterungen der Smartphone-Betriebssysteme genau umgesetzt werden; insbesondere, ob diese nicht vielleicht doch Informationen an die Konzerne zurücksenden könnten. Es ist daher essenziell, dass Google und Apple den Quellcode für ihre Erweiterungen offenlegen und damit unabhängigen Sicherheitsforscher*innen die Möglichkeit einräumen zu überprüfen, dass keine zusätzlichen Funktionen eingebaut wurden.

Nachdem Apple und Google erkannt haben, dass »Gesundheit fast überall auf der Welt der größte oder zweitgrößte Sektor der Wirtschaft [ist]« (Apple-Chef Tim Cook in einem Interview mit dem Magazin »Fortune« im Herbst 2017[7]), investieren die IT-Konzerne Milliarden in eigene Gesundheitsdatenbanken und versuchen mit Hochdruck, erweiterte Gesundheitsdienste in ihre Softwareumgebungen zu integrieren. Deshalb sind sowohl Apple als auch Google eigenständige relevante Akteure auf dem Gesundheitssektor. Aus diesem Grund war ihre Unterstützung der dezentralen Variante eine wichtige strategische Entscheidung. Die öffentliche Entscheidung für das dezentrale Modell aus Privacy-Aspekten dient durchaus auch der Imagepflege. Es macht sie aber vor allem zur unausweichlichen Instanz, da sie als Einzige den Zugriff auf den gesamten Datensatz

---

7 http://fortune.com/2017/09/11/apple-tim-cook-education-health-care/ [zuletzt aufgerufen am 03.03.2021]

haben. Staatliche Akteure müssen mit ihnen verhandeln, wenn sie auf den gesamten Datensatz zugreifen wollen. Wie weit die faktische Macht der beiden dominanten Smartphone-Betriebssystem-Anbieter geht, lässt sich am Rückzieher der australischen Regierung mit ihrer zentralen Corona-App ablesen:[8] Die bereits gut fünf Millionen Mal heruntergeladene Corona-App »Covidsafe« läuft auf iPhones nicht, da Bluetooth im Hintergrund nur eingeschränkt funktioniert. Daher musste die australische Regierung im Mai 2020 auf die Vorgabe von Apples und Googles geplanter Schnittstelle für Corona-Warn-Apps umsatteln.

## Sicherheitslücke Bluetooth

Heutzutage ist Bluetooth ein integraler Bestandteil von mobilen Geräten. Laptops und Smartphones lassen sich mit Smartwatches und drahtlosen Kopfhörern verbinden. Standardmäßig sind die meisten Geräte so konfiguriert, dass sie Bluetooth-Verbindungen von jedem nicht authentifizierten Gerät in der Nähe zulassen. Bluetooth-Pakete werden durch den Bluetooth-Chip (auch Controller genannt) verarbeitet und dann an den Host (Android, Linux usw.) weitergeleitet. Sowohl die Firmware auf dem Chip als auch das Bluetooth-Subsystem des Hosts sind ein Ziel für Remote-Code-Execution-Angriffe (RCE).

Bluetooth hat eine 20 Jahre alte Geschichte der Unsicherheit. Alle paar Jahre gibt es einen neuen Angriff auf Bluetooths Pairing-Protokoll oder die verwendete Verschlüsselung. Auch aktuell gibt es eine Sicherheitslücke (CVE-2020-0022[9]) und einen Exploit, der diese ausnutzt (Bluetooth zero-click short-distance RCE exploit against Android 8/9 (bei Android 10 keine RCE, aber DoS)). Mit dieser Lücke und dem Exploit lässt sich ein Wurm schreiben, der sich ohne User*innen-Interaktion über Bluetooth weiterverbreitet und auf den Geräten Schadcode in einem privilegierten Prozess ausführen kann[10].

---

8 https://www.heise.de/mac-and-i/meldung/Australien-Corona-App-funktioniert-ohne-Apple-API-nicht-richtig-auf-iPhones-4716013.html [zuletzt aufgerufen am 03.03.2021]

9 https://cve.mitre.org/cgi-bin/cvename.cgi?name=CVE-2020-0022

10 Für Angriffe auf BLE siehe beispielsweise: https://www.andreafortuna.org/2020/02/18/sweyntooth-bluetooth-vulnerabilities-expose-many-ble-devices-to-attacks/

Wer jemandem zu nahe kommt, kann sich nicht nur selbst mit Covid-19 infizieren, sondern mit einem CVE-2020-0022-Wurm – dank der Corona-App – auch sein Smartphone, welches den Wurm dann munter weitergibt. Die Schwachstelle ist in dem Security-Patch von Android Open Source Project (AOSP) vom Februar 2020 behoben. Aber welche Android-Smartphones werden den jemals erhalten?

## Auch anonym trainieren wir Künstliche Intelligenz

Die für Deutschland geplante Corona-App soll nicht auf personenbezogene Daten des einzelnen Individuums zugreifen. Doch die Gefahren entstehen nicht nur bei der digitalen Ausleuchtung Einzelner, sondern dadurch, dass eine entstehende Datensammlung in Verknüpfung mit anderen Datenbanken algorithmische Verfahren zur Bevölkerungsverwaltung ermöglicht.

Im konkreten Fall der dezentralen Corona-App, die aktuell verwendet wird, gibt ein Zusatz zu denken: Es solle die Möglichkeit integriert werden, freiwillig in pseudonymisierter Form die Daten zur epidemiologischen Forschung und Qualitätssicherung an das RKI zu übermitteln.[11] Ein unbedeutend klingender ›Zusatz‹, der die Dezentralität der Corona-App aushebelt. Sollten Hunderttausende diese Option wählen (bzw. nicht abwählen), ließe sich aus den Zeitangaben der pseudonymen Tracing-Daten in der Verknüpfung – z.B. mit einer Datenbank – abbilden, *wann wo und bei welchen Events* sich Personen vermeintlich unverantwortlich verhalten haben könnten. So lassen sich über zeitlich korrelierte Häufungen Regionen ausmachen, die eine etwaige Sonderbehandlung ›rechtfertigen‹. Spätestens, wenn sich die Meldungen vermeintlich Infizierter bei Gesundheitsämtern zeitlich in Verbindung bringen lassen, könnte (mit Einschränkungen) eine »Gefährder*innen«-Karte erstellt werden.

Pseudonymisierte Massendaten dienen zum Training Künstlicher Intelligenzen (KI), z.B. im Kontext vorhersagender Analysen. Wenn Verhaltensdaten fast flächendeckend anfallen und (sei es auch anonymisiert) erhoben werden, sind die prädiktiven Modelle, die damit trainiert werden,

---

[zuletzt aufgerufen am 03.03.2021] oder https://asset-group.github.io/disclosures/sweyntooth/ [zuletzt aufgerufen am 03.03.2021]

11 Debatte um die Corona-App, tTz, 26.4.2020.:https://taz.de/Debatte-um-die-Corona-App/!5681031 [zuletzt aufgerufen am 03.03.2021]

dazu in der Lage, ganze Populationen in Risikogruppen einzuteilen und algorithmisch zu verwalten. Datenbasierte Algorithmen können die Gesellschaft dann in unsichtbare soziale Klassen einteilen, zum Beispiel in Bezug darauf, wer aufgrund seiner Bewegungsmuster ein vermeintlich besonderes Sicherheits- oder Gesundheitsrisiko darstellt, weil das Bewegungsprofil erkennen lässt, dass jemand das Virus in besonderem Maße verbreitet hat, oder wer prioritären Zugang zu knappen medizinischen Ressourcen wie Beatmungsplätzen verdient. Dies ist möglich, ohne die Ortsdaten einzelner Individuen aufgezeichnet zu haben.

Algorithmische Scoring- und Entscheidungsverfahren beruhen auf einem anonymen Abgleich mit den Daten vieler anderer Individuen.

Potenziell kann mensch daher durch Weitergabe der eigenen (auch anonymisierten oder pseudonymisierten) Daten anderen Individuen und Gruppen schaden und umgekehrt durch die Datenweitergabe anderer selbst betroffen sein. Diese Gefahr wird in der verkürzten Debatte um die Corona-App und auch schon bei der Weitergabe anonymisierter Telekom-Daten oder anonymisierter Google-Positionsdaten ausgeblendet. Sie ist auch nicht Gegenstand wirksamer datenschutzrechtlicher Bemühungen. So schützt selbst die Datenschutzgrundverordnung (DSGVO) nicht vor der Verwendung anonymisierter Daten für prädiktive algorithmische Entscheidungen, Risikoklassifizierung (Scoring) und verhaltensbasierte Ungleichbehandlung von Individuen oder Gruppen. In diesem Sinne tragen alle, die die Corona-App nutzen, zu solch einer Ungleichbehandlung bei.

Hier ist die Unterscheidung von anonymen und personenbezogenen Daten überholt, weil irrelevant!

## Freiwilligkeit und Immunitätsnachweis

*»Bitte haben Sie Verständnis dafür, dass wir zu ihrer eigenen Sicherheit und zur Sicherheit unserer Mitarbeiter\*innen nur nachweislich nicht-infizierte Personen befördern können.«*

So könnte die Erklärung der Deutschen Bahn an allen Automaten und Ticket-Schaltern lauten, die ihre Dienstleistung ›bis zum Ende der Corona-Krise‹ nur Fahrgästen mit einer unbedenklichen Kontakt-Tracing-Historie, wahlweise in Verbindung mit einem kürzlich durchgeführten Corona-Test (PCR oder Antikörper) oder einem »Immunitätsnachweis« anbietet.

Eine ›freiwillige‹ Corona-App (egal ob zentral oder dezentral), die binnen der letzten zwei Wochen keinen Alarm geschlagen hat, ist eine Möglichkeit, diesen ›Nachweis‹ zu erbringen. Das entspräche dem Status »grün« der (zentralen) chinesischen App – wahlweise bei der Fahrkartenkontrolle oder beim Betreten des Bahnhofs. Eine zweite Möglichkeit des Nachweises ist der geplante, ebenso ›freiwillige‹, »digitale Immunitätsausweis«. Die Verpflichtung, einen der beiden Nachweise erbringen zu müssen, belegt die soziale ›Unfreiwilligkeit‹ der Konstruktion.

Die technischen Pläne für einen digitalen Immunitätsausweis wurden veröffentlicht[12]: Die Bundesregierung plant, die Idee von Bill Gates aufgreifend (siehe dazu den Text »Weniger Ärztin im künstlich intelligenten Gesundheitssystem« in diesem Band), die Möglichkeit, Menschen bescheinigen zu lassen, dass sie eine Infektion mit dem Coronavirus überstanden haben – sobald es gesicherte Erkenntnisse über die Immunität nach einer überstandenen Infektion gibt. Derzeit gehen einige Wissenschaftler*innen (mit einer hohen Fehlerquote) von drei Monaten aus. Deutliche Kritik an diesem Vorhaben hat Gesundheitsminister Spahn Anfang Mai 2020 zum Rückzug eines entsprechenden Gesetzentwurfes gezwungen.

Es gibt einen historischen Vorläufer: Als das gefährliche Gelbfieber im 19. Jahrhundert in New Orleans grassierte, wurde ein »Immunitätsbonus« erprobt[13]. Die Folgen waren gravierend: Zusätzlich zur rassistischen Trennung zwischen Weißen und Schwarzen bildete sich nun auf beiden Seiten noch eine weitere unsichtbare Grenze aus- zwischen den bereits Immunisierten und den weiterhin vom Gelbfieber Bedrohten. Abhängig von der Immunität gegen Gelbfieber entschied sich die berufliche Anstellung, der Wohnort und der Lohn, Kreditwürdigkeit und wen man heiraten durfte. Der »Immunitätsbonus« verstärkte den Rassismus, und Angestellte und Arbeiter*innen gerieten unter Existenzdruck. Der Druck war so stark, dass Menschen bewusst eine Ansteckung mit der durchaus auch tödlich verlaufenden Krankheit suchten, um nach Genesung in den Genuss des Bonus zu

---

12 https://ubirch.de/fileadmin/user_upload/2020-04-16_digital_corona_health_certificate.pdf [zuletzt aufgerufen am 03.03.2021]
13 Johannes Saltzwedel:.Corona-Vorgänger Gelbfieber:– Immunität als Gottesgeschenk, Der Spiegel, 01.05.2020.,https://www.spiegel.de/geschichte/corona-vorgaenger-gelbfieber-immunitaet-als-gottesgeschenk-a-2f639c0c-14d0-4aa3-9bf1-edfb868debff [zuletzt aufgerufen am 03.03.2021]

kommen. Damals war allerdings noch unbekannt, wie die Übertragung der Krankheit funktioniert, was vermutlich einigen das Leben rettete.

Im Mai 2020 sollte ein solcher Ausweis in Nordrhein-Westfalen zunächst probehalber ausgestellt werden. An diesem Projekt arbeiteten die Bundesdruckerei, die Lufthansa, die Unternehmen Digital-Health Germany, m.Doc und GovDigital sowie die Uniklinik und das Gesundheitsamt der Stadt Köln. Testpatient*innen sollten mithilfe einer App ihr Corona-Testergebnis verschlüsselt in einer Datenbank abspeichern. Flughäfen, Infrastrukturunternehmen und Behörden sollten so auf das Coronavirus-Testergebnis zugreifen können! In Erweiterung der seit Mai geltenden Praxis an den Flughäfen Frankfurt am Main und Wien, per selbst zu zahlendem Corona-Schnelltest vor Ort die zweiwöchige Einreise-Quarantäne zu umgehen, würde dann die ›fälschungssicher‹ nachgewiesene Immunität ebenfalls Bewegungsfreiheit garantieren. Eine Regelung mit der fatalen Nebenwirkung vieler sich bereitwillig Ansteckender, die zur Wahrung ihrer Beweglichkeit das Gesundheitssystem an einem kritischen Punkt zusätzlich belasten könnten.

Die Konsequenz wäre eine gesellschaftlich spaltende Entsolidarisierung, wenn die durch Corona bedingte Einschränkung der Bewegungsfreiheit nur für diejenigen gelockert würde, die sich zumindest einem der beiden Programme unterwerfen. Als am 10. April 2020 der CSU-Politiker Hansjörg Durz vorschlug, nach dem Lockdown Druck auf potenzielle App-Verweigerer auszuüben, taten die meisten diese Option als unrealistisch ab. Tatsächlich schlug Spahn zwei Wochen später dasselbe mit seinem Immunitätsausweis vor: »So könnten Grundrechte wie die Bewegungsfreiheit denen wieder gewährt werden, die die App installiert haben«, sagte der Vize-Vorsitzende des Digitalausschusses im Bundestag gegenüber dem Handelsblatt im April 2020. »Wer sich gegen die Nutzung der Corona-App entscheidet, müsste im Gegenzug größere Einschränkungen anderer Grundrechte in Kauf nehmen.« Es ist keineswegs zynisch, das Vorhaben mit einer elektronischen Fußfessel zu vergleichen – Freigänger*innen müssen sie tragen oder zurück in den geschlossenen Vollzug.

Die ›freiwillige‹ Corona-App und der ›freiwillige‹ Immunitätsnachweis sollen damit zu Unterscheidungswerkzeugen für individuelle soziale Teilhabe werden. Wer Bahn fahren oder fliegen will, bräuchte dann entweder die App oder den Immunitätsnachweis. Der Staat ›verordnet‹ diese App nicht, er stellt sie lediglich zur Verfügung. Wirtschaftliche Akteure

– in unserem Beispiel die Deutsche Bahn – würden ihre Dienstleistung nur denen anbieten, die in diese algorithmischen Filter einwilligen. Regierung und Dienstleistungsunternehmen würden dabei ganz im Sinne einer übergeordneten Verantwortung für das Gemeinwohl handeln. Wer will da noch meckern – wo doch nun alles so ›datensparsam‹ dezentral gelöst ist. Der Applaus einiger verengt blickender Datenschützer*innen ist ihnen leider gewiss.

Auf dieser Form von ›Freiwilligkeit‹ basieren viele der derzeit erprobten Social-Scoring-Modelle in China. Wer nicht mitmacht oder die erforderliche Eigenschaft nicht erfüllt, kann ohne Verbotsverfügung ›freiwillig‹ vom öffentlichen Leben ausgeschlossen werden: Die Corona-App und der Immunitätspass als Einübung individueller Einschluss-/Ausschluss-Mechanismen zukünftiger Sozialkredit-Systeme auch in Deutschland – ganz ohne Zwangsausübung.

## Soziale Auswirkungen

Die App könnte wie ein Dammbruch fungieren. Deshalb ist es notwendig, Kritik am CCC und anderen zivilgesellschaftlichen Akteuren zu üben. Trotz aller kritischen Einwürfe[14], gehen ihre Forderungen und Warnungen nicht weit genug. Sie haben ein Klima der Akzeptanz für diese Apps geschaffen. Es ist gesellschaftlich egal, ob das PEPP-PT-Framework,

---

14 Zu nennen ist hier beispielsweise eine gemeinsame Erklärung zivilgesellschaftlicher Organisationen, in der es heißt: »Staaten müssen beim Einsatz digitaler Überwachungstechnologien zur Bekämpfung von Pandemien die Menschenrechte achten«. Dort fordern sie »Regierungen nachdrücklich auf, bei der Bekämpfung der Pandemie sicherzustellen, dass der Einsatz digitaler Technologien zur Verfolgung und Überwachung von Einzelpersonen und Bevölkerungsgruppen streng im Einklang mit den Menschenrechten erfolgt.« Weiter sind die zehn Prüfsteine für Beurteilung von »Contact Tracing«-Apps des CCC zu nennen. Dort heißt es: »Sämtliche Konzepte [sind] strikt abzulehnen, die die Privatsphäre verletzen oder auch nur gefährden. Die auch bei konzeptionell und technisch sinnvollen Konzepten verbleibenden Restrisiken müssen fortlaufend beobachtet, offen debattiert und so weit wie möglich minimiert werden.« Das Forum InformatikerInnen für Frieden und Gesellschaftliche Verantwortung (FIfF) veröffentlichte eine Datenschutz-Folgenabschätzung (DSFA) für die Corona-App, in der es heißt »Wirksamkeit und Folgen entsprechender Apps sind noch nicht absehbar und es ist davon auszugehen, dass innerhalb der EU verschiedene Varianten erprobt und evaluiert werden. Die datenschutz- und somit grundrechtsrelevanten Folgen dieses Unterfangens betreffen potenziell nicht nur Einzelpersonen, sondern die Gesellschaft als Ganze.«

die dezentralisierte DP3T-Implementation oder eine andere technische Umsetzung gewählt wird. Denn entscheidend ist doch die Schaffung der Akzeptanz, sich eine App für das vermeintliche gesellschaftliche Wohl zu installieren. Betont wird sowohl im zentralen als auch im dezentralen Modell die Freiwilligkeit. Nur wer will, installiert sich diese App und nur auf Initiative der Nutzer*innen erfährt der zentrale Server, mit welchen anderen temporären IDs dieses Smartphone in Kontakt war. Der soziale Druck wird ausgeblendet.

Treffend formulieren Aktivist*innen eines Brandanschlags auf eine Datenleitung zum HHI am 14. April 2020, dass die Debatte nicht um das Gesundheitssystem geht, sondern um das Individuum:

»(...) Doch die Urängste der Menschen vor dem Tod werden mit dieser Pandemie instrumentalisiert. Mit diesen Ängsten wird ›gespielt‹. Nicht die Privatisierungspolitik in den Gesundheitssystemen wird in Frage gestellt, sondern ob DU genug Abstand zum Nächsten hältst. Ob DU die Regeln einhältst. Diese Regeln werden überwacht (und teilweise auch bestraft). Und sie fördern allerorten eine der deutschesten Tugenden: den Hang zur Denunziation. Ihm gesellt sich in intellektuellen Kreisen der Vorwurf hinzu, man sei unsolidarisch, wenn man nicht den Verordnungen folge. Wenn DU diese Regeln nicht einhältst, bist DU schuld daran, wenn Menschen sterben. Mit dem Verweis auf die ›Risikogruppen‹ werden andere Widersprüche abgewürgt. Die ›Risikogruppen‹ werden ungeachtet ihrer individuellen Haltung zu einem Faktor der moralischen Erpressung, um unter Freund_innen die staatlichen und politischen Regeln unhinterfragt durchzusetzen. Mit der medizinischen Hygiene geht eine soziale Hygiene einher, die kaum schmutziges, widerständiges Denken und Debattieren zulässt.«[15]

Wir sehen in einer breiten gesellschaftlichen Akzeptanz für eine App, die auf Kontaktdaten basiert – unabhängig davon, ob dies pseudonym geschieht oder nicht – die Gefahr, dass die Bereitschaft steigt, sich für einen als individuell oder gesellschaftlich sinnvoll erachteten Zweck überwachen zu lassen. Dieser Zweck lässt sich theoretisch und mit Blick auf die Geschichte beliebig auf verschiedene Bereiche erweitern. Angefangen beim aktuellen Beispiel einer konkreten Bedrohungssituation durch die

---

15  »Vulkangruppe shut down the power / Digitale Zurichtung sabotieren«, [B] Dokumentation: Shut down the power! Digitale Zurichtung sabotieren«, veröffentlicht am: 2020-04-14 http://raxuatgmxdvnp4no.onion/?node=77193 – Das Schreiben ist im Widerstandsteil diesem Buch dokumentiert.

Verbreitung eines Virus über Krankheitsbekämpfung im Allgemeinen bis hin zum Aufdecken und Verfolgen anderer gesellschaftlich problematisierter Phänomene. So hat der Polizeichef von Minneapolis nach den Black Lives Matter-Riots laut darüber nachgedacht, die Daten der Tracing-App zu benutzen, um Protestierende zu identifizieren.

Die grundlegende Bereitschaft, demographische und Bewegungsdaten von sich selbst preiszugeben, wächst zur Zeit auch in der analogen Welt: Ohne Angabe von persönlichen Daten lässt sich kaum mehr am gesellschaftlichen Leben teilnehmen. Angaben in Kneipen, Museen, Restaurants, Freibädern usw. sind Pflicht. Spätestens nachdem bekannt wurde, dass sich die Polizei sehr freizügig dieser Daten bedient und sie damit zweckentfremdet, stieg die Kreativität in den abgegebenen Daten – endlich mal mit Darth Vader am Tresen plauschen können! Dass dies zu Problemen bei der Kontaktverfolgung führt, ist naheliegend und deshalb mittlerweile strafbewehrt – Darth Vader trinkt jetzt wieder unter seinem bürgerlichen Namen, und die Polizei, die diese Entwicklung provoziert hat, bedient sich weiterhin schamlos der gesammelten Daten.

## Kritik an der Kritik

Wie mit Kritik an unserer hin und wieder als verschwörungstheoretisch oder menschenfeindlich abqualifizierten Technologiekritik umgehen?

Immer wieder begegnen uns Argumente von Befürworter*innen der Corona-Warn-App, die entweder die scheinbare Wirksamkeit der App über alle ihre Nachteile und Einschränkungen stellen oder in naiver Weise dem Glauben schenken, was die Regierung verspricht, wenn sie sagt, die App sei sicher in Bezug auf Datenschutz und Angreifbarkeit. Wo kommt das unskeptische Vertrauen in regierungsinitiierte, von SAP und Telekom entwickelte und von Apple und Google aktiv unterstützte Software her?

Da fallen Aussagen wie »Wenn die App nur ein einziges Menschenleben rettet, dann sollte man sie benutzen«. Mit diesem Totschlagargument wären der Phantasie keine Grenzen gesetzt, was man alles im Sinne des Wohlbefindens der Menschen einsetzen könnte – grenzenlose und lückenlose Überwachung in allen öffentlichen, privaten und intimen Lebensbereichen, wie es sich beispielsweise Google mit seinem »Selfish Ledger« erträumt. Eine durchaus ernst gemeinte Zukunftsvision, in der ein für die Ewigkeit angelegtes »Buch des Lebens« jegliche menschliche Regungen festhält.

Eine Vision, die mit Hilfe einer KI per Smartphones Menschen fernsteuert und im gesellschaftlichen Interesse lenkt.

Wir hätten da einen Gegenvorschlag: Warum sich nicht einfach mal dafür einsetzen, dass die gewaltsamen und ausbeuterischen Umstände, die dem kapitalistischen System zu Grunde liegen, überwunden werden zugunsten einer herrschaftsfreien Gesellschaft, die nicht darauf aufbaut, dass große Teile der Bevölkerung unterdrückt werden, um der Herrschaftselite Macht und Wohlstand zu sichern?

Wir halten es für absolut widersprüchlich und scheinheilig, mit viel Geschrei eine kritikwürdige App zu propagieren und gleichzeitig Kritiker*innen den Vorwurf zu machen, mit einer Nichtbeteiligung unnötig Menschenleben zu riskieren. Zum einen ist die Wirksamkeit der App äußerst umstritten und birgt zudem die Gefahr, sich in Scheinsicherheit zu wägen, zum anderen kommen solche Vorwürfe meist genau von den Menschen, die sich ansonsten schön in ihrer heilen Welt eingerichtet haben und mit all den gewaltsamen Widersprüchlichkeiten, die an der Tagesordnung sind, bestens klarzukommen scheinen; ein paar wenige Beispiele wollen wir nennen: Ausbeutung ganzer Bevölkerungen, Klimakatastrophe, Kriege, Flüchtlingsströme, Atomkraft, Unfalltote durch Autofahren ...

Die Pandemie, die im Gegensatz zu anderen Krisen, wie z.B. dem Terrorismus, zunächst keinen offensichtlichen Gegner kennt, den es bekämpfen gilt, wird instrumentalisiert. Ein großes, schwierig zu kritisierendes ›Wir‹ wird ausgerufen, das zusammenhalten und jegliche zur Verfügung stehende Mittel zur Bekämpfung des Virus nutzen soll. Es findet ein Versuch der Manipulation statt, im Sinne der ›Gesellschaft‹ und vordergründig des Wohles aller zu handeln, in der alle partizipieren sollen. Es geht bei der App und allen anderen Maßnahmen nicht darum, dass möglichst viele Menschen gesund bleiben, sondern dass die negativen Folgen für die Funktions- und Wettbewerbsfähigkeit des kapitalistischen Staates möglichst kleingehalten und gleichzeitig Überwachungstechnologien etabliert werden sollen, die, einmal in der Welt, nur schwer wieder wegzudenken sind.

Die gemeinsame App ist ein neues, von der Regierung initiiertes gesellschaftliches Projekt – alle können sich einbringen und so Reputation erlangen. Die, die sich verweigern, könnten als diejenigen angesehen werden, die Schuld an einer Verschlimmerung der Pandemie tragen, was im Endeffekt zu einer weiteren gesellschaftlichen Spaltung führt.

Ein Beispiel dafür gibt ein unternehmensfinanziertes Experiment an einer Schule in Mecklenburg-Vorpommern, in der die Schüler*innen sich ›freiwillig‹ regelmäßig testen lassen können, um mit einem negativen Testergebnis Vergünstigungen zu erlangen. Umgekehrt bedeutet es ein »Disziplinierungsverfahren, wie dies Michel Foucault genannt hätte, das im Grunde alle Schüler zwingt, sich der angeblich freiwilligen Maßnahme zu unterwerfen, um nicht als Außenseiter oder Gefährder kenntlich zu werden.«[16]

Gleiches gälte für einen Immunitätsausweis, der (abgesehen von seiner nicht hinreichenden Aussagekraft) ein ebenso neu konstruiertes ›Wir‹ und ›Die‹ aufmachen würde zwischen denen, die dadurch Teilhabe am öffentlichen Leben erlangen könnten und den anderen, die aufgrund ihrer Verweigerung oder ihres negativen Immunstatus davon ausgeschlossen würden.

Wir halten es für wichtig, dass die Linke an diesem staatlich initiierten neuen gesellschaftlichen Projekt nicht teilnimmt, sondern über die scheinbar nutzbringenden und vordergründig harmlos erscheinenden Intentionen hinausschaut.

## DIE CORONA-LEHRE

Quarantänehäuser sprießen,
Ärzte, Betten überall,
Forscher forschen, Gelder fließen –
Politik mit Überschall.
Also hat sie klargestellt:
Wenn sie will, dann kann die Welt.

Also will sie nicht beenden
Das Krepieren in den Kriegen,
Das Verrecken an den Stränden
Und dass Kinder schreiend liegen
In den Zelten, zitternd, nass.
Also will sie. Alles das.

*Thomas Gsella*

---

16  https://www.heise.de/tp/features/Coronavirusepidemie-Kontroll-und-Ueberwachungstechniken-fuer-Schulen-4779309.html [zuletzt aufgerufen am 03.03.2021]

# Going Viral
## Organisierung in Zeiten von Corona

Wir befinden uns mitten in einer neuen Welle von Covid-19-Infektionen und mit ihr zeichnen sich erneute massive Einschränkungen von Bewegungs- und Versammlungsfreiheit ab. Die Folgen der Kontaktsperren für linksradikale Politik und Strukturen haben wir im Frühjahr 2020 am eigenen Leib erleben dürfen. Damit sich das nicht wiederholt, möchten wir zu einem reflektierten, kritischen und daraus folgernd auch widerständigen Umgang mit den verordneten Maßnahmen in Bezug auf politische Aktivitäten aufrufen!

Wir alle haben in den letzten Monaten erlebt, wie Zentren nicht aufgemacht haben aus der begründeten Angst vor der Pandemie. Organisierungsprozesse sind abgebrochen, weil wir uns nicht mehr getroffen haben. Themen wie zum Beispiel Überwachung und Kontrolle oder die Privatisierung des Gesundheitssystems, die uns als Linke schon jahrelang beschäftigen, wurden im Zuge der Pandemie in den Mainstreammedien diskutiert. Doch haben wir es versäumt, diese Themen kontinuierlich zu besetzen und auf die Straße zu bringen in einer Zeit, in der sie teilweise anschlussfähig gewesen wären. Die großen Mobilisierungen zu #BlackLivesMatter und #leavenoonebehind zeigen, dass es möglich gewesen wäre. Stattdessen gelang es verstrahlten Alu-Hüten mit weiten Überschneidungen in rechtsextreme Milieus, Themen wie Grundrechtseinschränkungen zu besetzen.

Dies war sicherlich dem Umstand geschuldet, dass wir alle von der Pandemie überrumpelt wurden, kein Konzept für den Umgang mit der Bedrohung hatten, keine Möglichkeit, die Situation richtig einzuschätzen und keine Erfahrungswerte mit der Wirksamkeit von Schutzmaßnahmen. Das Bedürfnis, sich solidarisch zu verhalten, traf auf die Unkenntnis, wie das denn konkret umsetzbar wäre. Die Definition von Solidarität erfuhr eine orwell'sche Transformation: Solidarisch war, wer NICHT ins Altenheim ging.

Stattdessen wurde aus der eigenen Verunsicherung heraus von vielen der staatlich verordnete ›verantwortliche Umgang‹ mit der Situation übernommen, ohne zu hinterfragen, woher eigentlich der Inhalt dieser speziellen ›Verantwortung‹ kam. Wir sehen im unhinterfragten Übernehmen von ›Verantwortung‹ die Gefahr, dass dies zu Positionen wie jener der Grünen führt, die ein Endlager für hochradioaktiven Müll in Deutschland fordern aus Verantwortung für ›deutschen‹ Atommüll – und dabei der Atomindustrie voll auf den Leim gehen. Das Übernehmen dieser staatlich verordneten Verhaltensregeln führt zudem dazu, dass alle, die davon abweichen, als ›Gefährder*innen‹ wahrgenommen werden. Dieser Spaltpilz zerlegt soziale Kämpfe und lähmt emanzipatorischen Widerstand sehr viel gründlicher, als es Repressionsorgane je vermöchten.

Wir sehen es als verständlich und berechtigt an, dass durch eine unbekannte Bedrohungssituation Ängste entstehen, und teilen das Bedürfnis, sich selbst und andere nicht zu gefährden. Was wir allerdings in diesen Monaten der ›Schockstarre‹ oder des Sich-Zurückziehens in digitale Räume vermisst haben, ist eine kollektive Auseinandersetzung um die Situation und die Frage, wie eine Linke mit dieser Situation umsichtig umgehen kann, um handlungsfähig zu bleiben und gleichzeitig den Staat und Überwachungskonzerne mit ihren autoritären Vorstößen deutlich zu kritisieren.

Wir erleben, wie Trittbrettfahrer*innen der Pandemie die Angst vor Covid-19 nutzen, um ihre autoritären Agenden durchzusetzen. Das Feld dieser Krisengewinnler*innen ist weit. Corona-App, Telemedizin, Telebildung, bargeldloses Bezahlen, pandemieresistente Smart Cities, bewohnt von digital voneinander isolierten Individuen, die zwischenmenschliche Kontakte als auszumerzende Bedrohung darstellen und durch plattformvermittelte Dienste ersetzen wollen. Die Pandemie ist für die Apologet*innen dieser zerstörerischen Neuzusammensetzung der Gesellschaft wie frische Morgenluft, die die bislang renitente Widerständigkeit wegweht. Corona ist der digitalisierende Virus, der Entwicklungen, die ansonsten Jahre gebraucht hätten, binnen Wochen durchpeitscht.

Die Disziplinierung und Diskriminierung der ›gefährlichen Klassen‹ wird verschärft. Ob es Obdachlose sind, denen Bußgelder aufgedrückt werden, weil sie sich während der Ausgangssperre nicht in ihrer Wohnung aufgehalten haben, oder die unverhältnismäßig hohe Anzahl von Bescheiden wegen Verstößen gegen migrantische Jugendliche. In Deutschland wurden ganze Wohnblöcke eingezäunt und deren Bewohner*innen gefangen genommen mit glasklaren rassistischen und klassistischen Argumentationen, in vielen Ländern passiert das Gleiche, nur dass teilweise gleich ganze Stadtteile abgeriegelt werden. Die Armen sind die gefährliche Klasse, nicht nur wegen potenzieller revolutionärer Ambitionen, sondern weil Armut die Ausbreitung der Krankheit befördert.

Derweilen weitet sich der Einsatz der Bundeswehr im Inneren aus, nicht nur, dass Uniformierte an immer mehr Stellen auftauchen, sondern auch ideologisch. Gesundheitsämter geraten unter Rechtfertigungsdruck, wenn sie den Einsatz der Truppen ablehnen.

Der autoritäre Umbau der Gesellschaft beschleunigt sich. Politiker*innen vergießen Krokodilstränen, wenn sie von >den Sachzwängen< zu Maßnahmen >genötigt< werden – nur, um unter der Hand durch verschärfte Infektionsgesetzgebungen den >Notstand< festzuschreiben. Ein >Notstand<, der auch immer dann in Stellung gebracht werden wird, wenn es darum geht, soziale Kämpfe und Widerstand zu ersticken.

## Unsere Position

Wir wollen uns nicht mit den Konformist*innen gemein machen, die in angstvoller Kopflosigkeit jede Maßnahme der Regierung gutheißen und mit einer nachbetenden >Verantwortlichkeit< die unsinnigsten Verregelungen schlucken, die nun in einer autoritären Anmaßung per Dekret erlassen werden. Warum sollten wir wochentags dicht gedrängt in mittlerweile wieder vollen Zügen zur Arbeit fahren, aber >einsichtig< auf Demos verzichten, insbesondere auf die, die mehr sind als choreografiertes Widerstandstheater?

Wir wollen uns auch nicht mit Corona-Leugner*innen gemein machen, die in ihrem völlig unangemessenen Wunsch nach Vereinfachung, die Pandemie zu einer ersonnenen Weltverschwörung erklären und sich im Protest gegen die vermeintliche Weltherrschaft von Bill Gates auch noch mit Nazis verbünden.

Ein Spagat, der gelingen kann, wenn wir fremdbestimmte >Verantwortung< zurückweisen. Wir müssen uns jetzt Gedanken darüber machen, wie wir mit den pandemiebedingten Einschränkungen umgehen, um nicht nur ein weiteres Einbrechen unserer Kämpfe und Organisierungen zu verhindern, sondern auch, um handlungsfähig und kämpferisch zu bleiben. Den entwendeten und verdrehten Begriff der Solidarität müssen wir uns zurückholen und mit unseren Inhalten füllen.

Wir rufen euch auf, die Nutzung der Krise zur Durchsetzung einer ›neuen Normalität‹ der verstetigten ›sozialen Distanz‹ von einer klaren linken Position aus anzugreifen!

Je länger wir in einer erschrocken-beobachtenden zweiten Reihe verharren, desto stabiler können autoritäre Krisenakteure ein solches ›postpandemisches‹ Normal verankern. Denn allen dürfte klar sein: Ein Zurück (nach dem Ausnahmezustand) zu ›alter Normalität‹ der Vor-Corona-Zeit – die schon damals etwas war, wogegen es sich zu kämpfen lohnte – wird es nicht geben.

## Was können wir tun?

Diese neue Corona-Welle wird von Seiten der Regierung allein schon aus ökonomischen Gründen nicht mit einem umfassenden Shutdown beantwortet, sondern wird mit Rückgriff auf das Infektionsschutzgesetz zu (massiven) regionalen Einschränkungen der Bewegungsfreiheit führen. Freier Zugang und unbeschränkte Teilhabe wird unter Umständen denen vorbehalten sein, die ›Immunität‹, PCR-Test oder zumindest Corona-App vorweisen können.

Auf dem Land gab es in der ersten Welle genügend Möglichkeiten, sich ungestört von Corona-Bullen in großen Gruppen zu treffen. Historisch gab es darüber hinaus die Methode ›konspirativer Spaziergänge‹, in denen in wechselnden Konstellationen im Freien Zweiergespräche geführt wurden. Erinnern wir uns außerdem an die Kämpfe, die wir zu Zeiten der Castortransporte ins Wendland geführt haben: Mitten im Winter, tagelang draußen im Gelände unter widrigen Umständen, hat das Begreifen der Notwendigkeit der Kämpfe alle Unwägbarkeiten überwindbar und den Widerstand möglich gemacht.

Wir sollten auch innerhalb der Städte nach geeigneten Räumlichkeiten suchen, die eine Vollversammlung auch im Winter möglich machen. Gibt es zum Beispiel Situationen, in denen es uns möglich und richtig erscheint, uns solche Räume zugänglich zu machen, auch dann, wenn die für sie ›Verantwortlichen‹ denken, sie nicht freigeben zu können? Zumindest können wir das Gespräch suchen, um über Räume zu verhandeln, wir können unsere eigenen Konzepte entwickeln, um Räume so zu nutzen, dass sie politische Aktivitäten zulassen, ohne sich Gesundheitsrisiken auszusetzen. Wir können uns wetterfest anziehen und auch mal Treffen im Freien durchführen.

Wir brauchen Konzepte im Umgang mit Kontaktbeschränkungen und Ausgehverboten (wie es sie z.b. in Frankreich gab und wieder gibt) – alleine schon deshalb, weil das die Punkte sind, an denen die Repression den Hebel ansetzt. Zwei Aspekte halten wir für besonders wichtig:

**Räume**

Konzerte, Partys, Küfas und Vorträge sind neben unseren Plena und Vollversammlungen wichtige Orte des Austausches und der (informellen) Organisierung. Während sich Plena zur Not noch virtualisieren lassen, können wir diesen informellen Austausch und das soziale Miteinander nicht in den virtuellen Raum verlagern. Was aber auch heißt: Wir brauchen im Winter Räume, um uns zu sehen, auszutauschen und zu organisieren. Verschlüsselte virtuelle Treffen sehen wir maximal als Möglichkeit der Verabredung bzw. des organisatorischen Austausches für Delegierte. Das heißt auch, dass wir dafür stetig in Konfrontation gehen werden müssen. Sei es beispielsweise bei stillen Besetzungen von Häusern, die durch ihre Größe ermöglichen, uns mit dem nötigen Abstand auch drinnen zu treffen oder aber auch bei der Auseinandersetzung mit den zum Teil staatlich cofinanzierten linken Zentren, die aus Angst vor staatlicher Repression ihre Räume nicht öffnen.

Der Winter wird die Zeit sein, in der wir die im Frühjahr durch unsere Nachbarschaftshilfen gewonnenen Beziehungen nutzen können und müssen, um unsere Räume vor Denunziation zu schützen, in der Hoffnung, dass die Nachbar*innen nicht direkt die Bullen rufen. Und der Winter wird auch der Punkt sein, wo wir wieder mehr konspiratives Verhalten üben müssen, um unsere Räumlichkeiten und Strukturen nicht zu gefährden.

**Demos und Aktionen**

Ende August 2020 wird die Demo gegen die rassistischen Morde in Hanau verboten. So kurzfristig, dass eine gerichtliche Auseinandersetzung nicht mehr möglich war, auch die Infektionszahlen stiegen schon einige Tage an. In Hanau wurde nicht an den Zahlen gedreht, um unsere Demo zu verhindern, es wurde an der Interpretation der Zahlen gedreht. Das Verbot hätte schon Tage früher kommen können und wäre dann gerichtlich überprüfbar gewesen oder es hätte ein Alternativplan entwickelt werden können.

## Soziale Kämpfe lassen sich nicht virtualisieren

Schon jetzt merken wir die Auswirkungen der Distanzierung zwischen uns. Onlinedemos, Hashtagaktionen und ähnliches sind genau wie der virtualisierte 1. Mai des DGB kein Kampf, sondern PR und eine Verächtlichmachung realer sozialer Kämpfe. Daher freuen wir uns über den Mut der »Sozialen Kampfbaustelle« Anfang September 2020 in Leipzig, dieses verlorene Terrain zurückerkämpfen zu wollen.

Nicht, dass es vor 2020 einen besseren Stand der Organisierung gab, aber jetzt gilt es noch obendrein, die Organisierung im nicht-virtuellen Raum aufrechtzuerhalten bzw. wieder in Gang zu setzen. Sprich, es müssen deren Grundvoraussetzungen geschaffen werden!

Lebendige soziale Widerständigkeit ist mit Social Distancing nicht vereinbar, sie muss die Methoden sozialer Distanzierung samt ihrer disziplinierenden und isolierenden Wirkung offensiv angreifen!

Gesellschaftliche Veränderungen werden immer noch auf der Straße erkämpft!

*çapulcu, 30. Oktober 2020*

# Behaviorismus und Kybernetik
## Grundlagen der Verhaltenslenkung

*Eine kleine patriarchale Elite von Technokrat\*innen treibt weltweit den Plattform-Kapitalismus mit seiner Smartifizierung des Seins voran, um unsere sozialen Beziehungen neu zu ordnen und in Wert zu setzen. Jede noch so kleine Regung wird digital vermessen, bewertet und damit steuerbar. Der Mensch wird weit über seine Arbeitskraft hinaus dem permanenten Zwang zur Selbstoptimierung und -veräußerung unterworfen. Diese Entwicklung wird derzeit von China mit der Einführung von »Sozialen Kredit-Systemen« angeführt. Weiter zunehmender Anpassungsdruck, soziale Vereinzelung in permanenter Rating-Konkurrenz und soziale Dequalifizierung der Abgehängten als ›Überflüssige‹ sind die Folge. Doch worauf basiert die Idee dieser maximal invasiven Verhaltenslenkung? Tatsächlich finden wir im Behaviorismus die meisten Wurzeln der paternalistischen technototalitären Methoden. Und es gibt einen spannenden Vorläufer der aktuellen Auseinandersetzung um Autonomie in den USA der 1970er – eine erfolgreiche Widerstandsbewegung, die ein groß angelegtes Verhaltenslenkungsprogramm kippte.*

John B. Watson beschrieb 1913 in seiner Antrittsvorlesung an der Columbia University die »Psychologie aus der Sicht des Behavioristen« als Disziplin mit dem »theoretischen Ziel, Verhalten vorherzusagen und zu steuern«[1]. Indem Watson die Tätigkeit des Gehirns oder »innere Zustände« als Blackbox außen vor ließ, konnte er allein mit dem beobachtbaren Verhalten lebendiger Wesen arbeiten und davon ausgehend eine Psychologie ohne jegliche Subjektivität entwerfen.

B. F. Skinner erforschte mit einer Methode, die er »operante Konditionierung« nannte, wie bestimmte äußere Reize das Lernen beeinflussen. Während die klassische (Pawlow'sche) Konditionierung einen Reiz schlicht mit einer Reaktion koppelt, ist bei der operanten Konditionierung das Verhalten anfangs spontan, doch die davon ausgelöste Rückkopplung bestärkt oder hemmt die Wiederkehr bestimmter Handlungen. Für Skinner ist der

---

1 Watson, J. B. (1913). Psychology as the behaviorist views it. Psychological Review, 20, S. 158 (http://psychclassics.yorku.ca/Watson/views.htm )

Mensch ein »Bündel von Verhaltensmustern« ohne Subjektivität – ein Automat mit erwartbaren und manipulierbaren Reaktionen auf die Umwelt. Das Konzept der menschlichen Willensfreiheit habe seinen Sinn gehabt, solange Menschen gegen die Tyrannei von Despoten kämpfen mussten; nun aber habe es seine Schuldigkeit getan. Denn in der modernen Industriegesellschaft bringe gerade diese Freiheit, in Gestalt des ungehemmten Individualismus, Widersprüche und Missstände hervor: z.b. Überbevölkerung und Umweltzerstörung, so Skinner.

»Kontrolliert werden wir ohnehin – von Eltern, Lehrern, von der Werbung und der Regierung, aber wir werden auf dilettantische Weise kontrolliert.«[2]

Deswegen sei es in Wahrheit gar kein Risiko, wenn Menschen sich künftig einer Diktatur umfassender sozialer Steuerung und Kontrolle unterwerfen.

»Nur wenn wir die Vorstellung vom autonomen Menschen abschaffen – wenden wir uns den wahren Ursachen seines Verhaltens zu – vom nachträglich Vermuteten zum Beobachtbaren, vom Wundersamen zum Natürlichen, vom Ungreifbaren zum Manipulierbaren.«[3]

Skinner sieht auch viel grundsätzlichere Fragen von Gleichberechtigung der Geschlechter bis hin zum Abbau von Aggression, Neid und Eifersucht über seine Form der Konditionierung erreichbar, ganz ohne deren gesellschaftliche Hintergründe erforschen zu wollen. Für ihn ist die Verhaltenslenkung kein klassisch despotisch, repressives System, sondern eher belohnungszentrierter »sanfter Zwang«. Er stellte sich vor, nicht nur einzelne Lernprozesse, sondern die gesamte Lebensführung von Gruppen nach verhaltenspsychologischen Maßregeln zu steuern.

Auf die Frage, wer denn die Normen für die Verhaltenslenkung setzen solle, (heute würden wir fragen: Wer schreibt den Code?) antwortet Skinner: »Wissenschaftler«.

## Analogie zur Kybernetik

Die Kybernetik war die erste Wissenschaft, die Information und Leben identisch gesetzt hat. Es ist interessant zu beobachten, wie eng verbandelt der von Watson und Skinner geprägte Behaviorismus mit der Disziplin der

---

2   zitiert nach: »Sanfter Zwang«, Der Spiegel, 27.09.1971, http://magazin.spiegel. de/EpubDelivery/spiegel/pdf/43078812
3   Ebd.

Kybernetik ist, obwohl sie augenscheinlich aus unterschiedlichen Disziplinen herrühren. Es ist mehr als nur eine unheimliche Ähnlichkeit. Sowohl Norbert Wiener als auch B. F. Skinner arbeiteten während des zweiten Weltkriegs zeitgleich an Forschungsvorhaben des US-Militärs. Skinner dressierte Tauben zum Steuern von Raketen im Kamikaze-Stil innerhalb des Projekts »Pelikan«.

Wiener entwickelte mit dem Ingenieur Julian Bigelow eine prognostizierende Flugabwehr, die maschinell den zukünftigen Kurs eines angreifenden Flugzeugs ermitteln sollte. Dabei ging Wiener davon aus, dass sich menschliches Verhalten statistisch modellieren lässt. Mithilfe eines speziellen Analyseverfahrens simulierte seine Forschungsgruppe vier Arten möglicher Flugbahnen, auf denen eine Maschine dem Artilleriefeuer entgehen konnte. Ein zugleich physikalisches, aber auch physiologisches Problem. Wiener bemerkte, dass sich das Verhalten des Piloten zwischen explodierenden Geschossen, Turbulenzen und dem Suchscheinwerferlicht auf wenige Reflexhandlungen reduzieren ließ. Er verglich die Ausweichstrategien des Piloten mit den Rückkopplungsprinzipien einfacher Mess- und Steuerkreise physikalischer Systeme.

So schloss Wiener, dass sich biologische Systeme funktional ähnlich und informationell gleich zu mechanischen Systemen beschreiben lassen. Diesen Grundgedanken baute Wiener zu einer umfassenden physiologischen Theorie. Obwohl Wieners Theorien aus seiner Ingenieurstätigkeit hervorgingen, basieren sie auf behavioristischem Denken: Er untersucht, um die zukünftigen Handlungen eines Organismus vorherzusagen, nicht dessen Struktur, sondern dessen Verhalten in der Vergangenheit. Wie die Kybernetik beruht auch der Behaviorismus auf einem rekursiven (Rückkopplungs-) Modell, das in der Biologie *Verstärkung* genannt wird. Rückkopplung ist nach Wieners Definition »die Fähigkeit, zukünftiges Verhalten an den Erfolgen des vergangenen auszurichten«.[4]

Umgekehrt ähnelt Skinners Darstellung des aktiven Verhaltens als Repertoire möglicher Handlungen, unter denen einige durch Verstärkung begünstigt werden, Wieners Beschreibung von Informationsschleifen, bei denen eine negative Rückkopplung (messen) ebenfalls den Input korrigiert (steuern). Behaviorismus und Kybernetik beruhen auf Input-Output-Analysen, die sich nicht um die Struktur der »Black-Box« dazwischen

---

4   Norbert Wiener, The Human Use of Human Being: Cybernetic and Society, Da Capo Press, Cambridge/MA 1988, S.33

kümmern. Beide kümmern sich um a) ausschließlich beobachtbares Verhalten und betrachten b) jedes Verhalten als in sich zielorientiert und/oder zweckdienlich.

In kybernetischen Begriffen sind ein Frosch, der es auf eine Fliege abgesehen hat, und eine zielsuchende Rakete dasselbe System: Beide sammeln Informationen, um ihr Handeln im weiteren Verlauf entsprechend anzupassen.

## Widerstand gegen Gedanken- und Verhaltensmodifikation

»In jüngster Zeit hat die Technik mit der Entwicklung neuer Methoden der Verhaltenskontrolle begonnen, die in der Lage sind, nicht nur die Handlungsweise des Einzelnen zu verändern, sondern seine Persönlichkeit und seine Denkart an sich. (...) Die Verhaltenstechnologie wie man sie heute in den Vereinigten Staaten entwickelt, rührt an die grundlegenden Quellen der Individualität und an den Kern der persönlichen Freiheit. (...) Die größte Gefahr ist die Macht, die diese Technologie einem Einzelnen in die Hand gibt, seine Weltsicht und seine Werte einem anderen aufzuzwingen ... Begriffe von Freiheit, Privatsphäre und Selbstbestimmung stehen ihrem Wesen nach im Konflikt mit Programmen, die darauf abzielen, nicht nur physische Freiheit zu kontrollieren, sondern die Quelle freien Denkens an sich.«[5]

Das ist nicht etwa die besorgte Rede einer Abgeordneten bei der Anhörung von Mark Zuckerberg vor dem EU-Parlament 2018, sondern ein Auszug aus dem Bericht des US-Senatsausschusses von Senator Sam Ervin aus dem Jahr 1974 (!). Es ist die beeindruckend klare Bewertung eines eher konservativen Demokraten und Verfassungsrechtlers, der sich als Senator von North Carolina Anfang der 1970er Jahre einer breiten Bürgerbewegung gegen staatliche Verhaltensmodifikation angeschlossen hatte. Aktivist*innen, Wissenschaftler*innen und Anwält*innen bescherten der Nixon-Regierung nach jahrelangem Protest 1974 eine bemerkenswerte Schlappe. Es war das bis dahin größte Aufbegehren einer Bewegung gegen den Einsatz von Verhaltensänderungsprogrammen in Erweiterung staatlicher Macht.

Erwin und andere untersuchten in mehrjähriger Arbeit »eine Reihe von Programmen, die darauf abzielten, menschliches Verhalten vorherzusagen, zu kontrollieren und zu modifizieren.« Die antikommunistische

---
[5] Sam Ervin, Individual Rights and the Federal Role in Behavior Modification, http://www.healreport.tv/1974congressbehaviormod.pdf

Hetze während und nach dem Koreakrieg sowie die CIA-Berichte über »systematische Gehirnwäsche« amerikanischer Kriegsgefangener durch den Feind hatten erfolgreich eine Stimmung erzeugt, in der es angemessen schien, eigene geheimdienstliche Forschungsprogramme auf diesem Gebiet zu intensivieren. Zur Entwicklung von Fähigkeiten zur Gedankenkontrolle, vom *depattering* und *rewriting* des Einzelnen bis hin zur Manipulation von Verhaltensweisen eines kompletten Staates. Die Mittel dazu klingen nicht nur martialisch. Im MKUltra-Projekt der CIA wurden chemische, biologische, radiologische und sogar mechanische Mittel der Psychochirurgie und Elektrophysiologie benutzt. PSYOPS (Psychological Operations) sollten »defekte Persönlichkeiten« »festgesetzter« Individuen in kontrollierten Umgebungen wie Gefängnis oder geschlossene Anstalt korrigieren: Persönlichkeit, Identität und die Fähigkeit zu selbstbestimmendem Verhalten ließe sich unterdrücken, eliminieren und durch eine externe Kontrolle ersetzen, so die Überzeugung.

Die im Kalten Krieg erzeugten Ängste, die Unruhen der späten 1960er und frühen 1970er Jahre machten es möglich, dass Law-and-Order-Hardliner unter Berufung auf einen Ausnahmezustand (!) vorpreschten, um aktive Verhaltensmodifikation aus dem militärischen in den zivilen Bereich fortzusetzen. Auf einmal wurde auch wieder Skinners Forschung aufgegriffen. Für fortschrittliche Geister der Autonomie eine erdrückend autoritäre Stimmung, die unerwünschtes Verhalten auszumerzen suchte.

Aber es regte sich auch Widerstand. Noam Chomsky schrieb in einer detaillierten Kritik an Skinners »Forschungserfolgen«:

> »Es wäre nicht nur absurd, es wäre grotesk, aus der Tatsache, dass sich Umstände arrangieren lassen, unter denen Verhalten durchaus vorhersagbar ist – wie z.B. in einem Gefängnis oder ... einem Konzentrationslager ... – darauf zu schließen, man brauche sich deshalb keine Sorge um die Freiheit und Würde des ›autonomen Menschen‹ zu machen.«[6] (Noam Chomsky)

Angewidert von den Exzessen der Geheimdienste und den Machenschaften der Nixon-Regierung unterstützten mehr und mehr die Bürgerrechtsbewegung und so sah sich die Regierung gezwungen, den Einsatz verhaltensverändernder Techniken im zivilen Bereich zu stoppen. Nach der heftigen öffentlichen Ablehnung von »Jenseits von Freiheit und Würde« versuchte Skinner 1976, mit den »Missverständnissen« um sein Werk aufzuräumen,

---

6   Noam Chomsky, The Case Against B.F. Skinner, 1971

aber sein Nachfolger »Was ist Behaviorismus?« fand keine weitere Beachtung mehr.

Aber die nunmehr unpopulären Ideen zur Kommodifizierung des Verhaltens waren natürlich nicht ausgelöscht. Die Bundesgefängnisverwaltung in den USA empfahl, lediglich den Begriff »Verhaltensmodifikation« zu vermeiden und stattdessen von »Belohnung und positiver Verstärkung« zu sprechen, aber ansonsten die Programme weiterlaufen zu lassen. Ein offenes Ende eines hart umkämpften Sieges der Bürgerrechtsbewegung in den USA, das die heutigen rechten Technokraten mit ihren Verhaltenslenkungsplattformen, den Scoring-Modellen, dem Nudging und der Gamification dankend aufgegriffen haben ...

# Horizonte überschreiten
*Von Sandra Göbel*

Sandra, die Autorin des folgenden Textes, war seit ihrer Schulzeit in den 1980er-Jahren eine radikale Kämpferin. Sie gab sich nie mit den Setzungen, Gewohnheiten und Limitierungen der vielen Ein-Punkt-Bewegungen innerhalb der linken Szene zufrieden. Sie recherchierte vermeintliche Gewissheiten neu und sprengte viel zu eng gefasste Szene-Kategorien auf. Als international agierende Sozial-Revolutionärin verknüpfte sie viele linke Kämpfe und ließ sich nicht auf ihr langjähriges Brennen für die (militante) Anti-Atom-Bewegung reduzieren. Ihre umfassende Technologie- und ›Fortschritts‹-kritik mündete in eine Auseinandersetzung mit der Kybernetik und in kritisch-philosophische Betrachtungen des grundsätzlichen Verhältnisses von Mensch und Natur. Sie starb leider viel zu früh im Juni 2019 infolge einer Krebserkrankung. Daher konnten einige Fragen hinsichtlich des nun folgenden Textes nicht abschließend geklärt werden. Dennoch freuen wir uns, ihre Gedanken ein letztes Mal mit ihr teilen und hiermit verbreiten zu können. Der Text wurde auch ins Französische und Englische[1] übersetzt.

> *Sein Blick ist vom Vorübergehn der Stäbe*
> *so müd geworden, daß er nichts mehr hält.*
> *Ihm ist, als ob es tausend Stäbe gäbe*
> *und hinter tausend Stäben keine Welt [...]*
>
> Rainer Maria Rilke, *Der Panther*

Warum ist es immer so schwierig, über die neuesten technologischen Entwicklungen zu diskutieren, ohne die Anzeichen für den kommenden Weltuntergang aufzulisten oder den unvermeidlichen linearen Verlauf des Fortschrittes als gesetzt zu sehen? Es ist bedenklich, dass die Frage vergessen geht, was ein besseres Leben wäre, trotz des Lebens in einem offensichtlich zerstörerischen System, dessen einzige Zukunft *keine* Zukunft ist. Wie können wir unsere tiefsitzende Angst vor der Kante des

---

[1] https://thenewinquiry.com/trespassing-horizons/

Horizonts abschütteln, um wieder anzustreben, dass die Zukunft anders herauskommt, als sie scheint?

Wie Kinder werden wir hin und her geschüttelt zwischen Fakten und Fakes, zwischen dem Gedanken an uns selbst als Genie und dem nächsten als Narr. Wir sind hart in der Verteidigung des autonomen Individuums, das rational Werkzeuge einsetzt, um seine eigene kleine Welt zu bauen, und das doch zutiefst beunruhigt ist über die Aussicht, dass Maschinen klüger werden als ihre Erbauer. Wir sehen uns vor eine neue Normalität gestellt, die selbst den enthusiastischsten Klugscheißer überwältigt.

Die westliche Kultur begann irgendwann, Zeit mit Chronologie gleichzusetzen. Zeit wurde als Pfad konzipiert, der uns gradlinig von der Vergangenheit über die Gegenwart hin zur Zukunft führt. Während der industriellen Revolution im 19. Jahrhundert, einer Periode des Enthusiasmus für den Fortschritt und der Glorifizierung der Moderne, waren die Blicke positiv auf die Zukunft gerichtet. Zukunft wurde als Verbesserung des Gegenwärtigen interpretiert. Nachdem mit dem Ersten Weltkrieg der Glaube an den endgültigen Triumpf der Vernunft verloren gegangen war und mit den durchtechnologisierten Desastern des Zweiten Weltkrieges die Idee des Fortschrittes ein Ende fand und die letzten alten Götter sich zurückgezogen hatten, waren nur noch die Technokrat*innen übrigblieben, um den Lauf der Dinge vorzugeben. Es scheint, als hätten wir uns heute im Großen und Ganzen an eine Vielzahl ihrer Grundannahmen gewöhnt, die uns lähmen und uns alle – Kritiker und Protagonisten der intelligenten neuen Welt gleichermaßen – unfähig machen, dem Denken an die Welt als eine quantifizierende Logik auszuweichen, und nicht selbst alles in Zahlen zu übersetzen.

In der Zeit des Kalten Krieges, als im Westen alle politischen Debatten im Entweder-oder des Antikommunismus ertränkt wurden, kamen die Technokrat*innen allesamt zu dem für sie einzig nützlichen Ergebnis: Jeder Vorschlag ist befreiend, der sich von allen politischen Positionen distanziert und Ideologiefreiheit proklamiert. In dieser Periode, die sich dem Humanismus als Antihumanismus entgegenstellte, wurde der von Norbert Wiener für ein ballistisches Raketenprogramm entwickelte prospektive Kalkulationskreis, genannt Kybernetik, zu einem Modell für die Steuerung westlich-demokratischer Gesellschaften erweitert und in die Verwaltung der Wirtschaft eingebaut – was beides zunehmend zum Gleichen wurde.

Nach einer intensiven öffentlichen Debatte zwischen den 1950er- und 1970er-Jahren, die von der Feier der berechenbaren Zukunft bis hin zu nachdenklichen Kritiken reichte, die das kommende technokratische Regime vorwegnahmen, zog die Kybernetik in den folgenden Jahren ihre Zügel straffer – aber sie tat dies leise. In den Diskussionen um die Automatisierung während der 1980er-Jahre gerieten die grundlegenderen Implikationen aus dem Blickfeld. Das Bewusstsein hierfür kam erst wieder auf, als sich das Internet und seine erweiterte Virtu-/Realität spürbar machte. Plötzlich stellten die Menschen fest, dass in ihrem Leben etwas fehlt. Aber was? Wenn wir den künstlich erschaffenen Fetisch der Technik nicht selbst dafür verantwortlich machen und auf das Problem starren wollen wie ein Kaninchen auf die Schlange, müssen wir auf dem eingeschlagenen Weg nach einer Antwort suchen. Wir müssen die gewählte Richtung und die konkreten Schritte untersuchen und das Gewordensein auf seine Idee und Entwicklung hin befragen. Da das Grundprinzip der Kybernetik die gerichtete Selbstorganisation ist, lautet der erste Schritt, eine Unterscheidung zwischen Richtung und Führung vorzunehmen. Ich versuche dies zu verdeutlichen, indem ich mich einer Debatte widme, die vor dem Zweiten Weltkrieg stattfand, aber implizit schon sein Ende vorwegnahm.

Bereits sechs Jahre vor der ersten Macy-Konferenz, die den Begriff Kybernetik salonfähig machen sollte, fand in New York ein interdisziplinäres Symposium statt: die »Conference on Science, Philosophy, and Religion«. Organisiert wurde die Konferenz von neun Wissenschaftlern um den konservativen Denker Louis Finkelstein. Die Gruppe veranstaltete 1940 ihr erstes Symposium unter dem Motto: »Die Krise unserer Kultur durch ein Experiment des unternehmerischen Denkens bewältigen.« Eine Krise, deren Kern eine »intellektuelle Verwirrung« sei, die die Organisatoren für genauso wichtig, wenn nicht sogar für wichtiger hielten, als »die totalitäre Lebensweise, die sich schnell in der Welt ausbreitet bis hin zur drohenden Gefahr für die Zivilisation«. Die Zielsetzung der Konferenz liest sich wie eine frühe Version des aktuellen Denkens über Extremismus, in der die Bedrohung der Demokratie ihren Kritiker*innen untergeschoben wird. Und trotz der vagen Formulierung versteht man, dass nicht die Faschisten am meisten gefürchtet wurden:

> Das Bestreben, konstruktive Ideen auszudrücken und zu formulieren, die zur Integration der verschiedenen Disziplinen mit traditionellen moralischen Werten und der demokratischen Lebensweise führen, wurde durch Einflüsse zunichte gemacht, die aus von unseren Bibliotheken und Labors weit entfernten Quellen stammen. Seit über zwei Jahrzehnten wird die öffentliche Meinung der starken

Propaganda einiger weniger artikulierter Gegner unserer demokratischen Institutionen ausgesetzt. Ihr Einfluss wurde durch die Gemütsverfassung der breiten Leserschaft und durch die Zahl der Schriftsteller und Gelehrten verstärkt, deren selbstzerstörerische Skepsis den Totalitären direkt in die Hände gespielt hat. Alle Bemühungen, die enge Verbindung der modernen Wissenschaft und Geschichte mit der traditionellen Ethik und Religion aufzuzeigen, wurden als reaktionär angeprangert.[2]

Die Idee, »eine Einheit im Denken und Handeln [...] zu verwirklichen, um eine sicherere Grundlage für die Demokratie zu schaffen«, kommt einer offenen Debatte in einem geschlossenen Zirkel gleich, weil der Begriff Demokratie dem *American Way of Life* gleichgesetzt wurde. Auch wenn man den Einfluss der Konferenz nicht überschätzen sollte und auch wenn direkte Hinweise auf wirtschaftliche Aspekte fehlen: Es versinnbildlicht, dass der Nährboden für die Ausprägung einer unsichtbaren Hand bereitet wurde, die wiederum in der Lage ist, eine selbstregulierende Einheit zu steuern.

Es sollte Margaret Mead sein, die 1968 hierfür den Begriff der *Kybernetik zweiter Ordnung* schuf. Verwendet wurde der Begriff anschließend von ihrem Weggenossen Heinz von Foerster, der während seiner späten Schaffensphase in den 1980er-Jahren – als der Neoliberalismus auf dem Nährboden technokratischer Selbstregulierungsprinzipien wilde Blüten trieb – bestrebt war, das Handeln von Managern durch seinen kybernetischen Jargon zu verklären.

Heinz von Foerster, ein Sinnbild des technokratischen Chamäleons: Im Zweiten Weltkrieg war er in die Radarentwicklung der Nazis eingebunden, um dann die politische Flagge zu wechseln und nach Amerika zu segeln. Bis Ende der 1960er-Jahre wickelte er Forschungsaufträge der amerikanischen Armee ab, um anschließend die Militärkritiker*innen und ›Counterculturalisten‹ in ihren Forderungen nach mehr Selbstregulierung zu unterstützen. Zu guter Letzt beriet er Managerschulen. Zur gleichen Zeit als Heinz von Foerster mit den kybernetischen Prinzipien hausieren ging, speiste Margaret Mead auf leise Weise ihr anthropologisches Wissen, das sie sich auf zahlreichen Fernreisen angeeignet hatte, in die koloniale Logik des CIA ein.

---

2   Louis Finkelstein, »The Aims of the Conference«, Science, Philosophy and Religion, A Symposium. Conference on Science, Philosophy and Religion, New York: 1941, S. 12 [hier und im Folgenden: Ü.d.A]

## Margaret Mead: Demut vor den Kulturkräften

Das oben genannte Symposium fand 1941 erneut statt und Margaret Mead war als Sprecherin eingeladen. In ihrem Beitrag ging sie der Frage nach, wie ihre anthropologische Position der Aufrechterhaltung jener Perspektive dienen könne, die die Konferenzteilnehmer*innen zusammengebracht hätte, nämlich »diesen Glauben zu bekräftigen und zu versuchen, eine ganze Zivilisation in eine bestimmte Richtung zu führen«. Mit dem zu bekräftigenden Glauben bezog sie sich auf den in Nordamerika einflussreichen Kulturrelativismus, in dem »jedes kulturelle Verhalten als relativ zu der Kultur zu betrachten ist, zu der es gehört«. Ihre Betonung der »systematischen Wechselbeziehung verschiedener Kulturelemente« ist als Versuch zu verstehen, mit den in Gesellschaften vorhandenen Spannungen umzugehen, indem der Fokus von den inkompatiblen Zielen verschiedener Teile auf die problematische Beziehung verlagert wird, um schließlich die Kosten und Nutzen möglicher Entscheidungen abzuwägen. Das von Margaret Mead gewählte Beispiel – »die Frage der Zwangssterilisation der Untauglichen, um die Gemeinschaft vor den Kosten und der sozialen Verschwendung einer großen subnormalen Bevölkerung zu bewahren« – bewahrt uns davor anzunehmen, sie habe allzu aufgeschlossene und friedfertige Ansichten gehabt. Dies zeigt sich insbesondere dann, wenn ihr Argument weiter unten dem Kommentar ihres Mannes Gregory Bateson gegenübergestellt wird.

Nach der Darstellung der Rolle der Anthropologin, »Kulturgegenstände in Relation zu setzen, unterschiedliche Gegenstände mit ganzen Systemen zu verknüpfen [...] sowie den Vergleich von einem System zum anderen zu nutzen, um Warnungen auszusprechen und auf die Auswirkungen verschiedener Veränderungen oder Trends innerhalb der chaotischen, heterogenen Kultur hinzuweisen, die die Konferenzteilnehmer versuchen, in Richtung von mehr Demokratie zu führen«, zielte Mead auf den Hauptkonfliktpunkt:

> Wenn wir aber die Frage einen Schritt weitertreiben und sagen: ›Wir haben die Richtung festgelegt, in die wir uns bewegen wollen. Jetzt sagt uns, ihr Sozialwissenschaftler und Kulturspezialisten, wie wir dorthin kommen. Setzt unser spirituelles Programm für uns um!‹ Sind wir dann an einem Punkt angelangt, an dem die Willensfreiheit des Einzelnen und das wissenschaftliche Verfahren kollidieren? Erfordert die Umsetzung einer definierten Richtung nicht eine Kontrolle

und wird diese Kontrolle – eine gemessene, berechnete und endgültige Kontrolle, also eine Kontrolle, die wirklich ihre Ziele erreicht – durch ihre bloße Existenz die Demokratie außer Kraft setzen, indem sie notwendigerweise einige Menschen auffordert, Kontrolle auszuüben, und alle anderen zu ihren Opfern degradiert?[3]

Mead wies anschließend darauf hin, dass die Umsetzung moralischer Verantwortung des Einzelnen komplizierter sei als die Durchsetzung von Gehorsam. Um dieses Ziel dennoch zu erreichen, hätten die Wissenschaftler als Planer und Testamentsvollstrecker zuerst ihre eigene Lage zu reflektieren. Sie seien Teil des Ganzen. Und weiter:

> Kulturen haben keine wirkliche Existenz außerhalb der gewohnten Körper derjenigen, die sie leben. Hier liegt das Dilemma, das es zu lösen gilt [...]. Es bedeutet, dass die Umsetzung niemals in Form von fertigen Entwürfen der Zukunft erfolgen kann, sondern eine Richtung beinhalten muss, eine Ausrichtung der Kultur in eine Richtung, in der neue Individuen, die unter dem ersten Impuls dieser Richtung aufgewachsen sind, uns weiterbringen können und es auch werden.[4]

Die Verlagerung des Fokus vom statischen Ergebnis hin auf dynamische Prozesse entsprach der von Mead angemerkten vermuteten Unmöglichkeit, »sich das Ende vor Augen zu führen, auf das hin der Wissenschaftler den Prozess in Gang setzt«. Dies mindere aber seine Entschlossenheit nicht, »seine Hand auf einen Prozess der Kontrolle zu legen, die nicht minder sicher ist, aber an alles angepasst, was er über Kulturprozesse und die Eigenart seiner eigenen Kultur weiß«. Nicht aus ethischen Gründen verwarf Mead den »fertigen Entwurf einer absolut wünschenswerten Lebensweise, der immer von der rücksichtslosen Manipulation des Menschen begleitet wurde, sich anzupassen«. In Anbetracht der unausweichlichen Abhängigkeit der Kultur von ihrer Übertragung durch die Generationen erweise sich die direkte Manipulation als dysfunktional, da »die Opfer eines solchen Prozesses allmählich apathisch, passiv und ohne Spontaneität werden sowie die Anführer stetig paranoider«.

Heute erkennen wir ihre Gedanken in unseren Realitäten wieder. Aber wie immer haben sich die Dinge doch etwas anders entwickelt. Was wir erleben, ist eine Herrschaftsform, die in ihrer Richtung und in ihrer Rich-

---

3 Margaret Mead, »The Comparative Study of Culture and the Purposive Cultivation of Democratic Values«, in: Science, Philosophy and Religion, Second Symposium. Conference on Science, Philosophy and Religion, New York: 1942, S. 65 f.
4 Mead, The Comparative Study, S. 66

tungsabhängigkeit fast unsichtbar ist, während die Regie noch immer mit den unverschämtesten Methoden der Manipulation durchgeführt wird, was genau die oben beschriebenen Effekte einer Verengung des Horizonts erzeugt. Vielleicht wird uns dies erst deutlich vor Augen geführt, seit die sogenannten Soft Steering-Methoden tatsächlich ins Social Engineering integriert wurden.

Es scheint aber, als sei Mead damals nicht in ihrer vollen Konsequenz verstanden worden. Auch ihr Mann – derselbe Gregory Bateson, der später bekannt dafür werden sollte, die zyklischen Modelle der Kybernetik auf das Funktionieren von Verstand und Psyche umzumünzen, was wiederum Grundlage der selbstgesteuerten Therapie à la R.D. Laing bilden sollte – interpretierte den strategischen Schluss, den sie aus dem unvermeidlichen menschlichen Zustand zog, als Schwäche ihrer Überlegungen. Diese lassen sich in einem Dreischritt zusammenfassen: Erstens funktionieren Rückkopplungsschleifen über Generationen hinweg, was jegliche Planung erschwert. Daraus folgend kann zweitens der Einzelne, ganz unabhängig von seiner Entschlossenheit und seinem Einfluss, den Gesamtplan nie erfüllen. Dies setzt drittens in der Praxis nicht eine Manipulation des Einzelnen voraus, sondern die Manipulation der Bedingungen, die sein Potenzial zur Übereinstimmung mit dem Modell festlegen.

## Gregory Bateson:
## Beantwortung einer nicht gestellten Frage

In seinem Kommentar zu ihrem Konferenzpapier sprach Gregory Bateson, ebenfalls Anthropologe, den zu bearbeitenden Konflikt als einen zwischen demokratischen und instrumentellen Motiven an, als einen »Kampf um die Rolle, welche die Sozialwissenschaften bei der Ordnung der menschlichen Beziehungen spielen sollen«. Nicht nur, dass dies die Einbindung der Wissenschaft in die Politik vorwegnahm, die das Zeitalter des Kalten Krieges tiefschürfend prägt. Es wirkt überdies fast klischeehaft, dass er das Argument von Mead in einer Weise umdefiniert, die die von ihr entwickelten intergenerationellen Zeitaspekte komplett ignoriert. Daraus resultiert eine komplett andere Folgerung:

Sie sagt uns ganz klar, dass sie mit dieser Verschiebung der Betonung und Gestaltung unseres Denkens in unerforschte Gewässer eintreten wird. Wir können nicht wissen, welche Art von Menschen aus einem solchen Kurs resultiert, noch können wir sicher sein, dass wir uns selbst in der Welt von 1980 zu Hause fühlen werden. Dr. Mead kann uns nur sagen, dass wir mit Sicherheit auf einen Felsen treffen werden, wenn wir den Kurs fortsetzen, der uns am natürlichsten scheint, nämlich unsere sozialwissenschaftlichen Anwendungen als Mittel zur Erreichung eines definierten Ziels zu planen. Sie hat den Felsen für uns kartiert und rät uns, einen Kurs einzuschlagen, der nicht zum Felsen führt, sondern in eine neue, unbekannte Richtung. Ihr Beitrag wirft die Frage auf, wie wir diese neue Richtung einschlagen sollen.[5]

Während er den »verschiedene Arten der Erfassung von Verhaltensabläufen« folgt, stellt er diese wieder in den psychologischen Rahmen individuellen Lernens. Der Zeithorizont schrumpft auf eine Generation zusammen und auf die Frage, wie die jetzigen Kinder als Erwachsene auftreten sollen und was wir ihnen heute, Anfang der 1940er-Jahre, beibringen können. Es ist auffällig, dass seine Beispiele trotz erklärter Distanz zur Verhaltenstheorie des Behaviorismus immer noch stark an die Labors von Psychologen erinnern, die an Hunden und Tauben das Lernen studieren. Das Individuum wird zentriert, die Umgebung ignoriert. In seinem Setting wird die Idee von Mead reduziert, indem er sein Publikum implizit das Problem der kulturellen Einbindung vergessen lässt, das ihrem Vorschlag überhaupt erst zugrunde lag.

Er bezieht sich auf Mead, wenn er eine Diskrepanz zwischen Social Engineering als Manipulation des Menschen zur Erreichung einer geplanten Blaupausengesellschaft und den Idealen der Demokratie als »höchsten Wert und moralische Verantwortung des Einzelnen« konstatiert. Nicht nur, dass diese scharfe Kontrastierung den Eindruck erweckt, Meads Beitrag sei überwiegend moralisch zu lesen: Bateson verändert die Funktion des Arguments. Während sie es im Sinne der Orientierung am Prozess statt am Ziel benutzt, bindet er das Social Engineering (ein Wort, dass sie übrigens nie benutzt hat) an die direkte Manipulation. Die ethischen Schwierigkeiten lösen sich dann irgendwie auf, wenn wir in die abstraktere Ebene der Wahrnehmung eintreten, oder so – denn das Recht auf Manipulation bleibt den »richtigen« Personen vorbehalten.

---

5 Gregory Bateson, »Comments by«, in: Science, Philosophy and Religion, Second Symposium. Conference on Science, Philosophy and Religion, New York: 1942, S. 86

Sollen wir uns die Techniken und das Recht, Menschen zu manipulieren, als Privileg einiger weniger planungs-, zielorientierter und machthungriger Individuen vorbehalten, denen die Instrumentalität der Wissenschaft einen natürlichen Reiz verleiht? Werden wir jetzt, da wir die Techniken haben, die Menschen kaltblütig als Dinge behandeln? Oder was sollen wir mit diesen Techniken anfangen?[6] Wenn er von Manipulation spricht, wählt er den Nationalsozialismus als Beispiel. Vor diesem Hintergrund steht die Idee Batesons, »die Gewohnheiten des Geistes« zu erfassen, um die Menschen vor Missbrauch zu bewahren. Es scheint besser zu sein, wenn Wissenschaftler*innen die menschlichen Handlungen bewerten und steuern. Wer würde dann an der Notwendigkeit zweifeln, »etwas Besseres als eine zufällige Liste von Gewohnheiten zu bekommen?«

Dr. Mead sagt uns, wir sollen in noch unbekannte Gewässer segeln und eine neue Denkweise annehmen; aber wenn wir wüssten, wie diese Denkweise mit anderen zusammenhängt, könnten wir die Vorteile, Gefahren und möglichen Fallstricke eines solchen Kurses beurteilen. Ein solches Diagramm könnte uns die Antworten auf einige der Fragen geben, die Dr. Mead aufwirft – hinsichtlich der Frage, wie wir die Richtung und den Wert unserer geplanten Handlungen beurteilen sollen [...], könnten wir einige der grundlegenden Themen – die Himmelsrichtungen, wenn Sie so wollen – vorschlagen, auf denen die endgültige Klassifizierung aufgebaut werden muss.[7]

Ist der Vorschlag einer endgültigen Klassifizierung nicht genau das Gegenteil von dem, was Mead als möglich erachtete? Nach meiner Lesart zielte Bateson darauf ab, die eigentliche Grundlage ihres Arguments zu negieren, als er von der Erkenntnis sprach, »dass die Mitglieder dieser neuen Welt, von der wir träumen, sich so sehr von uns selbst unterscheiden, dass sie sie nicht mehr in dem Maße schätzen, wie wir sie jetzt wünschen«. Zum Schluss schlug er vor, nicht mehr nur mehr über die Gewohnheiten herauszufinden, wie sie gelernt werden und in welchen Kulturen sie sich wie ausbilden. Vielmehr wählte er einen proaktiveren Ansatz:

> Umgekehrt können wir vielleicht eine konkretere – operativere – Definition von Gewohnheiten wie der ›Freiwilligkeit‹ bekommen, wenn wir uns fragen würden: ›Welche Art von experimentellem Lernkontext würden wir entwickeln, um diese

---

6   Bateson, Comments by, S. 84
7   Bateson, Comments by, S. 87

Gewohnheit zu vermitteln?‹ und ›Wie könnten wir das Labyrinth oder die Problembox so manipulieren, damit die anthropomorphe Ratte einen wiederholten und verstärkten Eindruck von ihrem eigenen freien Willen erhält?‹[8]

Was hier angekündigt wird, fällt auf sich selbst zurück: Nachdem Mead die Frage aufgeworfen hatte, wie man mit dem schmalen Grat zwischen Wertepflege und Manipulation der Gesellschaft umgehen könne, wies Bateson ihre Analyse zurück und passte den Fokus auf den Prozess selbst an – um dann eine Karte des gewünschten Outputs zu erstellen mit dem Hinweis, wie dieser operativ anzusteuern sei.

## Ein erstes Resümee: Die Maschine, die der Maschine als ihr Geist innewohnt

Aus unserer gegenwärtigen Situation heraus neigen wir dazu, die technische Seite der Kybernetik zu überschätzen und die Roboterträume, die sich in Web-Realität verwandelten, als ihr Fundament zu deuten. Dabei gerät aus dem Blick, dass in der Phase, in der sie Gestalt annahm, Aspekte der Planbarkeit der zukünftigen Gesellschaft als ebenso wichtig eingestuft wurden. Anstatt hier also eine saubere akademische Analyse der Genealogie der Kybernetik anzubieten oder die Geschichte in ein Vor- und Post- zu teilen und nur das Dazwischen als wesentlich zu erachten, wurden zwei Texte gewählt, um Methoden der Kybernetik zu verdeutlichen.

Eines ihrer Mittel ist der Versuch, gegenwärtige Bemühungen am Ziel auszurichten. Dieses hat sich inzwischen vollständig in die Strukturen eingefressen, nicht nur als Unternehmensberatung. Bekanntheit erlangte diese Methode durch die sogenannte Futurologie oder Zukunftsforschung. Sie wurde gegründet in Zeiten der Bedrohung durch den Atomkrieg als Strategie zur Rüstungskontrolle. Anschließend entwickelte sie sich schnell zum Forschungsinstrumentarium des Social Engineering weiter, um damit kapitalistische Krisen zu vermeiden. Zu diesem Zweck wurden einige Lehren aus der Hysterie des Kalten Krieges gezogen: So erklärten Louis Armand und Michel Drancourt bereits 1961, dass nach der zweiten Phase der industriellen Revolution, die eine Ära des Überflusses verspreche, Ideologien so obsolet werden würden wie die wirtschaftlichen und politischen Strukturen ihrer Zeit.

---

8   Bateson, Comments by, S. 92

Laut Herman Kahn, der wohl prägendsten und widerlichsten Figur der Futurologie, war Ziel der Zukunftsforschung die Erzeugung einer »widerspruchsfreien Projektion«. Dies war für Jacques de Bourbon-Busset noch nicht ausreichend, er wollte »keine wahrscheinliche Zukunft vorhersagen, sondern eine wünschenswerte Zukunft vorbereiten und vielleicht sogar noch weiter gehen: sich bemühen, die wünschenswerte Zukunft wahrscheinlich zu machen«. An dieser Stelle wird der von Bateson vorgeschlagene Fokus auf die praktische Anwendung im gemeinsamen Verständnis der Zukunftsforscher zur Realität. Es ist weder ihre Aufgabe, soziale Widersprüche zu erklären noch Lösungen vorzuschlagen, sondern zu zeigen, wie diese Probleme von den Ereignissen übernommen werden können. Es geht darum, wie Fakten überhaupt produziert und als solche ausgegeben werden können.

Die Vision, für die der Planungswissenschaftler Hasan Ozbekhan stellvertretend steht, war die Nutzung von Datenbanken, um zukünftige Situationen zu berechnen, das heißt, eine »Antizipation zu konstruieren und rückwärts zu manipulieren, um zu sehen, ob die von der Antizipation angezeigte und gewählte Situation darauf hinweist, welche Veränderungen vorgenommen werden müssen, um die Antizipation zu erreichen«. Dies mache die Zukunftsforschung zu einer »Planungsmethode, die die Zukunft als operatives Instrument nutzt, um Veränderungen in der Gegenwart zu bewirken – und durch solche Veränderungen die konzeptualisierte Zukunft in Bewegung zu setzen«.

Zukunftsforscher*innen waren oft Menschen mit guten Absichten, die Kriege weniger wahrscheinlich – oder zumindest weniger brutal – machen wollten. Sie glaubten, dass der Kapitalismus seinen Kurs ändert, sobald die Dynamik seiner Plünderung verstanden wird. Während die Absichten bald in Vergessenheit gerieten, blieben die Logik und die Technologien übrig. Prognosen werden gemacht, um die Gegenwart zu gestalten.

Vielleicht konnten die Futurologen nicht vorhersehen, wie umfassend ihr Wertewandel werden würde. Als echte Zukunftsforscher lebten sie schon im toten Winkel, an dessen Entstehung sie mitgewirkt hatten: nicht zu erkennen, dass das »Ende der Ideologien« eine Unmöglichkeit für den Menschen ist. Das Ziel kann nicht abgeschafft, sondern nur vergessen werden, denn die Absenz von Werten ist auch ein Wert. Wenn die Maschine nicht von Menschen gesteuert wird, wird die Maschine selbst zur Richtung – und dies hat zur Folge, dass der Wunsch zu überleben einen kontraproduktiven Weg einschlägt. Meiner Meinung nach sollten wir uns, um einen interessanteren Weg zu finden, eine mehr als individuelle Perspektive einräumen – um nicht nur vereinzelt auf den schwarzen Spiegel zu starren, sondern ihn gemeinsam zu durchschreiten.

Die Kybernetik reduziert nicht nur die Welt auf ihr Modell, sie verschiebt bereits unsere Wahrnehmung, sodass der Unterschied zwischen Welt und Weltmodell sich zu erübrigen scheint. Wie Panther schieben wir uns vor Stäben hin und her, wissend, dass dahinter die Welt liegt. Wenn wir für mehr Autonomie kämpfen, ist jedoch die Unterscheidung von Welt und Modell grundsätzlich, denn ohne den Durst nach dem darüber Hinausgehenden, nach der Schönheit des Universums – ein Durst, der der plötzlichen, überraschenden Erkenntnis entspringt, lebendig zu sein inmitten einer Vielzahl anderer Lebewesen – werden wir nicht in der Lage sein, den kleinen Schritt zur Seite zu machen, der notwendig ist, um herauszukommen und unsere Füße auf festen Boden zu stellen. Deshalb betrachte ich die Kybernetik als eine Ideologie der Verwirrung oder noch schlimmer – als Ideologie des organisierten Vergessens. Nicht die Steuerung ist das Grundproblem, sondern unsere Furcht davor, den Horizont zu überschreiten und in unbekannte Zukünfte zu treten.

## Verwendete Literatur

Van Wyck Brooks, »Conference on Science, Philosophy and Religion in Their Relation to the Democratic way of Life«, in: *Science, Philosophy and Religion, A Symposium*. Conference on Science, Philosophy and Religion, New York: 1941

Louis Finkelstein, »The Aims of the Conference«, in: *Science, Philosophy and Religion, A Symposium*. Conference on Science, Philosophy and Religion, New York: 1941

Margaret Mead, »The Comparative Study of Culture and the Purposive Cultivation of Democratic Values«, in: *Science, Philosophy and Religion, Second Symposium*. Conference on Science, Philosophy and Religion, New York: 1942

Gregory Bateson, »Comments by«, in: *Science, Philosophy and Religion, Second Symposium*. Conference on Science, Philosophy and Religion, New York: 1942

Louis Armand et Michel Drancourt, *Plaidoyer pour l'avenir*, Paris: 1961

Herman Kahn and Anthony J. Wiener, *The Year 2000: a framework for peculation on the next thirty-three years*, New York/London: 1967

Jacques de Bourbon-Busset, »Réflexions sur l'attitude prospective«, in: *Prospective #10*, December 1962

Hasan Ozbekhan, »The Idea of a 'Look-Out'-Institution«, SDC-Paper SP 2017

# KI zur programmatischen Ungleichbehandlung
Entsolidarisierung durch
technokratischen »Solutionismus«

> »Die Zukunft ist schon da –
> nur noch ungleich verteilt.«
> William Gibson

Die Corona-Pandemie verleiht den dunkelsten techno-totalitären Ideen der sogenannten *Solutionisten* (technologie-fixierte Problemlöser\*innen) Flügel. »Solutionismus« sucht nach Lösungen über neue Technologien, die oftmals an den Problemen vorbeigehen. Das eigentliche Problem wird zum Teil nicht einmal ansatzweise gelöst[1]. Vielmehr verwechselt der Solutionismus Problem und Lösung: Statt ein Problem mit einer technischen Erfindung zu lösen, preist der Solution ist technische Erfindungen als Lösung für Probleme an, von denen man nicht weiß, nicht wissen oder sogar verschleiern will, welcher Art und Komplexität sie sind.

Die Solutionist\*in löst zu ihrer eigenen Legitimation als ›Problemlöser\*in‹ in der Regel technologisch fassbare, leichter zu lösende Ersatzprobleme, die sich die Technokrat\*in gerne zunutze macht: Warum sollte eine Regierung zum Beispiel in den Wiederaufbau bröckelnder öffentlicher Verkehrssysteme investieren, wenn sie einfach große Daten nutzen kann, um personalisierte Anreize für Fahrgäste zu schaffen, die sie von Fahrten zu Spitzenzeiten abhalten? Lösungen auf der Angebotsseite, wie der Bau weiterer Verkehrslinien, sind ziemlich teuer. Stattdessen wird nach Möglichkeiten gesucht, die Nachfrageseite (per KI und Big Data) zu steuern, indem sie den Einwohner\*innen ›helfen, das Konzept der besseren Reisezeit zu verstehen‹.

Wer nun immer noch George Orwells »1984« als Blaupause für den neueren Überwachungsstaat bemüht, unterschätzt den Solutionismus. Letzterer gibt vor, mit seinen ›pragmatischen‹ Problemlösungsstrate-

---

[1] Siehe hierzu den Text »Ökotechnokratie« in diesem Band.

gien ›post-ideologsch‹ zu sein. Tatsächlich ist die Radikalität, mit der Technokrat*innen den Solutionismus zum einzig *denkbaren* Ansatz für gesellschaftliche Probleme erheben, alles andere als unideologisch. Man muss die konsequente Art, lediglich digitale Pflaster auf die eklatantesten Wunden des krisenhaften Kapitalismus zu kleben, sehr wohl als Ideologie – nämlich als Ideologie der Politik-Vermeidung – begreifen. Mit der machtvollen Neusetzung gesellschaftlicher Strukturen macht er seinerseits (eine andere) Politik. Technokrat*in und Solutionist*in versuchen alles, außer den Markt zu zerstören und zu revolutionieren. Die derzeitigen digitalen Plattformen sind Orte der Isolation und Individualisierung, nicht der gegenseitigen Hilfe und Solidarität.

Die Coronakrise scheint noch viel mehr (als die Klimakrise) dazu geeignet zu sein, das technokratische Instrumentarium als Standardoption für die »Lösung« sämtlicher existenzieller Probleme festzuschreiben. Darüber schrumpft (selbstverstärkend) die Vorstellungskraft, eine Welt jenseits der Technokratie auch nur zu erdenken. Insbesondere in Situationen existenzieller Angst verfangen unsere abstrakten Versprechen der politischen Emanzipation weit weniger als das konkrete Versprechen einer App, die Leuten sagt, ob sie sich sicher fühlen dürfen und wie sie ihren Alltag noch sicherer machen können. Eine post-solutionistische Politik ist nach der Permanentisierung des *war-on-terror* und dem nun voraussichtlich verstetigten *war-on-virus* nicht in Sicht. Unterschiedliche Formen des Techno-Autoritarismus machen derzeit das Rennen.

Unser Beitrag soll zeigen, dass insbesondere die auf Künstlicher Intelligenz basierenden Lösungsansätze des Solutionismus auf Ungleichbehandlung setzen. Die Entsolidarisierung ist dabei nicht nur ein Nebeneffekt, sondern Programm.

## Kurze Vorbemerkung zu Algorithmen
### Klassischer Algorithmus

Den klassischen Algorithmus können wir vereinfacht als Abfolge von *Wenn-Dann*-Beziehungen verstehen. Schon in dieser mathematisch formalisierten Beschreibung ist kein Platz mehr für Ambivalenz, übergeordnete Kontextabhängigkeit oder Skeptizismus – ganz unabhängig von der Übersetzung des Algorithmus in ein ausführbares Computerprogramm.

Ein Beispiel: Ein befreundeter Krankenpfleger hat uns davon berichtet, wie sich sein Arbeitsalltag durch die Einführung einer digitalen Zeiterfassung verändert hat. Per App auf seinem Dienst-Tablet werden seit letztem Jahr seine Ankunfts- und Abfahrtszeit bei jeder Patient*in erfasst – einfach durch Anklicken auf deren Namen im Tages-Dienstplan. Daraus wird die Pünktlichkeit, seine Arbeitsleistung im statistischen Vergleich mit anderen Kolleg*innen vermessen und das für bestimmte Pflegetätigkeiten zugestandene, mittlere Zeitkontingent neu definiert. Ein banales Programm, ganz ohne Künstliche Intelligenz. Die Auswirkungen gegenüber der alten, analogen Zeiterfassung sind jedoch gravierend. Ein nachträgliches Ausgleichen unterschiedlich zeitaufwändiger Patient*innen auf dem Zettel ist nicht mehr möglich. Wenn das Waschen und Anziehen von Patient*in A schneller ging als vorgesehen, kann dieser Zeitgewinn nicht mehr für ein aufbauendes Gespräch mit der darauf folgenden Patient*in B genutzt werden. »Schieben« geht nicht mehr – ein Abschließen des Pflegeauftrags für Patientin A muss vor Abreise in Richtung Patientin B erfolgen.

Allein die Feinvermessung der Arbeitsabläufe mündet so in eine Enteignung der Arbeitstätigkeit zugunsten einer Effizienzsteigerung – nichts Neues, sondern lediglich die digitalisierte Version der Fließbandidee. Amazon treibt das Monitoring und den Echtzeit-Performance-Vergleich seiner Mitarbeiter*innen in einem nicht-einsehbaren Ranking besonders weit. Die Intransparenz der Rangliste führt dazu, dass die Mitarbeiter*innen ihre ›Selbst-Optimierung‹ bereits verinnerlicht haben, aus Angst, unter dem (ihren Arbeitsplatz gefährdenden) Leistungsdurchschnitt zu liegen.[2]

## Statistik auf großen Datenmengen

Unter bestimmten Bedingungen lässt sich die *Wenn-Dann*-Beziehung des klassischen Algorithmus umkehren: Dies ermöglicht im Weiteren die Berechnung der zu einer erwünschten *Dann*-Folge notwendigen *Wenn*-Basis. Bei komplexeren Problemen menschlichen Verhaltens reißt dieser Umkehrfaden jedoch schnell ab – zu viele mögliche Parameter machen die *Dann-Wenn*-Umkehrung (für den Einzelfall) uneindeutig.

Sammelt man hingegen sehr viele Verhaltensdaten und lassen sich mehrere unterschiedliche Datenbanken verknüpfen, werden unerwünschte *Dann*-Folgen mit hoher Genauigkeit vorhersehbar und ermöglichen ein

---

2   https://www.theverge.com/2019/4/25/18516004/amazon-warehouse-fulfillment-centers-productivity-firing-terminations [hier und im Folgenden: zuletzt abgerufen am 21.02.2021].

lenkendes Eingreifen in die *Wenn*-Basis. So lässt sich zumindest im statistischen Mittel bestimmtes Verhalten unterdrücken und anderes fördern.

## Künstliche Intelligenz (KI)

Eine derzeit für das Lösen von Optimierungsaufgaben besonders vielversprechende Klasse *künstlich intelligenter Algorithmen* sind sogenannte ›selbst-lernende neuronale Netze‹. Diese Algorithmen »lernen« auf der Basis von Trainingsdaten und passen ›selbständig‹ ihre Muster (die Lösungsstrategie) dem zu lösenden Problem an. Mit jedem neuen Datensatz, auf den das zugehörige Programm angewendet wird, verändert es sich. Auch hier ein Beispiel: Amazons selbstlernende Rekrutierungssoftware versuchte auf Basis von 5.000 bereits bewerteten Bewerbungsmappen zu ›lernen‹, welche Muster in den Bewerber*innendaten zu einer positiven Beurteilung geführt haben können. Die Gewichtung z.B. der Abschlussnoten im Vergleich zur bereits gemachten Arbeitserfahrung und anderer Parameter für das Endergebnis der Bewertung verändert sich mit jeder weiteren Anwendung des Programms auf neue Bewerbungsunterlagen.

Die Veränderung des ›selbst-lernenden‹ Programms hat den schwerwiegenden Effekt, dass das Bewertungsergebnis des Programms in Anwendung auf eine einzelne Bewerbungsmappe nicht mehr vorhersagbar ist. Die (veränderliche) Gewichtungen der Bewertungskriterien sind für die Betrachter*in intransparent – sie sind sogar für die Programmierer*in nicht mehr nachvollziehbar und damit auch nicht korrigierbar! Wir werden auf die Nichtnachvollziehbarkeit dieser *Wenn-Dann*-Beziehung als kritische Eigenschaft zurückkommen.

Im konkreten Fall von Amazons Rekrutierungssoftware stellte sich heraus, dass das Programm nach der Trainingsphase das Muster *männlich* für besonders erfolgversprechend hielt und fortan weibliche Bewerberinnen im Bewerbungsprozess ausnahmslos benachteiligte. Amazon musste die Software ausmustern. Ein nachträgliches Justieren der Programmparameter war nicht möglich.

## Diskriminierende Algorithmen

Künstliche Intelligenz, automatisierte oder datengesteuerte Entscheidungssysteme, algorithmische Entscheidungsfindung, die Zusammenführung großer Datensätze mit persönlichen und biometrischen Informationen werden zunehmend in Bereichen (des öffentlichen Lebens) eingesetzt, die sich inhärent stärker auf marginalisierte Gruppen und People of Color auswirken. Wir erleben dieses Kategorisieren und Experimentieren an marginalisierten Gemeinschaften bei der Polizeiarbeit unter dem Vorwand der Terrorismusbekämpfung und der Migrationskontrolle.[3] So trifft es vor allem rassifizierte Menschen und Migrant*innen (ohne Papiere), aber auch queere Communities und Menschen mit Behinderungen.

**Gesichtserkennung**

Rassistische Gesichtserkennung ist vielerorts üblich. Ein Beispiel rassistischer Gesichtserkennung ist das Überwachungssystem in der Region Xinjiang in China.[4] Es ist das erste bekannte Beispiel, in dem eine Regierung mit Absicht Künstliche Intelligenz für Racial Profiling nutzt und dafür medial Aufmerksamkeit erhält.

Gesichtserkennungssysteme in zahlreichen Städten Chinas sind darauf ausgerichtet, Mitglieder der Minderheit der Uiguren automatisch zu erkennen und zu tracken. Seit 2017 ist bekannt, dass die chinesische Regierung die biometrischen Daten[5] aller Uigur*innen zwischen 12 und 65 Jahren erfassen ließ. Die New York Times berichtete unter Berufung auf Dokumente, Datenbanken und Interviews, dass in nur einem Monat 500.000 Uigur*innen mittels Gesichtserkennung erfasst und getrackt worden seien.

Hikvision, der weltgrößte Hersteller von Überwachungskameras, hat auf seiner chinesischen Webseite eine Überwachungskamera vermarktet, die automatisch Angehörige der ethnischen Minderheit der Uigur*innen erkennen soll. In der Produktbeschreibung[6] hieß es, dass die Kamera Geschlecht (männlich, weiblich), ethnische Zugehörigkeit (z.B. Uiguren oder Han) und Hautfarbe (z.B. weiß, gelb oder schwarz) analysieren könne.

---

3   Patrick Williams und Eric Kind. Data-driven Policing: The hardwiring of discriminatory policing practices across europe. 2019. https://www.enar-eu.org/IMG/pdf/data-driven-profiling-web-final.pdf [zuletzt aufgerufen am 21.02.2021]
4   Markus Reuter. Gesichtserkennung: Automatisierter Rassismus gegen uigurische Minderheit in China. 15.04.2019 https://netzpolitik.org/2019/gesichtserkennung-automatisierter-rassismus-gegen-uigurische-minderheit-in-china/ [zuletzt aufgerufen am 21.02.2021]
5   Dazu gehörten die Blutgruppe, Fotos des Gesichtes, ein Iris-Scan, Fingerabdrücke und die DNA.
6   Produktbeschreibung der Hikvision-Kamera: https://web.archive.org/web/20191107042500/http://www1.hikvision.com/cn/prgs.aspx?c_kind=2&c_kind2=2&c_kind3=445&c_kind4=446&id=42808 [zuletzt aufgerufen am 21.02.2021]

Ein anderes Beispiel ist die Gesichtserkennungstechnologie des in Moskau ansässigen Unternehmens NtechLab.[7] Das Unternehmen bewarb die von ihm verkaufte Gesichtserkennungstechnologie mit einem Algorithmus zur »Ethnizitätserkennung« zur Klassifizierungen von Menschen in die Kategorien »europäisch«, »afrikanisch« und »arabisch«.

Auch Amazon hat ein leistungsfähiges und gefährliches neues Bilderkennungssystem entwickelt. Es wird von US-Behörden eingesetzt.[8] Amazon nennt den Dienst »Rekognition«. Mit der KI können Objekte, Personen, Text, Szenen und Aktivitäten in Bildern und Videos identifiziert werden. Es bietet aber auch Gesichtsanalyse- und Gesichtssuchfunktionen, mit denen Gesichter für eine Vielzahl von Benutzerverifikationen, Personenzählungen und Anwendungsfällen der Behörden erkannt, analysiert und verglichen werden können. Rekognition kann Personen in Echtzeit identifizieren, verfolgen und analysieren sowie bis zu 100 Personen auf einem einzigen Bild erkennen. Die gesammelten Informationen werden mit Datenbanken abgeglichen, die mehrere Millionen von Gesichtern enthalten.

Es zeigt sich aber auch hier ein rassistischer Bias. In einem Experiment der ALCU[9] identifizierte die Software fälschlicherweise 28 Kongressmitglieder als andere Personen, die wegen eines Verbrechens verhaftet worden waren. Die falschen Übereinstimmungen betrafen unverhältnismäßig viele Farbige.

Aber nicht nur Amazons KI hat einen rassistischen Bias. Im Jahr 2015 brachte ein Schwarzer Softwareentwickler Google schlechte PR, indem er twitterte, dass der Dienst ›Google Photos‹ Fotos von ihm mit einem Schwarzen Freund als »Gorillas« kategorisiert habe.[10] Google gab sich

---

7   Dave Gershgorn. This startup's racial-profiling algorithm shows AI can be dangerous way before any robot apocalypse. 23.05.2018. https://qz.com/1286533/a-startup-selling-racial-profiling-software-shows-how-ai-can-be-dangerous-way-before-any-robot-apocalypse/ [zuletzt aufgerufen am 21.02.2021]
8   Matt Cagle und Nicole Ozer. Amazon Teams Up With Government to Deploy Dangerous New Facial Recognition Technology, aclu.org, 22.05.2018. https://www.aclu.org/blog/privacy-technology/surveillance-technologies/amazon-teams-government-deploy-dangerous-new [zuletzt aufgerufen am 21.02.2021]
9   Jacob Snow: Amazon's Face Recognition Falsely Matched 28 Members of Congress With Mugshots, aclu.org, 26.07.2018, Thoughts On Machine Learning Accuracy, https://www.aclu.org/blog/privacy-technology/surveillance-technologies/amazons-face-recognition-falsely-matched-28 [zuletzt aufgerufen am 21.02.2021]
10  Tom Simonite: When It Comes to Gorillas, Google Photos Remains Blind, wired.com, 01.11.2018. https://www.wired.com/story/when-it-comes-to-gorillas-google-

»entsetzt und aufrichtig traurig«[11] und versprach eine Lösung, die am Ende darin bestand, Gorillas und einigen anderen Primaten kurzerhand aus dem Lexikon des Dienstes zu löschen.

Auch Microsoft räumte in der Vergangenheit einen Bias bei einigen Gesichtserkennungstechnologien ein. Dort waren höhere Fehlerquoten bei der Bestimmung des Geschlechts von Frauen und farbigen Personen aufgetreten.[12]

### Sexismus und Rassismus in der Sprache

Statistische Methoden und KI haben sich in den Bereichen Spracherkennung und -verarbeitung durchgesetzt. Der Ansatz, der bereits bei der Websuche und der maschinellen Übersetzung verwendet wird, funktioniert durch den Aufbau einer mathematischen Repräsentation der Sprache, bei der die Bedeutung eines Wortes in eine Reihe von Zahlen (bekannt als Wortvektor) destilliert wird: wie häufig tauchen welche anderen Worte in unmittelbarer Nachbarschaft zu dem untersuchten Wort auf. Es mag überraschen, dass dieser rein statistische Ansatz den reichen kulturellen und sozialen Kontext der Bedeutung eines Wortes in einer Weise zu erfassen scheint, wie es eine Wörterbuchdefinition nicht vermag.

Allerdings zeigt sich oft ein sexistischer und rassistischer Bias.[13] Die Wörter »weiblich« und »Frau« wurden enger mit Kunst, geisteswissenschaftlichen Berufen und mit dem Haushalt in Verbindung gebracht, während »männlich« und »Mann« eher mit Berufen in Mathematik und Ingenieurwesen gekoppelt waren. Des Weiteren verband das KI-System europäisch-amerikanische Namen eher mit angenehmen Wörtern wie »Geschenk« oder »glücklich«, während afroamerikanische Namen eher mit unangenehmen Wörtern assoziiert wurden.

Das in der Studie verwendete maschinelle Lernwerkzeug wurde auf einem Datensatz trainiert, der als ›Common Crawl‹-Korpus bekannt ist – eine Liste von 840 Milliarden Wörtern, die aus online veröffentlichtem

---

       photos-remains-blind/ [zuletzt aufgerufen am 21.02.2021]
11  ebda
12  Brad Smith: Facial recognition: It's time for action, blogs.microsoft.com, 06.12.2018. https://blogs.microsoft.com/on-the-issues/2018/12/06/facial-recognition-its-time-for-action/ [zuletzt aufgerufen am 21.02.2021]
13  Hannah Devlin, 13.4.2017, AI Problems exhibit racial and gender biases, research shows. https://www.theguardian.com/technology/2017/apr/13/ai-programs-exhibit-racist-and-sexist-biases-research-reveals https://netzpolitik.org/2020/eine-neue-aera/[zuletzt aufgerufen am 21.02.2021]

Material stammen. Ähnliche Ergebnisse zeigten sich, als die gleichen Tools auf Daten von Google News trainiert wurden.

**Predictive Policing**

Predictive Policing beschreibt im Wesentlichen die Verwendung von Daten zur Vorhersage, wo Verbrechen geschehen werden, und die Zuweisung von Strafverfolgungsressourcen in diese Bereiche. Weltweit werden in vielen Polizeibehörden personenbezogene, vorhersagende Polizeisysteme (Predictive-Policing-Software) erprobt und implementiert. Diese versuchen auf Basis vorhandener Daten Aussagen darüber zu treffen, welche Personen statistisch gesehen am wahrscheinlichsten ein Verbrechen begehen werden.

Predictive Policing richtet sich gegen die »Kriminalität« der Unterschichten. Steuerflucht, millionenschwerer Betrug und Geldwäsche im großen Stil zählen nicht zu den Anwendungsgebieten. Es ist bekannt, dass diese Systeme selbstverstärkend sind und die rassistische und klassistische Polizeipraxis widerspiegeln.

Beispiele hierfür sind die Gangs Matrix[14] in Großbritannien oder die Top 600 und Top 400 Listen[15] in den Niederlanden. Im Fall der Niederlande wird versucht vorherzusagen, mit welcher Wahrscheinlichkeit bestimmte Kinder unter zwölf Jahren zukünftige Kriminelle werden. Algorithmisch diskriminiert werden überwiegend Männer und Jungen, deren Haut einen eher dunkleren Helligkeitswert aufweisen.

Andere Systeme sind nicht personen-, sondern ortsbasiert. Sie versprechen auf Grundlage verschiedener Datensätze einschließlich sozioökonomischer Daten und Kriminalitätsstatistiken, zukünftige Kriminalitätsraten in bestimmten Gebieten zu bestimmen. Solche Vorhersagen sind nicht nur im Hinblick auf die rechtlich geltende Unschuldsvermutung problematisch. Sie treffen auch, ebenso wie viele Vorverurteilungen und Verdächtigungen, primär rassifizierte Menschen in ökonomisch marginalisierten Vierteln. Deshalb handelt es sich eigentlich um eine Kodierung.

**Risikobewertungen im Rechtssystem**

Risikobewertungen anhand von Scoring, also der Vorhersage der Wahrscheinlichkeit, in diesem Fall, dass eine Person ein zukünftiges Verbrechen

---

14  https://www.libertyhumanrights.org.uk/tags/gang-matrix [zuletzt aufgerufen im März 2020]
15  https://datajusticeproject.net/wp-content/uploads/sites/30/2019/05/Report-Data-Driven-Policing-EU.pdf [zuletzt aufgerufen am 21.02.2021]

begeht, sind in Gerichtssälen in den USA immer häufiger anzutreffen. Sie werden unterschiedlich verwendet, zum Beispiel bei der Zuweisung von Kautionsbeträgen. In einigen Staaten ›helfen‹ diese Algorithmen bei Entscheidungen wie Freilassung, Verurteilung und Bewährung.

Auch diese Systeme zeigten einen rassistischen Bias.[16] So neigte das Programm Correctional Offender Management Profiling for Alternative Sanctions (Compas) dazu, schwarze Angeklagte fälschlicherweise als rückfallgefährdet einzustufen. Laut der investigativen Journalistenorganisation ProPublica wurden sie fast doppelt so häufig wie Weiße (45 % bis 24 %) markiert.

### Finanzierung und Kreditvergabe

Ein weiterer Bereich ist die maschinelle Verzerrung bei der Finanzierung und Kreditvergabe. Die Algorithmen, die die Versicherungsprämien bestimmen, sind sexistisch und rassistisch voreingenommen, ebenso wie die Systeme, die für Kreditvergabedienste werben. Wohnungsanbieter und Banken wenden algorithmische Tools an, um herauszufinden, wer einen Job oder ein Haus oder eine Hypothek oder ein Darlehen zu welchem Zinssatz erhält.

### Datenrassismus

Die oben genannten Beispiele haben viele Gemeinsamkeiten. Es sind vielfältige Systeme und Technologien, die in den verschiedensten Bereichen eingesetzt werden, die entweder primär auf Migrant*innen und People of Color abzielen oder diese unverhältnismäßig stark beeinträchtigen. Diese Unverhältnismäßigkeit muss im breiteren Kontext von strukturellem Rassismus gesehen werden. Es repräsentiert die Realität bestehender historischer Ungerechtigkeiten, anhaltender Ungleichheiten in den Bereichen Wohnen, Gesundheit, Beschäftigung und Bildung, die entlang der Achsen von Race und Ethnizität verlaufen sowie, zuletzt, wiederholte Erfahrungen mit staatlicher Gewalt und Straflosigkeit.[17]

---

16  Julia Angwin, Jeff Larson, Surya Mattu and Lauren Kirchner. Machine Bias: There's software used across the country to predict future criminals. And it's biased against blacks. 23.05.2016. https://www.propublica.org/article/machine-bias-risk-assessments-in-criminal-sentencing [zuletzt aufgerufen am 21.02.2021]
17  Sarah Chander. Datenrassismus – Eine neue Ära, 29.02.2020. https://netzpolitik.org/2020/eine-neue-aera/ [zuletzt aufgerufen am 21.02.2021]

Es ist nicht neu, dass Systeme verwendet werden, um Individuen zu kategorisieren und zu überwachen und der Diskriminierung so eine Logik zu geben. Neu ist jedoch der Diskurs der Neutralität, die »Kombination aus kodierter Voreingenommenheit und imaginärer Objektivität«, das der Diskriminierung durch Technologie entgegengebracht wird[18]. Die Verwendung ›objektiver‹ wissenschaftlicher Methoden zur Kategorisierung und ›Risikobewertung‹ von Einzelpersonen und Gemeinschaften zum Zwecke der Ausgrenzung hat bislang wenig Aufmerksamkeit erhalten. Das liegt auch an der simplen, aber oft erfolgreichen Argumentation, dass Technologien »nicht im klassischen Sinne rassistisch« sein können, da »der Computer keine Seele hat und somit nicht den menschlichen Fehler haben kann, Personen nach ihrer Hautfarbe zu klassifizieren«[19].

Nicht nur der Bias der Daten ist ein Problem, sondern auch der Blick der Technokrat*innen und Solutionist*innen. Der Techsektor und die Informatiker*innen bauen ihre Weltsicht (einschließlich ihrer Vorurteile) zwangsläufig und (un)bewusst in die Modelle ein, die sie konstruieren.

Im Folgenden soll es darum gehen, wie eine KI-basierte Diskriminierung nicht mehr nur entlang vermeintlicher Gruppenmerkmale, sondern bis zur Ebene einzeln unterscheidbarer Individuen erfolgt.

## Kategorisierung ohne Kategorien

KI-Programme werden mittlerweile standardmäßig zur Verhaltenslenkung eingesetzt. Überall verstecken sich mehr oder weniger aufwändig programmierte künstlich intelligente Assistenten – in jeder Spracherkennungssoftware beispielsweise oder bei der individuellen Profilerstellung bei Datensammeldiensten wie Google, facebook, Palantir oder Amplitude. Wer erhält welche Bonusmöglichkeiten beim (Online-)Einkauf? Hoch individualisiert und nicht nachvollziehbar! Doch dabei bleibt es nicht: Social-Scoring-Systeme werden auch außerhalb von China immer populärer. Verschiedene Wohn-, Job-, Kredit- oder Mobilitätsangebote gelten nur für Teilnehmer*innen mit genügend hohem ›Score‹ (= erworbene Punkte durch belohnenswertes Verhalten). Das bedeutet, dass nicht nur preisliche Vergünstigungen hochindividualisiert vergeben werden, sondern auch soziale Teilhabemöglichkeiten.

---

18   Benjamin, R. (2019). Race After Technology: Abolitionist tools for the New Jim Code. Polity.
19   Ebd.

Die künstlich intelligente Lenkung von Lebensprozessen erfordert ihre möglichst detaillierte *Erfassung* und anschließende *Bewertung*. Die KI in Kombination mit Big Data-Methoden ermöglicht dabei eine dynamische (!) Verhaltenslenkung: Erfassung und Bewertung erfolgen nicht mehr nach statischen Kategorien – das Ablagesystem ist in Ausprägung und Anzahl der ›Schubladen‹ variabel. Eine Schufa, die eine Einstufung der Kreditwürdigkeit mit feststehender Gewichtung einmal benannter Kriterien erlaubt, wäre ein hoffnungslos veraltetes finanzpolitisches Instrument. Wer hat Zugang zu welchem Gebäude oder gar Stadtteil? Dies *generell* per KI zu regulieren, erscheint uns heute (noch!) als eine dystopische Übertreibung[20]. Die Idee einer App-gesteuerten Lockerung der Kontaktbeschränkungen nach dem Lockdown in der Coronakrise macht jedoch genau das: Die Vermessung der individuellen Ansteckungsgefährdung für andere per Tracing (Corona-App) oder per ›Immunitätsnachweis‹ soll in unterschiedliche Bewegungsfreiheit münden.

Ist es in ordnungspolitischer Denkweise nicht konsequent, generell die Kategorie *Gefährder* entlang unterschiedlicher Risiken weiter zu differenzieren und gemäß ›Gefährdergrad‹ unterschiedliche Einschränkungen zu verordnen? Bei sehr vielen Gefährdungsstufen landen wir ebenfalls beim Scoring. Denn es ist unerheblich, ob mensch hochdifferenzierte Einschränkungen per Malus verhängt oder in der Umkehrung soziale Teilhabechancen per Bonus diversifiziert.

Es entsteht kein grobes Schubladensystem einzelner Klassen, sondern eine feinstkörnige Individualisierung. Feinstkörnig in dem Sinn, dass die Differenzierung entlang so vieler Parameter durchgeführt wird, dass sie vollständig ist. Eine weitere Unterscheidung über noch mehr Parameter würde die ›Körnigkeit‹ nicht verbessern, sondern es lediglich noch unwahrscheinlicher machen, dass zwei Menschen in derselben ›Kategorie‹ landen, also exakt gleiche Teilhabemöglichkeiten (= gleiche Punktezahl) zugewiesen bekommen.

Der Begriff ›Kategorie‹ ergibt dann keinen Sinn mehr. Auch der Begriff ›Klasse‹ verliert an Aussagekraft. Armut (im Sinne beschränkter

---

20  Für einige Orte ist dies schon Realität und das nicht nur in China. Zum Beispiel, wenn lokale US-Polizeibehörden ihre Datenbanken vernetzen und Personengruppen aus bestimmten Gebieten fernhalten, oder sogenannte *gated communities* sich komplett abschotten und Zutritt nur per *Amazon Ring* [einer ›intelligenten‹ Türklingel mit netzgekoppelter Kamera] gestatten.

gesellschaftlicher Partizipationsmöglichkeiten) kann in einer per Score und Ranking verfassten Gesellschaft nicht mehr durch eine eindimensionale Bewertung von (lohn-abhängiger) Arbeit definiert werden. Stattdessen führt die Erfassung von tausenden Mustern von Verhalten, Kontakten, Einstellungen und Wünschen auch jenseits der Lohnarbeit zu einem niedrigen Score – das ist neue ›klassenlose‹ Armut und in vielen Metropolen Chinas bereits lebensbestimmende Realität.

## Programmatische Ungleichbehandlung

Die ›Individuierung‹ per Score wird von Solutionist*innen vorangetrieben und findet entlang kapitalistisch motivierter (und motivierender) Bewertungskriterien statt. Sie ordnet aber nicht nur den Markt neu, sondern auch die politische Administration. Wir werden daran gewöhnt, dass regelnde Verordnungen nicht mehr für alle *gleich* sind. Das bisherige Steuersystem z.B. ist so verfasst, dass sich Steuerklassen und der letztendliche Steuerbetrag einer Person über einen simplen klassischen Algorithmus berechnen lassen – also eine einfache Abfolge von *Wenn-Dann*-Beziehungen. In einer feinstkörnigen Scoring-Gesellschaft hingegen gelten für jede*n andere Regeln. Es gibt keine Steuerklassen. Stattdessen erhält jede*r individuelle Verhaltensempfehlungen von einem KI-basierten digitalen Assistenten. Diese Handlungsempfehlungen umzusetzen oder zu ignorieren wird mit Bonus- oder Malus-Punkten belohnt oder sanktioniert. Das ergibt maximale Individuierung in dem Sinne, dass niemandes Situation mit der eines anderen vergleichbar ist. Und deshalb auch die jeweiligen Bedingungen, anhand derer Punkte gesammelt werden, nicht miteinander vergleichbar sind. Das befördert maximale Entsolidarisierung. Ein kollektives Aufbegehren wird erschwert. Gruppen von (vergleichbar) Betroffenen lassen sich nur aufwändig bilden.

Gesellschaftliche Gerechtigkeitsvorstellungen basieren auf Vergleichbarkeit und suchen Ungleichheiten perspektivisch abzuschaffen. Wer will Ungleichbehandlung beklagen oder gar skandalisieren, wenn sie programmatisch, ja sogar konstitutiv für das System ist?

## Intransparenz als Basis für Selbstoptimierung

Ein zweites wesentliches Merkmal KI-basierter Scoring-Systeme zur Verhaltenslenkung ist die *Undurchsichtigkeit der Erfassungs- und Bewertungskriterien*.

Die Kategorien, gemäß derer Verhalten erfasst werden, sowie ihr Einfluss auf die Gesamtbewertung bleiben bewusst (z.B. Schufa-)Geheimnis. Mehr noch: die Muster, nach denen sich besonders effizient Verhalten unterscheiden lässt, verändern sich im Rahmen einer selbstlernenden KI. Je mehr Daten ins System eingespeist werden, desto besser findet die KI eine Unterscheidung gemäß ihrer Lernvorgaben *wesentlicher* Verhaltensmerkmale. Die zu bewertenden Individuen können diese *dynamische Kategorisierung* gar nicht kennen. Sie können lediglich erahnen und spielerisch (Gamification) erforschen, welches Verhalten ihre (momentane!) Punktezahl wie stark beeinflusst. Eine optimale Voraussetzung dafür, sich in Unkenntnis der Bewertungsmodalitäten und in der Hoffnung auf einen besseren Score umfassend selbst zu optimieren. Denn das Scoring-System ist über ein (nicht einsehbares) Ranking konkurrenzbasiert.

Die Situation ist noch komplexer: Selbst die Informatiker*innen, die das Bewertungsprogramm entwickelt haben, können nur zu Beginn eine Aussage darüber treffen, welches Verhalten zu welchem Score in der KI-Bewertung führt. Nach (selbstlernender) Weiterentwicklung des Programms verändern sich die relevanten Muster und ihre Gewichtung für den Score. Die Informatiker*in kennt dann die »Gewichte« ihrer eigenen Individuierungssoftware nicht mehr. Diese Unkenntnis ist nicht Ausdruck ihrer Unfähigkeit, sondern systemisch bedingt und eher als ein Maß für die Effektivität einer KI-basierten Optimierung ohne starke Vorgaben zu verstehen.

Diese Freiheit der KI ist Vorzug und Makel zugleich. Selbstlernende neuronale Netze arbeiten besonders gut, wenn sie ihre Optimierungsmuster so ›frei‹ wie möglich selbst entwickeln können. Sprachübersetzungsprogramme z.B. haben sich als besonders effektiv herausgestellt, wenn sie ohne Kenntnis der Grammatik der beteiligten Sprachen eigenständig Muster für eine passende Übersetzung suchen. Der Nachteil: Wir verstehen nicht, wie das Programm zu seiner Entscheidung (ein Wort so oder anders zu übersetzen) kommt; mit dem Nebeneffekt: wir lernen auch nichts aus der Vielzahl eingespeister Texte und ihrer Übersetzung. Hier wird kein gesellschaftlich extrahierbares, sondern hochproprietäres Wissen erzeugt, das nur innerhalb dieser spezifischen KI genutzt werden kann.

Die Details des künstlich intelligenten Scorings[21] entziehen sich menschlicher Nachvollziehbarkeit.

---

21 Auf der Basis besonders effektiver sogenannter selbstlernender neuronaler Netze.

## Künstlich intelligente »Entscheidungshilfe«

Nicht zu wissen, wie die KI zu ihrer Bewertung kommt, ist ein ernstzunehmendes generelles Problem – nicht nur hinsichtlich der Akzeptanz der Bevölkerung für die Einführung KI-basierter Assistenz in immer mehr Lebensbereichen. Wenn z.b. eine solche selbstlernende KI die Gerichte entlasten und (nach einem Training mit tausenden ähnlich gelagerten Fällen) eigenständig Entscheidungen treffen soll, dann genügen die so gefällten Urteile in den meisten Justizsystemen einer zentralen juristischen Forderung nicht: Das Urteil schuldig oder nicht muss für die Prozessbeteiligten nachvollziehbar sein. Das Gericht muss deutlich machen, *wie* es zu seiner Entscheidung gekommen ist. Auch in anderen Bereichen, wie z.B. der Medizin, gibt es ein breites Unbehagen, einer Technologie zu vertrauen, die sich nicht einmal ansatzweise vermitteln kann.

Die Technokratie behilft sich derzeit mit dem Konstrukt *KI-basierter Entscheidungshilfe*. Das heißt, die letztendliche Entscheidung ›relevanter‹ Fragestellungen soll weiterhin dem Menschen (der Richter*in, der Ärzt*in) obliegen.

Mit diesem Griff versucht man, dem massiven Akzeptanzproblem beizukommen, welches die KI in der Bevölkerung derzeit noch hat. Der gesetzliche Rahmen des neuen Digitale-Versorgung-Gesetzes in Deutschland schreibt das Hinzuziehen einer KI in der Diagnostik vor. De facto ist es bereits jetzt ein Problem für eine Ärzt*in, sich gegen eine KI-Diagnose durchzusetzen. In Frankreich, wo die KI in der Krebs-Erkennung etablierter ist, kam es bereits zu Todesfällen, da Ärzt*innen die Unbedenklichkeitsanalyse der KI nicht zu korrigieren wagten. Es bedarf eines größeren Selbstbewusstseins und zusätzlicher Zeit, den automatisierten Befund zu korrigieren und diese menschliche Korrektur mit ihren Folgekosten gegenüber den Krankenkassen zu vertreten. Angesichts einer massiven KI-Fähigkeitspropaganda der Technokrat*innen ist es unklar, wie sich menschliches Erfahrungswissen gegenüber der KI behaupten soll: Welche Krankenkasse verschenkt freiwillig die Einsparpotenziale (und wenn auch nur im Einzelfall), die eine um den Faktor 10 schnellere KI-Diagnose »verspricht«?

Vielfach wird mittlerweile die Verantwortung von Institutionen, die KI einsetzen, an den intransparenten Algorithmus ›wegdelegiert‹ und dessen Nichtnachvollziehbarkeit schlicht weitergereicht. Die Polizist*in, die im Rahmen des Predictive Policing in einem durch die KI ausgewiesenen

›Gefahrengebiet‹ Personenkontrollen durchführt, macht sich nicht einmal mehr die Mühe, ihre Kontrolle zu legitimieren, sondern verweist auf die KI. Diese entscheide, welche Straßenzüge an welchem Tag zu welcher Tageszeit zum Gefahrengebiet erklärt würden und damit das Recht zur anlasslosen Personalienfeststellung gäben. Die Bankmitarbeiter*in verweist auf das künstlich intelligente Computerprogramm *infoscore*, das den Kredit verweigert habe – warum, das könne sie nicht sehen. Sie würde ja gerne anders entscheiden, aber ihr seien die Hände gebunden. Hier wird sich nicht einmal mehr die Mühe gemacht, die von der KI getroffene Entscheidung nachträglich zu humanisieren, also wenigstens minimal nachvollziehbar zu machen. Ehrlicherweise ist das ja auch nicht möglich.

*Was bedeutet es für eine Gesellschaft, die sich demokratisch verfasst nennt, wenn sie es Technokrat\*innen überlässt, Regeln zu entwerfen, die auf Ungleichbehandlung setzen und weder beständig noch vermittelbar, ja, nicht einmal bekannt sind? Wie weit hat der techno-totalitär agierende Solutionismus bereits unseren dringend notwendigen Zweifel verdrängt?*

# Weniger Ärztin im künstlich intelligenten Gesundheitssystem
## Digitalisierung mit Nebenwirkungen

*Online-Sprechstunden bei der Ärztin per Telemedizin und Gesundheits-Apps auf Rezept – die Digitalisierung des Gesundheitssystems verspricht »zeitgemäßen Service« für die Patientin. Doch es geht um mehr: Gesundheitsindustrie und Krankenkassen wollen das persönliche Gesundheitsbemühen jeder »Kundin« erfassen und durch die Einführung von dynamischen Tarifen individuell bepreisen. Der ehemalige Solidargedanke hat ausgedient. Die freie Ärztinwahl ebenfalls: Künstlich intelligente Gesundheits-Apps sollen zukünftig vorfiltern, wer mit welchem Anliegen (nicht-virtuellen) Zugang zur Ärztin bekommt. Insbesondere der Schock der Corona-Krise wirkt wie ein Brandbeschleuniger für die Etablierung weitreichender telemedizinischer und künstlich intelligenter Anwendungen.*

*Es geht um wesentlich mehr als um »Datensicherheit« oder die Wahrung unserer »Privatsphäre«. Auf diese zu verteidigende, aber vordergründige Ebene wird der öffentliche Diskurs aktuell reduziert. Um die Tiefe des Problems adäquat zu beschreiben, müssen wir von der fundamentalen Transformation des Gesundheitswesens des 21. Jahrhunderts sprechen. Es geht um einen gigantischen Markt neuer Gesundheitsdienstleistungen in einem biopolitisch neu gerahmten Gesundheits- und Menschen-Bild und es geht um ein dem entsprechend massives Entsolidarisierungsprogramm. Mit einer »Neoliberalisierung« des Gesundheitswesens wäre dieses Programm völlig unzureichend beschrieben.*

### Die Corona-Krise als Boost für die Telemedizin

Das Versprechen der Telemedizin ist bestechend. Und tatsächlich kann das Anbinden von kleinen regionalen Krankenhäusern an Spezialkliniken per Telemedizin als sinnvoll erachtet werden. So stehen z.B. die Universitätskliniken in Aachen und Münster per Videokonferenzen mit kleineren Krankenhäusern und Arztpraxen in Kontakt, um Fälle in der Intensivmedizin und von Infektionspatientinnen zu besprechen. In Anwesenheit einer Ärztin (vor Ort!) wird bei der Untersuchung eine weitere aus der Spezialklinik dazugeschaltet. Der Start für das Projekt »virtuelles Krankenhaus« wurde wegen des Bedarfs in der Corona-Krise auf den 29.3.2020 vorverlegt und auf 200 angeschlossene Kliniken in NRW erweitert. So kann eine Expertise in verantwortungsvoller Weise hinzugezogen werden, die aus verständlichen Gründen nicht in allen Regionalkrankenhäusern zur Verfügung steht. Wir würden dieses Einsatzgebiet der Telemedizin als unstrittig bezeichnen. Zentral ist die Betreuung der Patientin durch eine lokale Ärztin.

Anders sieht das bei Online-Arztbesuchen aus. Medizinische Videosprechstunden sind technisch nicht aufwändiger als ein Videochat mit Jitsi oder Zoom. Egal, ob die Ärzt*in gerade in der Praxis, zu Hause oder auf Reisen ist, je ein Laptop mit Kamera und Mikrofon auf Seiten der Ärztin und bei der Patientin genügen. Die Patientin braucht nur ihre Krankenkassenkarte in die Kamera zu halten und schon kann es losgehen. Die Tele-Ärztin wird durch eine entsprechende Software automatisch dazu angehalten, den Befund während der Sitzung in die elektronische Patientenakte einzutippen. Um die Sicherheit der sensiblen Patientendaten steht es dabei leider schlecht, wie verschiedene Untersuchungen der Telematik-Infrastruktur ergeben haben. Aber das scheint kein Hindernis für deren Nutzung zu sein.

Normalerweise kostet die Nutzung der Software die Ärztin monatlich 30 bis 150 Euro. Einige der derzeit 23 von der Kassenärztlichen Bundesvereinigung zugelassenen Software-Anbieter verlangen als Lockangebot während der Corona-Krise kein Geld für diesen Softwaredienst. Das, was im letzten Jahr nur wenig Zuspruch erfahren hat, entpuppt sich in der Epidemie als attraktives Angebot. Die Anmeldezahlen schnellen nach oben. Niemand setzt sich in Corona-Zeiten gern in ein Wartezimmer. Ärztinnen werden überdies mit einer Technikpauschale geködert. Sie können für die ersten 50 Videosprechstunden im Quartal je zehn Euro mehr abrechnen als für ein persönliches Gespräch in der Praxis. Die bisher festgelegte Begrenzung der Online-Konsultationen auf maximal 20 Prozent aller Patient*innenkontakte wurde wegen der Corona-Krise bis mindestens zum 30. Juni 2020 ausgesetzt.

Das Bewertungs- und Datensammel-Portal *Jameda* vermittelt nicht nur Videosprechstunden zur eigenen Haus- oder Fachärztin, sondern zu beliebigen Ärztinnen irgendwo in Deutschland. Weil die Wartezimmer vieler Arztpraxen in Corona-Zeiten weitgehend leer bleiben, bieten einige Ärztinnen schon für den gleichen oder den Folgetag Videosprechstunden-Termine auch überregional an. Auch Rezepte können nach einer Videosprechstunde ausgestellt werden. Für Privatpatientinnen geht das manchmal online, allen anderen muss das Rezept bis Ende 2020 noch per Post zugeschickt werden. Mit einer Ausnahmeregelung für die Zeit der Corona-Krise ist es möglich, dass eine Ärztin Patient*innen, die sie noch nie persönlich getroffen hat, bis zu zwei Wochen krankschreibt.

Der *Ersatz* von realen Ärztinbesuchen durch telemedizinische Sprechstunden stellt eine gefährliche Tendenz eines zukünftigen »Vielklassensystems« dar, dessen Klassen bzw. Tarife eng verknüpft sind mit der Bereitschaft der Patientin, a) intime Gesundheitsdaten zur Verfügung zu stellen und darüber b) das eigene Gesundheitsbemühen bewerten zu lassen. Wir werden sehen, dass die Online-Sprechstunde kein Nebeneffekt einer virologischen Ausnahmesituation, sondern kalkuliertes Ziel eines auf (weiter gesteigerte) Kosteneffizienz reduzierten Gesundheitssystems ist. Auch der Video-Chat mit der Therapeutin, deren offline-Sitzungen während der Kontaktbeschränkung in der Corona-Krise nicht stattfinden konnten, muss als Türöffner für eine bedenklich eingeschränkte (Basis-)Gesundheitsleistung auch jenseits der Epidemie verstanden werden.

Gerade für die ärztliche Versorgung in ländlichen Gebieten wird der Verweis auf die Tele-Doktorin zu einer noch schlechteren Abdeckung durch ortsansässige Ärztinnen führen. Es ist zynisch, den für viele Ärztinnen unattraktiven ländlichen Raum als Argument für die telemedizinische Sprechstunde heranzuziehen. Eine (dort) höhere Vergütung, statt einer Abwertung der Versorgung, sollte das Mittel der Wahl sein. Die bisher geltende freie, nicht-virtuelle Arztwahl ist angezählt.

## ›Selbstermächtigung‹ durch den Quantified Self-Trend

Begonnen hat alles ganz harmlos mit den Bonus-Tarifen einiger Krankenversicherungen, die ihren Versicherten einen Jahresbonus gewähren, wenn diese ausreichend tägliche Bewegung über einen Schrittzähler (Fitnessarmband, Smartwatch oder dergleichen) nachweisen können. Dahinter steckt die gleiche Idee wie bei der »Blackbox« der Autoversicherer, die das individuelle Fahrverhalten aufzeichnet und der Fahrerin bei ausreichend defensiver Fahrweise (wenige abrupte Brems- oder Beschleunigungsmanöver) gegebenenfalls einen Bonus auf den zu zahlenden Fahrzeugversicherungstarif anrechnet. Das, was als Bonus begann, soll in individualisierte Tarife, also programmatische Ungleichbehandlung münden. Aus der Ausnahme des Bonustarifs für explizite Sparfüchse wird über wenige Jahre der Regelfall: In neu entwickelten Automodellen sind Blackboxes ab Mai 2022 europaweit verpflichtend. Ab 2024 müssen alle Neuwagen damit ausgestattet werden.

Das Anliegen der Versicherungen ist simpel: das Filetieren eines immer genauer abschätzbaren Versicherungsrisikos durch immer genauere Verhaltensdaten. Der entsolidarisierende Effekt dieser ausdifferenzierten Tariflandschaft geht aber weit über die Banalität der Versicherungsmathematik hinaus. Die inaktive Couch-Potato wird, wie die unbeliebte Auto-Raserin, durch eine teurere Versicherung abgestraft. »Gesellschaftlich unerwünschtes« Verhalten wird detektierbar, mit einem Malus belegt und damit steuerbar. Wichtig anzumerken ist hierbei, dass die Definition, welches Verhalten im Sinne des Allgemeinwohls als zu belohnen oder zu bestrafen gilt, nicht gesamt-gesellschaftlich ausgehandelt, sondern von Versicherungsunternehmen in einer intransparenten (künstlich intelligenten) Bewertungssoftware (variabel) festgelegt wird. Damit lässt sich sehr effektiv Bevölkerungsmanagement betreiben. Und es eröffnet sich ein neuer Markt an »medizinischer« Hard- und Software zur Selbstvermessung und Selbstoptimierung.

»Wir befähigen das Individuum, seine Gesundheit selbst in die Hand zu nehmen«, das zumindest behauptete der Apple-Chef Tim Cook 2019 bei der Vorstellung des bislang größten »kardiologischen« Feldversuchs in den USA unter Mitwirkung der Stanford Universität. 400.000 Applewatch-Nutzerinnen gaben Nonstop ihre Kreislaufdaten über den in der Uhr verbauten EKG-Sensor weiter. Dieser Puls-Sensor kann angeblich sogar das Infarkt-relevante Vorhofflimmern diagnostizieren. Stiftung Warentest indes attestiert den Fitness-Smart-Watches ein schwaches Abschneiden sowohl in Bezug auf deren medizinische Genauigkeit als auch auf den Datenschutz. Ärztinnen berichten immer wieder von vermeintlich akut herzkranken Smart-Watch-Träger*innen in der Notaufnahme, deren »Leiden« sich über medizinisch zugelassene Diagnose-Verfahren nicht bestätigen lässt (Spiegel, 21.11.19).

Unbeirrt von der mangelnden medizinischen Aussagekraft der so ermittelten Daten findet eine wachsende Gewöhnung an die (Selbst-)Quantifizierung des Alltags und an die individuelle Verantwortung um die eigene Gesundheit als zentrale Größe im künstlich-intelligenten Krankenversicherungswesen statt. Diese Form der fremdbestimmten Verhaltenslenkung als »Selbstermächtigung« zu verkaufen, kann durchaus als ›Nudging‹ verstanden werden. Überhaupt setzt die eingeleitete Transformation des Gesundheitswesens viel weniger auf repressives Verordnen, als auf (ökonomisch) verführendes ›Anstupsen‹ im Sinne eines neuen Lifestyles, der sich durch ein gefördertes Bemühen um die eigene Gesundheit auszeichnet.

## Lifestyle-Medizin als Türöffner

Nachdem viele kleine Start-ups mit individuellen Online-Ernährungsberatungen und auf den spezifischen Stoffwechsel-Typ ausgerichteten Nahrungsergänzungsmitteln auf dem erweiterten Gesundheitsmarkt vorgeprescht sind, zieht nun auch der Lebensmittelriese Nestlé nach. Mit dem *Wellness Ambassador*-Programm kann mensch sich für gut 600 Dollar im Jahr nach einem integrierten DNA-Test und der ständigen Übermittlung von Lebens- und Ernährungsgewohnheiten von einer KI individuell optimierte Lebensmittel zusammenstellen lassen. Das Angebot richtet sich insbesondere an eine Klientel mit Diabetes und hohen Cholesterinwerten. Konkret bekommt die Kundin eine individuelle Mischung von Smoothies, Tees, Vitamin-Snacks empfohlen. Das Programm startete nicht zufällig in Japan und erfreut sich insbesondere in Deutschland einer großen Nachfrage. Beide Gesellschaften haben einen hohen Altersdurchschnitt.

Auch andere Anbieter wie *mymuesli* versprechen über diverse ›personalised nutrition‹-Programme, mögliche Nährstoffdefizite zu identifizieren – ebenfalls auf Grundlage von DNA- und Ernährungstests. Bei vielen Anbietern gibt es halb-wissenschaftliche Testergebnisse, deren Bedeutung sich für die Kund\*in nicht unmittelbar erschließt. Wer sich damit überfordert fühlt, kann sich bei der Interpretation mit einem zusätzlich zu bezahlenden Online-Coaching helfen lassen.

Über eine Zweitverwertung der so gesammelten Ernährungsgewohnheiten ist bisher nichts bekannt. Es werden lediglich die Persönlichkeitsrechte im Rahmen der Datenschutzgrundverordnung garantiert.

## Ada – die Gesundheitsapp

Am Beispiel des medizin-informatischen Start-ups *Ada* lassen sich Umfang und Perspektive der aktuellen gesundheitspolitischen Transformation nachzeichnen. Ada ist zunächst eine App, eine Art Chatbot, der eine Online-

Symptom-Analyse auf der Basis einer selbstlernenden KI anbietet. Die App soll »allen Menschen Zugang zur personalisierten Medizin der Zukunft verschaffen«, so Martin Hirsch, Chef des gleichnamigen Kreuzberger Unternehmens Ada. »Ada stellt dir einfache Fragen und vergleicht deine Antworten mit Tausenden von ähnlichen Fällen, um die wahrscheinlichsten Ursachen für deine Symptome zu ermitteln.«[1] Mehr als elf Millionen Menschen haben die App bereits heruntergeladen.

Bekannt geworden ist Ada über einen Datenskandal: »Alle Daten sind verschlüsselt bei Ada gespeichert und werden niemals ohne Einverständnis mit Dritten geteilt«, versprach die Ada Health GmbH auf ihrer Webseite[2] zur App. Dem ist nicht so. Ein Mitarbeiter der Heise-Redaktion gab im Dezember 2019 zu Testzwecken »Inkontinenz« in die Maske der Diagnose-App ein. Die Information wurde jedoch nicht nur an Ada übermittelt, sondern auch an den Analysedienst *Amplitude* mit Hauptsitz in San Francisco. Der übertragene Datensatz umfasst insgesamt über 2.000 Zeichen, darin enthalten sind neben der Inkontinenz auch eine User-ID, der Zeitpunkt, das verwendete Betriebssystem, die Android Werbe-ID und vieles mehr. Auch die anschließend abgefragten Symptome wurden übermittelt. Parallel dazu lief eine Verbindung zu Facebook und zur Analysefirma *Adjust*. Auch hierhin wurden persönliche Daten übermittelt[3].

»Es ist generell schwierig, die Privatsphäre im digitalen Bereich aufrecht zu erhalten«[4], so Stefan Vilsmeier von der Firma *Brainlab*, die digitalisierte Chirurgie-Lösungen anbietet und eine Art App-Store für medizinische KI-Anwendungen entwickeln will. Der bayrische Ministerpräsident Söder geht noch einen Schritt weiter: Gesundheitsdaten müssen aus den Fängen des Datenschutzes befreit werden. Ein Blick in die USA zeigt, wie selbstbewusst Google diese ›Befreiung‹ vorantreibt.

## Googles Projekt *Nightingale*

Google arbeitet in den USA seit 2018 mit der Gesundheitsorganisation *Ascension* zusammen, die 150 Krankenhäuser und Tausende Arztpraxen betreibt. Gesundheitsdaten von mehr als 50 Millionen Menschen sollen bereits

1 https://ada.com/de/app/ [zuletzt abgerufen am 21.02.2021].
2 https://ada.com/de [zuletzt abgerufen am 21.02.2021].
3 Detaillierte Analyse unter https://www.heise.de/select/ct/2019/23/15732303 23059682 [zuletzt abgerufen am 21.02.2021].
4 Brainlab-Chef Stefan Vilsmeier im Interview, FOCUS 10/2017, S. 70.

auf Googles Servern gelandet sein. Das umfasst Laborergebnisse, ärztliche Diagnosen, Behandlungsverläufe und Krankenhausaufenthalte – nicht etwa anonymisiert, sondern verknüpft mit Namen und Adressen der Patientinnen. Google-Mitarbeiterinnen haben vollen Zugriff auf diese Daten.

Google entwickelt eine Software, die mit Hilfe von Künstlicher Intelligenz (KI) und maschinellem Lernen Verbesserungsvorschläge für die Versorgung einzelner Patientinnen macht. Es soll eine gewaltige Patientinnendatenbank entstehen, die optisch an Googles Suchmaschine erinnert. Die Software vervollständigt automatisch Eingaben zu den Namen der Patientinnen, die mit sämtlichen gespeicherten Gesundheitsdaten verknüpft sind. Ärztinnen sollen nicht nur individuelle Informationen einsehen, sondern grafische Zeitverläufe erstellen und Datensätze miteinander vergleichen können. Google hofft, diese Infrastruktur künftig an andere Gesundheitsdienstleister*innen verkaufen zu können. All das geschieht, ohne dass die betroffenen Patientinnen zugestimmt haben.

Im November 2019 hatte sich ein Google-Mitarbeiter dazu entschieden, als Whistleblower geheime Dokumente über das Projekt *Nightingale* zu veröffentlichen. Aus diesen geht hervor, dass Google sogar die aus der Kooperation abgeschöpften Gesundheitsdaten selbst »zukünftig teilen oder verkaufen und für das Bewerben entwickelter Gesundheitsprodukte nutzen« will.

Die öffentliche Debatte verbleibt jedoch an der Oberfläche, wenn sie mit Ada und Nightingale (und vielen weiteren ›Einzelfällen‹) den exzeptionellen ›Datenunfall‹ skandalisiert und das dahinterliegende (gewöhnliche) Geschäftsmodell als unproblematisch anerkennt. Das Problem liegt im Regelfall, nicht im Störfall! Der Markt für KI-basierte Gesundheitsanwendungen und -produkte expandiert massiv und benötigt für das Trainieren der KI detaillierte Datensätze. Und deren Wert steigt.

## Wachsender Gesundheitsmarkt

Nachdem *Apple*, *Google*, *Amazon*, *Facebook* und *Microsoft* erkannt haben, dass »Gesundheit fast überall auf der Welt der größte oder zweitgrößte Sektor der Wirtschaft [ist]«, wie Apple Chef Tim Cook in einem Interview mit dem Magazin »Fortune« im Herbst 2017 sagte[5], investieren

---

5   http://fortune.com/2017/09/11/apple-tim-cook-education-health-care/ [zuletzt abgerufen am 21.02.2021].

sie Milliarden in die Biotech-Forschung und versuchen mit Hochdruck, erweiterte Gesundheitsdienste in ihre Softwareumgebungen zu integrieren. Das Smartphone soll dabei zur neuen persönlichen Gesundheitszentrale avancieren, in seiner Funktionalität erweitert durch Zusatzgeräte wie Fitness-Armbänder oder Smart-Watches. *Amazon* nähert sich dem vielversprechenden Gesundheitsmarkt gleich auf drei Weisen. Der Konzern wird nicht nur Krankenversicherung, sondern plant, auch gleich Apotheke und Pharma-Unternehmen zu werden. Warum? Krankenversicherungen preisen das Risiko ein, dass Versicherte krank werden. Je vielfältiger und genauer die Kenntnis der Versicherung über die Gewohnheiten der Versicherten ist, desto exakter lässt sich dieses Risiko berechnen. Ein Wettbewerbsvorteil gegenüber der Konkurrenz. Daher liegt es nahe, dass *Google* und *Amazon* sich in diesem Geschäft behaupten könnten – die fehlende Expertise im Versicherungswesen lässt sich einkaufen.

Der Wert personalisierter Patientinnendaten variiert stark, aber er steigt. Im Schnitt sind medizinische Daten zehnmal mehr wert als Kreditkartendaten[6]. Gesundheitsdaten sind unwiderruflich, unabänderbar und damit viel länger nutzbar. Spätestens als die amerikanische Roche-Tochter *Genentech* für 3.000 Datensätze 60 Mio. US-Dollar an das Start-up-Unternehmen *23andMe* bezahlte, wurde offensichtlich, wie wertvoll Patientinnendaten sind. Die Angaben stammten von 600.000 Personen, die für 99 US-Dollar einen Gentest kauften, ihre Einwilligung gaben, dass die Daten für Forschungszwecke genutzt werden dürfen, und bei denen ein häufig bei Parkinson-Erkrankungen auftretendes Genom entdeckt wurde.

Nach dem im November 2019 in Deutschland verabschiedeten »Digitale-Versorgung-Gesetz« (DVG, 19/13438) sollen nun seit dem 1.1.2020 sensible Daten der elektronischen Patientinnenakte zentral zusammengefasst und dann ›pseudonymisiert‹ Behörden, Forschungseinrichtungen und Universitätskliniken zur Verfügung zu stellen werden. Die Zusammenführung der Daten trotz der nachgewiesenen Sicherheitsmängel in der veralteten Telematik-Infrastruktur sowie das Fehlen einer Opt-Out Möglichkeit für die 73 Mio. gesetzlich Krankenversicherten sind heftig und breit kritisiert worden. Dennoch lautet der gesetzliche Beschluss: Es besteht kein Recht, sich einer Verwertung der sensibelsten aller Daten zu

---

6 https://www.althammer-kill.de/news-detail/gesundheitsdaten-sind-wertvoller-als-finanzdaten/ [zuletzt abgerufen am 02.01.2020]

verweigern. Somit besteht die ernstzunehmende Gefahr, dass Krankenkassen oder Dritte Gesundheitsprofile anlegen.

## Zentraler Player: Bertelsmann

Die hundertprozentige Bertelsmann-Tochter *Arvato* ist für viele deutsche Behörden zentraler IT-Dienstleister. Das Gesundheitsministerium hat Arvato damit beauftragt, die für die elektronische Gesundheitsakte notwendige Telematik-Infrastruktur[7] bereitzustellen und zu verwalten. Zudem ist Arvato nach der Übernahme von *welldoo*[8] unter dem neuen Namen *Vilua* selbst Gesundheitsdienstleister geworden. Darüber hinaus betreibt Arvato den Finanzdienst *Infoscore*, der seit 2005 (neben der Schufa) von vielen Banken zur Ermittlung der Kreditwürdigkeit herangezogen wird. Infoscore schlägt Finanzakteurinnen nicht nur vor, ob eine Kundin einen Kredit erhalten soll – Infoscore berechnet aus den vielen persönlichen Daten der Kundin einen dem Kreditrisiko angemessenen Zinssatz. Diese unternehmerische Verflechtung von Gesundheits- und Finanzdienstleistungen ist ein abenteuerliches Risiko für die Patientin hinsichtlich der zweckgebundenen Trennung beider Datenbanken. Arvato beteuert, dass beide Unternehmensbereiche durch eine »chinesische Mauer« voneinander getrennt seien. Wenig glaubwürdig, denn Arvato hatte zuvor ebenfalls garantiert, dass ihre für die DB Fahrpreisnacherhebung gepflegte Datei von ›Schwarzfahrerinnen‹ nicht in die Infoscore-Datenbank einfließen würde. Fehlanzeige – das Unternehmen gab kleinlaut zu, diese Informationen für die Ermittlung der Kreditwürdigkeit mitgenutzt zu haben. Solche (unglaubwürdigen) Separierungsversprechen kennen wir auch von der *WhatsApp*-Übernahme durch Facebook: Trotz gegenteiliger Zusicherung führte Facebook seine Datenbank nach nur zwei Jahren mit der von WhatsApp zusammen.

---

7   Im Dezember 2019 gelang dem Chaos Computer Club ein spektakulär einfacher Hack des Systems, welches bereits jetzt sensible Patientinnendaten übermittelt. Sicherheitsforscherinnen ist es gelungen, sich gültige Heilberufsausweise, Praxisausweise, Konnektorkarten und Gesundheitskarten auf die Identitäten Dritter zu verschaffen. Mit diesen Identitäten konnten sie anschließend auf Anwendungen der Telematik-Infrastruktur und Gesundheitsdaten von Versicherten zugreifen. (siehe https://www.ccc.de/de/updates/2019/neue-schwachstellen-gesundheitsnetzwerk [zuletzt abgerufen am 21.02.2021].

8   *Welldoo* ist ein Gesundheitsapp-Entwickler, vor dessen Daten(un)sicherheit der damalige Gesundheitsminister Hermann Gröhe 2015 explizit gewarnt hatte.

Bertelsmann nimmt darüber hinaus über seine gleichnamige Stiftung Einfluss auf die Entwicklung der Gesundheitsversorgung in Deutschland. Im Sommer 2019 veröffentlichte Brigitte Mohn als Vorsitzende der Bertelsmann Stiftung eine Studie[9] zur Reduzierung von Krankenhäusern in Deutschland. 1960 gab es allein in Westdeutschland 3.600 Krankenhäuser. Die Zahl hat sich auf derzeit 1.400 bundesweit reduziert. Die Autorinnen fordern, die Zahl der Krankenhäuser noch einmal drastisch zu senken, auf bundesweit 600. Wie fragwürdig ein weiteres Reduzieren von Krankenhauskapazitäten zugunsten einer profitablen Gesundheitsversorgung ist, bedarf in Zeiten des Corona-Virus keiner weiteren Ausführung. Dass Brigitte Mohn zusätzlich im Aufsichtsrat der Rhön-Klinik-Kette sitzt, sei nur am Rande erwähnt.

**Smartes Vorfiltern**

Die Uniklinik in Essen bezeichnet sich selbst als »Smart Hospital«. Sie nutzt Ada für die »Triagierung« von Patientinnen in der Notaufnahme. Das bedeutet, der Chatbot von Ada soll die dringenden Fälle von denen, die länger warten können, trennen. Ein ähnlicher Test läuft an der Uni Gießen-Marburg. Genau das ist die Perspektive vieler Krankenkassen, die schon jetzt offenbaren: Der ›Goldstandard‹ der freien Arztwahl ist nicht mehr zu halten. Die Kostensteigerung sei groß. Ebenso wie die vermeintlichen Einsparpotenziale des digitalisierten Gesundheitswesens. So soll ein künstlich intelligentes System basierend auf den individuellen Patientinnendaten zukünftig fallspezifisch entscheiden, wer mit einem Rezept oder einer Kaufempfehlung für frei erhältliche Medizinprodukte per KI-Ferndiagnose à la Ada abgefertigt werden kann, wer einen Termin für eine Online-Sprechstunde bei einer Telemedizinerin erhalten soll und wer (als letzte Option) den nicht-virtuellen Besuch bei einer Ärztin erhält.

Der althergebrachte, ›zu teure‹, analoge Arztbesuch soll auf ein Minimum reduziert werden. Der damit einhergehende Qualitätsverlust in der Gesundheitsversorgung wird billigend in Kauf genommen und hinter der Werbung für ein »zeitgemäß digitales« Gesundheitsmanagement versteckt. Die durch das »Digitale-Versorgung-Gesetz« geförderte Ver-

---

9   https://www.bertelsmann-stiftung.de/fileadmin/files/BSt/Publikationen/GrauePublikationen/VV_Bericht_KH-Landschaft_final.pdf [zuletzt abgerufen am 21.02.2021].

schreibung von »Gesundheits-Apps« leistet einer solchen Virtualisierung von Gesundheits(dienst)leistungen Vorschub. Die Verabreichung von Apps als medizinische Produkte auf Rezept ist eine nicht zu unterschätzende Finanzierungshilfe für medizinische Start-ups und soll eine bedenkliche Appifizierung der Diagnose- und Behandlungsmethoden forcieren. Es ist bezeichnend, dass die Qualitätskontrolle des bereits mehrere Hunderttausend Apps umfassenden Zoos an »medizinischen« Beratungs-Apps erst im nächsten Jahr »nachgereicht« werden soll.

In den USA sind offenbar Millionen Afroamerikanerinnen bei der medizinischen Versorgung benachteiligt worden. Laut einem Bericht des Wissenschaftsmagazins »Science«[10] hat eine weit verbreitete Software weißen Patientinnen eher eine teure medizinische Behandlung zugesprochen als Schwarzen. In dem Bericht heißt es, dass der Algorithmus jedes Jahr für rund 200 Millionen (versicherte) Patientinnen in den USA ausrechnet, ob eine Sonderbehandlung für sie infrage kommt. Die Software wird unter anderem von Krankenhäusern und Versicherungen eingesetzt, um automatisiert Patientinnen zu identifizieren, die am ehesten von aufwendigen und damit auch teuren Behandlungen profitieren würden. Ursache für das Problem seien die Daten, mit denen der Algorithmus arbeitet. Als Grundlage für die Berechnung eines Risikofaktors habe der nämlich die Behandlungskosten einer Patientin genommen: Wer im Laufe des Jahres mehr Geld für medizinische Betreuung ausgibt, hat eine höhere Risikobewertung. Das System geht davon aus, dass höhere Behandlungskosten auf eine Person hinweisen, die mehr medizinische Hilfe benötigt.

Laut der Studie nehmen Afroamerikanerinnen in den USA weniger medizinische Behandlungen in Anspruch. Im Schnitt liegen die Behandlungskosten um 1.801 Dollar im Jahr niedriger als für eine vergleichbar kranke Weiße. Ursachen für die geringeren Behandlungskosten von Afroamerikanerinnen sind laut dem Bericht unter anderem Armut und Rassismus. Die Folge: Afroamerikanerinnen müssen kränker sein, damit die Software einen höheren Risikofaktor erkennt, der zusätzliche Unterstützung rechtfertigt. Demnach habe der Algorithmus nur 17,7 Prozent der Schwarzen Patientinnen eine zusätzliche Behandlung zugestanden. Laut Forscherinnen läge der Anteil bei 46,5 Prozent, wenn die Software ohne Benachteiligung rechnen würde.

---

10  https://science.sciencemag.org/content/366/6464/447 [zuletzt abgerufen am 21.02.2021].

## Vollständig personalisierte Medizin und permanente Vorsorge

Bei Bluthochdruck Mittel A, bei Herzschwäche Mittel B: Dass Patientinnen mit gleicher Krankheit meist die gleiche Medikation erhalten, soll bald der Vergangenheit angehören. Dazu braucht die Pharmabranche massenhaft Patientinnendaten. Diese sollen aus Studien, Apps und Arztpraxen kommen. Ärztinnen sollen nun mehr und mehr auf die elektronische Patientinnenakte umstellen, damit diese Daten en passant anfallen. »Wir können in den nächsten Jahren mit einer Explosion an Daten rechnen«, sagt Anne-Marie Martin, Leiterin der Präzisionsmedizin bei *Novartis*. Die Analyse massenhafter Daten soll Zusammenhänge aufzeigen, die bis dahin unbekannt waren. Bestimmte Gen- oder Zelleigenschaften, Alter, Gewicht, eine Vorerkrankung, andere Medikamente, Wohnort, Ethnie oder die Uhrzeit der Einnahme könnten Einfluss haben, ob ein Mittel wirkt oder nicht. Big Data soll die Unkenntnis der Wirkungsweise durch die schiere Masse an Daten beseitigen – so die Hoffnung der Technokratinnen, die eine vollständig personalisierte Medizin herbeisehnen.[11]

Eines Tages werde jede Bürgerin ihr Genom entschlüsseln lassen, so Ada-Chef Martin Hirsch. »Dann wird Ada in der Lage sein, aufgrund des Gentests und der jeweils neuesten medizinischen Erkenntnisse genaue Ratschläge zu erteilen, was man tun oder unterlassen kann, um gesund zu bleiben.«

Diese Vorstellung deckt sich mit der Zukunftsvision von Google: Im Mai 2018 geriet ein internes Firmenvideo[12] der Forschungsabteilung *Google X* in die Öffentlichkeit. Unter dem Namen »The selfish ledger«, was mittlerweile ungelenk mit »Buch des Lebens« übersetzt wird, beschreibt *Google* seine Zukunftsvision einer bevormundenden Gesundheitsvorsorge. Ein persönliches Journal »sämtlicher Handlungen, Entscheidungen, Vorlieben, Aufenthaltsorte und Beziehungen« ist die Grundlage für ein System

---

11   Auch hier ›hilft‹ das »Digitale-Versorgung-Gesetz«, dem gemäß eine Ärztin nur noch geringere Kosten abrechnen darf, wenn sie sich der digitalen Datenerfassung entzieht, also weiter »analog« mit den Krankenkassen kommuniziert und sich nicht über die (nachweislich unsichere) Telematik-Infrastruktur vernetzt. Gesundheitsminister Spahn: »Ich werde die Telematik und die elektronische Patientenakte vorantreiben, Hacker hin oder her.« [Dialogveranstaltung der Kassenärztlichen Bundesvereinigung (KBV) am 18.01.2019]

12   Geleaktes Firmenvideo von Google: https://vimeo.com/270713969 [zuletzt abgerufen am 21.02.2021]

digitaler Assistenz, das KI-basiert auf jede Einzelne zugeschnittene »Handlungsempfehlungen« ausspricht. Perspektivisch verspricht *Google* Armut und Krankheiten unter der freimütig vorgetragenen Bedingung zu überwinden, die freie Entscheidung aufzugeben. Nur dann ließen sich effektiv »potentielle Fehler im Verhalten der Nutzer detektieren und korrigieren«. Microsoft-Chef Bill Gates treibt seit Jahren maßgeblich die Initiative ID2020 voran. Hierbei geht es um eine digitale ID auf Basis der Blockchain-Technologie[13] – eine Art Personalausweis, in dem sämtliche bekannten Daten über das Leben eines Menschen (vergleichbar mit Googles »ledger«) gespeichert werden. Die Corona-Pandemie kann nach Vorstellung der Gates-Foundation der Einführung eines solchen globalen Registers Auftrieb verleihen: Sobald ein Impfstoff vorhanden ist, ließe sich ein Impfgebot umsetzen[14]. Die Funktion eines Impfregisters wäre dann der einführende Basisbaustein für die ID2020. Eine Anwendung dieses Registers: individualisierte Zugangsbeschränkungen aufgrund eines Immunitätsnachweises. Die Nutzung der ID als global lesbare Patientinnenakte – ein nächster angedachter Schritt, über den geregelt werden kann, wer Anspruch auf welche Gesundheitsleistungen hat.

Der Anwendungsbereich der ID geht jedoch weit über den Gesundheitssektor hinaus. Im Sinne eines ›human capital investment‹ soll die ID Aufschluss über persönliche Potenziale und Schwächen geben. Zum Beispiel könne die Förderungswürdigkeit eines Menschen hinsichtlich seiner (Aus-)Bildung – gemäß der Initiatorinnen dieser ›allumfassenden‹ Akte – über die erkennbare Leistungsbereitschaft ermittelt werden. Dazu werde dann nicht mehr nur die detailliert festgehaltene Ausbildungshistorie herangezogen; eine KI solle vielmehr aus sämtlichen Handlungen, Überzeugungen und Wünschen statistische Muster für ein ungleich »genaueres Abbild« des persönlichen Bemühens erkennen lassen.

Selbstbewusst stellt *Google* in Aussicht: »Noch passen sich die Systeme ihren Nutzern an. Dieses Verhältnis wird sich bald umkehren.« Die diesen Ansichten zugrundeliegende, erschreckend totalitär anmutende Sicht auf

---

13  Die *Blockchain* soll hier eine selbstkonsistente, verteilte Speicherung der persönlichen Daten ohne zentrale Behörde ermöglichen. Es handelt sich (grob) um das dezentrale Speichern der Daten an vielen Orten, um ein hohes Maß an Fälschungssicherheit zu garantieren.
14  Diese Idee macht B. Gates derzeit zu einem gefundenen Fressen für Verschwörungstheoretikerinnen, von deren teils absurder Kritik wir uns hier deutlich abgrenzen wollen.

eine vermeintlich bessere Welt mittels Bevormundung durch künstlich intelligente Expertensysteme knüpft nahtlos an die Vorstellungen von Skinners *Behaviorismus* an. Dieser geht – angesichts zu komplexer Lebensverhältnisse – von einer notwendigen Verhaltenssteuerung andernfalls nicht-rational handelnder Individuen aus – ein längst überwunden geglaubtes, zutiefst paternalistisches und im Einklang mit Chinas Social-Scoring-Systemen erschreckend »aktuelles« Menschenbild.

# Ökotechnokratie
## ›Smarte‹ Ökologie von oben

*Die Klimafrage beherrscht derzeit die öffentliche Debatte. Selbst das Weltwirtschaftsforum in Davos (Februar 2020) gibt vor, die Brisanz des Umweltschutzes verstanden zu haben. Hunderttausende von Toten und ein monatelanges Wachkoma der Weltwirtschaft während der Corona-Pandemie haben deutlich werden lassen, wie heftig sich die Vernichtung von Lebensräumen für Tiere zugunsten von Landwirtschaft, Berg- und Städtebau als virologische Bedrohung für den Menschen auswirken kann. Wildtiere, oftmals die letzten ihrer Art, kommen in direkten Kontakt mit anderen Spezies und letztlich dem Menschen.*

*Die Bewegung Fridays for Future hat den durch die viel zu hohen $CO_2$-Emissionen verursachten Klimawandel endlich zum weltweiten Gesprächsthema gemacht. Als Hauptursache für die steigenden $CO_2$-Emissionen gelten der weltweit steigende Energiehunger in Wirtschaft und Gesellschaft und seine Sättigung mit fossiler Energieerzeugung. Wenn sich nichts Grundlegendes ändert, so warnt der Weltklimarat, werde sich die Erde in den nächsten 20 Jahren um mindestens 1,5 Grad erwärmen (im Vergleich zum vorindustriellen Klima). Hungersnöte, Waldbrände, Unwetter und Artensterben würden sich bereits bis zum Jahr 2040 drastisch verschlimmern. Jenseits der 1,5 Grad droht sogar eine Hitzespirale: Biomasse in auftauenden Permafrostböden in Nordkanada, Alaska, Grönland und Ostsibirien würden Milliarden Tonnen zusätzliches $CO_2$ freisetzen, genau wie Waldbrände in der Tundra oder den Tropen. Schmelzendes Eis in der Arktis könnte mittelbar den Golfstrom versiegen lassen. Wie Dominosteine könnten sogenannte »Kippelemente des Klimas« eine Krise nach der anderen auslösen. Auf der Erde würde es immer heißer werden. Was dann genau passieren wird, kann die Wissenschaft nicht vorhersagen.*[1]

---

1 https://www.de-ipcc.de/256.php und https://www.zeit.de/wissen/umwelt/2018-08/klimawandel-erderwaermung-duerre-risiko-klima-forschung-kippelemente [zuletzt abgerufen am 16.02.2021].

Dagegen versprechen Technologiegläubige, mit einer Digitalisierung sämtlicher Lebensprozesse über Big Data-Techniken und mithilfe Künstlicher Intelligenz (KI) Lösungen für das Klimaproblem zu liefern – u.a. durch KI-gestützte Prozessoptimierung. Dummerweise hat die Informationstechnik für ihre zahllosen Rechner und Geräte, ihre ungeheuren Datenmengen in Rechenzentren und weltumspannenden Netze einen immensen Energiebedarf, für dessen Bereitstellung schon jetzt mehr $CO_2$ freigesetzt wird, als durch den gesamten Flugverkehr weltweit. Der rasante Anstieg dieses Ressourcenverbrauchs wird vor allem von Cloud- und Streamingdiensten sowie Online-Gaming und neuesten KI-Anwendungen getrieben.

Das Grundmuster der herrschafts- und profitorientierten ›Technokratie-Falle‹ ist in allen der im Folgenden diskutierten technologischen Innovationen gleich: Technologie-zentrierte Antworten befeuern das Technologie-induzierte Problem des wachsenden Energiehungers. Sie sind damit vielmehr Teil des Problems als dessen Lösung. Statt die Ursachen der Zerstörung des Planeten ergebnisoffen zu erforschen und dann radikal zu bekämpfen, wird ›fortschrittsblind‹ nach Technologien gesucht, die (vergeblich) versuchen, die Konsequenzen eines Weiter-wie-bisher einzuhegen.

Der Klimawandel trifft dabei nicht alle gleichermaßen – die Bedrohung »der Menschheit« als Ganzes ist eine wenig hilfreiche Unterschlagung der unterschiedlichen sozialen Konsequenzen. Reiche trifft die Klimakrise weniger als Arme, den globalen Norden weniger als den Süden. Wenn mensch in die Chefetagen der IT-Konzerne schaut, dann sitzt da die wohl am wenigsten gefährdete Bevölkerungsgruppe an den Hebeln. Das hat durchaus Einfluss darauf, welche »Lösungsvorschläge« von dort kommen.

Besonders eindrücklich versinnbildlichen riesige $CO_2$-Staubsauger des Startups *Climeworks* der ETH Zürich das Dilemma der Technokratie: Die Anlage, die aussieht wie ein Raketentriebwerk, soll das $CO_2$-Problem lösen, indem sie das klimaschädliche Gas mit riesigen Turbinen aus der Luft filtert und bindet. Tatsächlich erzeugt sie aber ein massives Energieproblem, denn: Um auch nur ein Prozent des jährlichen, weltweiten $CO_2$-Ausstoßes aus der Luft zu filtern, bräuchte es 250.000 dieser Anlagen. Deren Betrieb fräße so viel Strom wie alle bundesdeutschen Haushalte zusammen – und emittiert darüber zusätzliches $CO_2$.

## Digitaler Energiehunger lässt sich nicht weg-virtualisieren

Die Virtualisierung von Anwendungen in der *cloud* verschleiert zwar ihren ökologischen Fußabdruck, doch der ist in der Regel enorm: Das einstündige Videostreaming über *youtube* verbraucht über die involvierte Server- und Netzinfrastruktur so viel Strom, wie die halbstündige Nutzung der Heizplatte eines E-Herds. Die Herstellung und der Vertrieb von DVDs waren deutlich ressourcenschonender! Wir sehen keinerlei Anzeichen für eine tatsächliche Ressourceneinsparung durch Digitalisierung. Im Gegenteil: die Digitalisierung wirkt als »Brandbeschleuniger von Wachstumsmustern, die planetarische Leitplanken durchbrechen«[2].

»Die Digitalisierung hat eine klare materielle Basis, die unausweichlich mit unserem Ökosystem zu tun hat. Deshalb können wir nicht nur über Zukunftstechnologie und Mensch reden, sondern müssen Umwelt dazunehmen. Alles andere gibt keine Zukunft.«[3]

Laut der französischen Umweltorganisation *The Shift Project*[4] steigt der Energieverbrauch digitaler Technologien am schnellsten an. Weltweit waren digitale Dienste noch 2015 für rund zwei Prozent aller $CO_2$-Emissionen verantwortlich, ähnlich viel wie der $CO_2$-Ausstoß aller weltweiten Urlaubsflieger. Bereits 2018 galt das Verhältnis nicht mehr. Derzeit liege ihr Anteil bei vier Prozent der weltweiten $CO_2$-Emissionen, heißt es: Das sei mehr, als der gesamte weltweite Flugverkehr ausmache. Zwar ist der Schaden durch Flugzeuge immer noch deutlich höher – sie blasen ihre Schadstoffe direkt in die Atmosphäre – doch der Strombedarf der Informations- und Kommunikationstechnologie wird weiter steigen: Bis zum Jahr 2025 könnte sich der Anteil auf insgesamt acht Prozent verdoppeln, so die Umweltorganisation.

»Wenn wir uns überlegen, dass der weltweite Datenverkehr jedes Jahr um 25 Prozent ansteigt, dann müssen wir ganz offensichtlich dringend da-

---

2  Wissenschaftlicher Beirat der Bundesregierung »Globale Umweltveränderung«, April 2019.
3  Klimaexpertin Maja Göpel, Interview in der taz, FUTURZWEI N°10 2019, https://taz.de/Maja-Goepel-im-Interview/!169655/ [zuletzt abgerufen am 16.02.2021].
4  https://theshiftproject.org/wp-content/uploads/2019/11/2019-11-07_Synthesis-Report_Exploring-Futures-to-Plan-Energy-Transition_The-Shift-Project.pdf [zuletzt abgerufen am 16.02.2021].

rüber nachdenken, welche Inhalte wir über die Netzwerke schicken«, sagt Zeynep Kahraman-Clause (Projekt-Managerin des *Shift Project*).

Der sogenannte *Rebound-Effekt* ist das eigentliche Problem: Die steigende Energieeffizienz neuer digitaler Technologien führt eben nicht dazu, dass weniger Strom verbraucht wird. Ganz im Gegenteil: Die Möglichkeiten werden immer komplett ausgereizt; der Gesamtstromverbrauch steigt weiter an. Der Rebound-Effekt ist seit 150 Jahren bekannt: Dem britischen Ökonomen William Stanley Jevons war 1865 aufgefallen, dass die Dampfmaschine von James Watt zwar effizienter Kohle verbrannte als zuvor, aber damit die Industrialisierung erst richtig Fahrt aufnahm. Trotz der sparsameren Maschinen wurde so insgesamt deutlich mehr Energie verbraucht. In dieses Muster reihen sich viele der mittlerweile alltäglichen technischen Innovationen ein: Onlinezeitung statt Printausgabe, E-Mails statt Briefe, Musikstreaming statt CD ...

Bei einem Großteil der Strom-Verbraucher sorgt vor allem die Produktionsphase für eine schlechte Umweltbilanz. Knapp die Hälfte der Emissionen entstehen bei der Herstellung. Bei einem Smartphone ist die Energiebilanz besonders verheerend: Ausgehend von einer zweijährigen Nutzung sind bereits 90 Prozent der Energie im Lebenszyklus eines solchen Telefons verbraucht, bevor ein*e Kund*in das Gerät überhaupt gekauft habe.

## Stromhungrige KI soll das Klimaproblem lösen

Bezogen auf den Energiebedarf der KI errechnete eine Studie der University of Massachusetts Amherst[5], dass der $CO_2$-Fußabdruck für das Training eines einzigen modernen »neuronalen Netzes« (einer derzeit besonders erfolgversprechenden Art »künstlich-intelligenter« Algorithmen) dem fünffachen $CO_2$-Fußabdruck des ›Lebenszyklus‹ eines Kraftfahrzeugs inklusive seines Verbrauchs entspricht. Oder anders verglichen: Anstelle eines KI-Trainings kann man über 300 Mal von San Francisco nach New York und zurück fliegen.

Die Wissenschaftler*innen des MIT betrachteten dabei KI-Modelle aus der Verarbeitung natürlicher Sprache. Für eine einzelne Berechnung eines sogenannten *Deep-Learning*-Modells (einer populären Variante künstlicher

---

5   Energy and Policy Considerations for Deep Learning in NLP, E. Strubell et al. College of Information and Computer Sciences University of Massachusetts Amherst, https://arxiv.org/pdf/1906.02243.pdf [zuletzt abgerufen am 16.02.2021].

neuronaler Netze) sind die Stromkosten vergleichsweise gering. Viel Energie verbraucht jedoch das Einstellen optimaler Parameter. Da es sich um ein hochdimensionales Optimierungsproblem mit vielen verschiedenen Parametern handelt und die Auswahl nicht direkt auf eine Verbesserung oder Verschlechterung schließen lässt, sondern das »neuronale Netz« erst trainiert werden muss, ist es üblich, die Parameter zu erraten und verschiedene Konfigurationen durchzuprobieren, um die besten Ergebnisse zu erzielen. Der Spielraum der Parameter ist allerdings zu groß, um sämtliche Möglichkeiten durchzuprobieren.

Bislang sind diesbezügliche Annahmen, z.B. des Hasso-Plattner-Instituts, eine (saubere) »Clean IT«[6] könnte im Bereich der KI-Anwendungen zu Energieeinsparungen um einen Faktor 20 führen, einen Beweis schuldig geblieben.

Neben dem reinen Stromverbrauch ist für die ökologischen Folgen natürlich auch relevant, woher die Betreiber von Großrechenzentren, auf deren Hardware derartige KI-Anwendungen laufen, ihren Strom beziehen. Die MIT-Wissenschaftler*innen zitieren in diesem Zusammenhang einen Vergleich von Greenpeace. Demnach stammt in Googles Rechenzentren angeblich »immerhin die Hälfte« des Stroms aus »erneuerbaren«[7] Energien, während Amazons Strommix trotz ökologischer Versprechen immer noch dem US-amerikanischen Durchschnitt entspricht – also größtenteils fossile Energieträger mit sogar einem Drittel aus Kohlekraftwerken.

## Elektromobilität

Das E-Auto ist ein Alptraum. Der angesagte *Plugin-Hybrid* (Elektro- + Verbrennungsmotor) ist besonders unsinnig: er dient lediglich den Auto-Herstellern beim Verkauf einer Fahrzeugflotte mit übergewichtigen und hoch-motorisierten SUV. Doch zum einen lassen sich damit Milliarden an EU-Fördergeldern kassieren, zum anderen bewahren Hybrid-Autos die großen Hersteller vor Strafzahlungen wegen Nichterreichens der europäischen Klimavorgaben, da sie mit angeblichen Zero-Emissionsmodellen den Ausstoß im Flottenmix nach unten drücken. Es geht selbstredend auch

---

6  Clean-IT, Towards Sustainable Digital Technologies, Hasso-Plattner-Institut, https://hpi.de/fileadmin/user_upload/hpi/dokumente/flyer/clean-IT_-_Summary__Final_Draft_.pdf [zuletzt abgerufen am 16.02.2021].
7  https://www.versobooks.com/blogs/3797-end-the-green-delusions-industrial-scale-renewable-energy-is-fossil-fuel [zuletzt abgerufen am 16.02.2021].

um ein »grünes« Markenimage und um Technologiekontrolle. Man baut Hybrid-Autos im Wissen, dass sie alles andere als die automobile Zukunft sein werden.

Aber auch reine Elektro-Fahrzeuge lösen keine Klimaprobleme: Der Bau eines Akkus für einen Tesla ist so umweltschädlich wie acht Jahre Betrieb eines Verbrennungsmotors. Und dieser Akku hat wegen der begrenzten Ladezyklen nach acht Jahren nur noch Schrottwert. Aus diesem Grund fällt die Öko-Bilanz für *E-Scooter* (Elektro-Tretroller) mit deren noch geringerer Akku-Haltbarkeit von nur wenigen Monaten besonders katastrophal aus. Die Fertigung von Elektro-Autos stößt zudem an Ressourcengrenzen, wenn es um die benötigten Rohstoffe für den Bau der Akkus geht. Deren Abbau in Chile (Lithium) und Zentralafrika (Kobalt) ist nicht nur extrem umweltunverträglich, sondern geht in weiten Teilen mit unvertretbarer Kinderarbeit einher. Der Bedarf an Lithium allein in der E-Mobilität wird bis 2030 auf das 20-40fache steigen. Daran ändert auch die zukünftig anvisierte Feststoff-Batterie nichts – auch sie benötigt Lithium. Für Kobalt sieht die derzeitige Prognose sogar noch dramatischer aus: »Würde Audi den A4 in großer Serie rein elektrisch bauen, müssten sie den halben Weltmarkt an Kobalt leer kaufen«, so Professor Jörg Wellnitz von TH Ingolstadt[8]. Bei VW – so Wellnitz – habe man so eine Rechnung schon einmal aufgemacht und sei zu dem Ergebnis gekommen, dass der Konzern für seine Produktion von E-Autos rund 130.000 Tonnen Kobalt benötigen würde. Die Weltproduktion liegt derzeit bei 123.000 Tonnen.

Wenn uns nun auch noch das E-Flugtaxi als Mobilitätskonzept der Zukunft verkauft wird (um dem Problem der zu hohen Verkehrsdichte am Boden zu begegnen), dann klingt das wie ein Rückfall in die 50er-Jahre des letzten Jahrhunderts. Damals wie heute war und ist klar, dass jegliche Art des Fliegens einen deutlich höheren Energieaufwand bedeutet, als die gleiche Strecke am Boden zurückzulegen. Dennoch bekommen wir nun 70 Jahre später erneut drohnen-ähnliche Flugtaxis als moderne und vermeintlich ökologische Form der Fortbewegung angepriesen. Selbst optisch haben sie sich nur wenig von den futuristischen Männerfantasien der technokratischen Blütezeit entfernt – Retro-Futurismus der primitiven und rückschrittlichen Sorte. Die damalige, blinde Fortschrittsgläubigkeit

---

8   https://www.ingolstadt-today.de/archiv/9/der-sinnlose-traum-von-der-elektrischen-zukunft-a-22935 [zuletzt abgerufen am 16.02.2021].

halluzinierte übrigens atomgetriebene Fahrzeuge herbei, die sich im Jahr 2000 (!) innerstädtisch mit bis zu 300 km/h und außerhalb geschlossener Ortschaften mit bis zu 1000 km/h schnell bewegen würden. Eine nicht ganz zutreffende Prognose für einen Individualverkehr, der in den Ballungsgebieten täglich mehrere hundert Kilometer Stau produziert.

Die Technokratie gibt sich hier äußerst konservativ. Sie versucht, den Automobilismus einfach fortzusetzen, indem sie vom Verbrenner- auf den E-Antrieb umsteigt und ansonsten die Verkehrskonzepte aus dem letzten Jahrhundert unverändert beibehält. Ein zweieinhalb Tonnen schwerer 600-PS-Elektro-Porsche muss als trotzig-zynische Antwort der deutschen Automobil-Branche auf die Klima- und Mobilitätskrise verstanden werden.

Fazit: *Ohne eine grundlegende Abkehr von den derzeitigen, völlig überkommenen Mobilitätsvorstellungen des automobilen Individualverkehrs wird es nicht möglich sein, den Klimawandel auf ein langfristig überlebbares Maß zu reduzieren. Wer an einer Expansion des Welthandels und des Tourismus festhält und dabei glaubt, unser Lebensstandard ließe sich (technologisch innovativ) auf den restlichen Teil der Weltbevölkerung verallgemeinern, beraubt sich jeglicher Chance, diesen Planeten vor dem Kollaps zu bewahren. In nahezu allen Bereichen werden vermeintlich innovative Energie-Effizienz-Steigerungen durch den >Rebound-Effekt< aufgefressen.*

## Renaissance der Atomkraft?

Als Anfang der 1950er Jahre der Wohlstand spürbar zunahm, begann eine Phase eines geradezu euphorischen Fortschritts- und Technikglaubens. Konzeptfahrzeuge von atomkraftbetriebenen Autos wurden vorgestellt. Die Genfer Atomkonferenz (1955), das Bundesministerium für Atomfragen (ab Oktober 1955; erster Minister: Franz Josef Strauß) und die Deutsche Atomkommission (1956) brachten den politischen Durchbruch der Kernenergie in Westdeutschland.

Rund 50 Jahre ist es her, dass sich erstmals überregional Widerstand gegen die atomare Stromerzeugung regte. Riskant, gesundheitsschädlich, zerstörerisch und zentral herrschaftssichernd – diese Aspekte sind mit der Atomenergie verbunden. In den vergangenen Jahrzehnten stieg mit den großen atomaren Unfällen in Tschernobyl 1986 sowie Fukushima 2011 die Skepsis gegenüber dieser Form der Energieerzeugung. In Deutschland wurde nach dem Super-GAU in Japan der »endgültige Ausstieg« aus der

Atomkraft besiegelt. 2022 sollen die letzten Meiler abgeschaltet werden. Jetzt – im Zuge des (halbherzigen) »Kohleausstiegs« – scheinen einige in der CDU den Rückwärtsgang einlegen zu wollen. Ein Positionspapier erwägt die Rückkehr zur Kernkraft. Erstellt hat das Dokument der CDU-Bundesfachausschuss Wirtschaft, Arbeitsplätze und Steuern[9]. Wasser auf die Mühlen des konservativen Flügels: Man wolle »Technologie-offen« bleiben. Auf der Liste der Unterstützer*innen dieser Idee steht unter anderem die internationale Energieagentur IEA, die Subventionen für die nukleare Energieerzeugung fordert. In ihren Analysen wird Atomenergie in einem Zug mit erneuerbaren Energien als klimafreundliche Energiequelle genannt.

Das ist nachweisbar grober Unfug. Nur wer den Blick auf den Reaktorbetrieb einschränkt, kann ein AKW klimagasfrei nennen: Wenn die gesamte Kette Bergbau, Aufbereitung, Anreicherung, Transport, Kernspaltung berücksichtigt wird, entspricht der Klimagasausstoß eines AKW dem eines Gaskraftwerks – das ungelöste Entsorgungsproblem noch nicht mal eingerechnet. Um Kohle, Öl und Gas zu ersetzen, müssten hunderte AKW gebaut werden. Beim derzeitigen Verbrauch von Uran beträgt dessen Reichweite nur ein paar Jahrzehnte. Kommen hunderte neuer Anlagen dazu entsprechend weniger. AKW werden für Laufzeiten von etwa 40 Jahren kalkuliert – wenn viele neue Anlagen hinzukommen, geht diese Rechnung nicht mehr auf.

Der sogenannte ›energy cliff‹ beschreibt den Moment, bei dem zur Herstellung eines Brennstoffes genauso viel Energie investiert wird, wie dieser dann freisetzen kann. Bei Uran ist die kritische Stelle der Abbau. Ab einer Konzentration von 0,04 % Uran im Erz ist der cliff erreicht: Bei niedrigerer Konzentration ist es wirtschaftlicher, die Energie, die in den Abbau gesteckt wird, direkt zu nutzen und das Uran in der Erde zu lassen. Aktuelle (neue) Minen bauen bereits Erz mit weniger als 1 % Urangehalt ab – der cliff ist nicht mehr weit. Ergo: Atomenergie als Lösung des Klimawandels zu propagieren ist Augenwischerei.

Die EU-Kommission hat im Dezember 2019 einen Plan vorgestellt, Europa bis 2050 zum ersten klimaneutralen Kontinent der Welt zu machen.

---

9   »Sichere, bezahlbare und nachhaltige Energieversorgung der Zukunft« (Ausschuss-Beschluss vom 27. Januar 2020), https://www.cdu.de/system/tdf/media/dokumente/200127_sichere_bezahlbare_und_nachhaltige_energieversorgung_der_zukunft.pdf?file=1 [zuletzt abgerufen am 16.02.2021].

Darin spielt die Kernenergie keine Rolle, allerdings steht das Vorhaben noch unter dem Vorbehalt der Zustimmung der Mitgliedstaaten. Diese streiten noch über die Frage der Atomkraft. Auf Druck osteuropäischer Länder und Frankreichs nannte der EU-Gipfel der Staats- und Regierungschefs Atomkraft als mögliche Energiequelle auf dem Weg zur Klimaneutralität. Eine politisch geförderte Rückkehr der Dinosaurier wäre ein GAU für die Umweltbewegung. Diese muss nun unmissverständlich deutlich machen, dass jede nukleare Option an ihrem heftigen und breiten Widerstand scheitern wird.

## Ökologische Verhaltenslenkung – Smarter Behaviorismus

Die Glaubwürdigkeit der Technokrat*innen, die versprechen, das Klimaproblem rein technologisch in den Griff zu kriegen, schwindet zusehends. Selbst in einer durch Ingenieure geprägten Gesellschaft wie der französischen, die zudem nicht gerade auf ein besonders ausgeprägtes Umweltbewusstsein zurückgreifen kann, schwindet seit den beiden unerträglich heißen bzw. extrem trockenen Sommern 2018 und 2019 der Glaube der Bevölkerung an die Fähigkeiten der Technokratie. Im Gegenteil, die »Kollapsolog*innen« sind in der öffentlichen Debatte immer stärker vertreten. Die »Kollapsologie« als interdisziplinärer Wissenschaftsansatz – weit über die engen Grenzen der Umweltwissenschaften hinaus – gibt es seit dem 2015 von Pablo Servigne und Raphaël Stevens erschienenen Essay »Wie alles zusammenbrechen kann – Kleines Kollapsologie-Handbuch für gegenwärtige Generationen«[10]. Darin gehen die Autoren von einer höchst wahrscheinlichen Unfähigkeit des Kapitalismus aus, den ökologischen Zusammenbruch zu verhindern.

Angesichts eines weiter schwindenden Vertrauens in den technologischen ›Fortschritt‹ versucht der Kapitalismus, seine ›Nachhaltigkeit‹-Glaubwürdigkeit anders herzustellen und gleichzeitig die Ressource Mensch besser inwertzusetzen. Smarte (algorithmische) Verhaltenslenkung, basierend auf einer eher rückschrittlichen Auslegung des »Behaviorismus«, steht (nicht nur in China!) hoch im Kurs. Die Zukunftsvision vieler Tech-

---

10 Pablo Servigne, »Comment tout peut s'effondrer« – *Petit manuel de collapsologie à l'usage des générations présentes«*, Seuil, April 2015, ISBN 978-20-212-2331-6. (englischsprachige Übersetzung durch Andrew Brown: *How Everything Can Collapse: A Manual for Our Times*, Polity, 2020, ISBN 978-15-095-4139-3.)

Giganten einer paternalistisch geführten Welt fußt auf der Idee dieses Behaviorismus. Googles Forschungsabteilung, Google X, arbeitet an einem persönlichen Journal »sämtlicher Handlungen, Entscheidungen, Vorlieben, Aufenthaltsorte und Beziehungen«[11], welches die Grundlage sein soll für ein System digitaler Assistenz, das KI-basiert auf jede*n Einzelne*n zugeschnittene »Handlungsempfehlungen« ausspricht. Angesichts »zu komplexer Lebensverhältnisse« gehen z.B. die Visionäre von Google von einer notwendigen Verhaltenssteuerung andernfalls nicht-rational handelnder Individuen aus – ein paternalistisches und rückschrittliches Menschenbild. Mehr Retrotopie als technologie-affine Utopie.

## Smart City als Durchsetzungsrahmen

Realisiert sehen wir die teilweise geradezu »totalitär« anmutende Rückbesinnung auf den Behaviorismus derzeit in vielen Smart City Ansätzen – vorgeblich zugunsten einer vermeintlich besseren und ökologischeren Lebensweise:

In einem Pilotprojekt in der als ökologische Vorzeigestadt in der Wüste Abu Dhabis konzipierte Retorten-Stadt *Masdar City* unter der Leitung von Professor Scott Kennedy (Masdar Institute) wurden bereits vor mehr als zehn Jahren der individuelle Energie- und Wasserverbrauch überwacht und verschiedene Anreizmechanismen zum Einsparen getestet. Grundvoraussetzung für das System war, dass in jeder Wohnung der Verbrauch von Strom sowie kaltem und warmem Wasser minutengenau gemessen wird. Heute sind wir mit der Einführung der Smart Meter und zeitvariabler Stromtarife diesem Prototyp der ökologischen Verhaltenslenkung sehr nah.

Die »grüne Stadt« *Songdo* in Südkorea findet in ihrem »technologisch deterministischen Ansatz« als geschlossen gedachtes System keine Antworten auf die »komplexen Herausforderungen« urbanen Lebens. Mit ihren rigide formalisierten Steuerungsparametern wird der grüne Smart City-Ansatz den unterschiedlichen Möglichkeiten verschiedener Bevölkerungsschichten beim Zugang zu städtischen Dienstleistungen nicht gerecht. »Die Stadt wurde derart vorrangig als technologisches System gedacht,

---

11  Im Mai 2018 sickerte ein internes Firmenvideo der Forschungsabteilung Google X in die Öffentlichkeit. Unter dem Nitel »The selfish ledger« beschreibt Google seine Zukunftsvision einer paternalistisch geführten Welt. https://vimeo.com/270713969 [zuletzt abgerufen am 16.02.2021].

dass soziale Dimensionen in Songdo's Smart City-Vokabular gar nicht erst vorkamen«, konstatierte Paul D. Mullins.[12]

In mehreren Großstädten Chinas wurde 2017 auf öffentlichen Toiletten eine Gesichtserkennung eingeführt, um den übermäßigen Verbrauch an Toilettenpapier einzudämmen. Ein Automat händigt eine fest kontingentierte maximale Tagesmenge Toilettenpapier aus. Das klingt fast unglaubwürdig absurd: Ökologie-Erziehung mit schwerem Geschütz oder aber die gewöhnende Einübung einer permanenten Präsenz digitaler »Assistenz«? Beides sind gleichermaßen ernstzunehmende Motive. Jetzt mag mensch einwenden, dass China in Alleinstellung ja doch eh sämtliche Lebensäußerungen nutzt, um die KI-Algorithmen seiner »Sozialen-Punkte-Systeme« mit möglichst vielen Alltags-Datensätzen zu füttern. Das stimmt – bis auf die Alleinstellung. Manche europäische Smart City-Projekte zur »Ökologisierung« erscheinen da nur unwesentlich sinnvoller: Ein Pilotprojekt zur personalisierten Abfallentsorgung in den Niederlanden sollte RFID-gesteuert erkennen, wer berechtigt ist, welche Mülltonne zu befüllen – angeblich um Missbrauch zu verhindern bzw. zu detektieren. Der Überwachungseifer zugunsten der Quantifizierbarkeit vermeintlich relevanter Parameter scheint auch außerhalb Chinas extrem zu sein. Das Projekt wurde jedoch durch Verweigerung und Sabotage der Probanden (zunächst) wieder zu Fall gebracht.[13]

Auch in Deutschland schätzen Technokrat*innen die Möglichkeit einer versteckten top-down-Bevormundung zu umweltbewussterem Verhalten. So schreibt das Bundesinstitut für Bau-, Stadt- und Raumforschung in einer Bestandsaufnahme unterschiedlicher Smart City-Ansätze: »Um den Nutzer der städtischen Infrastrukturen zu bestimmen, zum Beispiel ökologisch wertvollen Verhaltensweisen zu motivieren, (...) testen die Städte verschiedene Anreiz- und Aktivierungsmodelle. Hier werden mithin neue Formen des städtischen Regierens in Form einer gewollten Steuerung von Verhaltensformen erprobt.«[14]

Es ist skurril: Wir erleben aktuell einen ›postfaktischen‹ Zerfall der Realität in konkurrierende ›Wahrheiten‹ und gleichzeitig wird DIE Wahr-

---

12  Paul D. Mullins, 2017, »The Ubiquitous-Eco-City of Songdo: An Urban Systems Perspective on South Korea's Green City Approach«, Urban Planning (ISSN: 2183–7635) 2017, Volume 2, Issue 2.
13  Quelle: Private Kommunikation mit (anonymen) Hacker*innen aus Amsterdam.
14  Smart Cities International, Bundesinstitut für Bau-, Stadt- und Raumforschung (BBSR)

heit – als faktisch verbindliche Lebensrealität der *einen* Welt, in der wir nun mal leben – algorithmisch durchgesetzt, ohne wahrnehmbaren Expert*innenstreit und ohne gesellschaftlich ausgehandelte, transparente Regeln. Der nicht einsehbare Code weniger Tech-Unternehmen zur *Smartifizierung* urbanen Lebens bestimmt schleichend und schwer angreifbar unser Verhalten. Angesichts der Dringlichkeit eines irreversiblen Klimawandels erscheint es überlebensnotwendig, sich von der Technokratie aktiv abzuwenden und anzuerkennen, dass eine grundsätzliche und einschneidende Änderung unserer Wirtschafts- und Lebensweise notwendig ist.

# Hongkong

*Seit dem 9. Juni 2019 gibt es erneut Proteste in Hongkong. An den Demonstrationen nehmen bis zu zwei Millionen Menschen teil (bei einer Bewohner\*innenzahl von ca. sieben Millionen). Die Bewegung organisiert sich dezentral und anführer\*innenlos. Dadurch unterscheidet sie sich stark von früheren Protestzyklen. Bemerkenswert ist auch, dass die Organisierung stark auf digitalen Technologien basiert. Im Folgenden wird versucht, die Geschehnisse (bis Frühjahr 2020) einzuordnen und die Kommunikationsformen der Massenproteste zu analysieren, um daraus zu lernen. Dies beinhaltet, sowohl die gesellschaftliche Dynamik zu verstehen, als auch methodisch zu lernen und technische sowie subversive Aspekte abzuschauen.*

*Für eine detaillierte Auseinandersetzung mit den gesellschaftlichen Hintergründen und eine Einordnung des Protests verweisen wir auf zwei Artikel von CrimethInc*[1]*.*

## Kontext

Im Jahr 1997, nach etwa 140 Jahren Kolonialherrschaft durch Großbritannien, wurde durch eine chinesisch-britische Erklärung Hongkong der Volksrepublik China übergeben. Die Volksrepublik sicherte zu, dass Hongkong entsprechend dem Grundsatz »ein Land, zwei Systeme« weitere 50 Jahre nach der Übergabe ein liberal-kapitalistisches Wirtschaftssystem behalten und in dieser Zeit eine Sonderverwaltungszone bilden werde, dass also Hongkong bis 2047 über ein eigenes politisches und rechtliches System verfügen soll. Seit der Übergabe gab es einige Gesetzesvorhaben, die eine Annäherung bewirken sollten und zu Protesten führten.

---

1 CrimethInc.: *Hong Kong: Anarchists in the Resistance to the Extradition Bill – An Interview*, 22.06.2019. https://crimethinc.com/2019/06/22/hong-kong-anarchists-in-the-resistance-to-the-extradition-bill-an-interview und CrimethInc.: *Three Months of Insurrection – An Anarchist Collective in Hong Kong Appraises the Achievements and Limits of the Revolt*, 20.09.2019. [https://crimethinc.com/2019/09/20/three-months-of-insurrection-an-anarchist-collective-in-hong-kong-appraises-the-achievements-and-limits-of-the-revolt [zuletzt abgerufen am 24.02.2021].

2003 fanden Proteste statt mit bis zu 700.000 Menschen gegen den Versuch, eine Anti-Subversionsgesetzgebung (National Security Legislative Provisions Bill 2003, gemeinhin als Artikel 23 bezeichnet) einzuführen. Als Vorwand für die Gesetzesinitiative dienten Straftatbestände wie Hochverrat, Aufruhr und Subversion gegen die chinesische Regierung und der Diebstahl von Staatsgeheimnissen. Doch viele Menschen befürchteten die Einschränkung bürgerlicher Freiheiten, insbesondere der freien Meinungsäußerung. Die große Zahl der Demonstrant*innen zwang eine große Regierungspartei, ihre Unterstützung für den Gesetzentwurf rückgängig zu machen.

Im Jahr 2012 versuchten die Behörden, den Lehrplan des Hongkonger Schulsystems zu ändern und Themen zur Geschichte und Kultur Chinas sowie zur nationalen Identität aufzunehmen. Viele Schüler*innen, Eltern und Lehrer*innen lehnten diese Idee ab. Bis zu 400.000 Menschen nahmen am 29. Juli 2012 an einem Protest gegen die Curriculum-Reform teil. Im September wurde den Schulen bei der Umsetzung des Lehrplans ein Ermessensspielraum eingeräumt. Dadurch war die Reform praktisch vom Tisch.

2014 entstand die Regenschirm-Bewegung aus einem Gesetzesvorhaben in Beijing für eine Wahl-Reform in Hongkong. Vorschläge, den Wähler*innen nur eine Auswahl aus einer von Beijing überprüften Liste von Kandidat*innen zu gestatten, wurden von einem Großteil der Bevölkerung abgelehnt. Die Proteste gewannen an Dynamik, nachdem es zu Zusammenstößen zwischen Cops und meist jungen Demonstrant*innen gekommen war, die einen öffentlichen Platz, der nach den Protesten von 2012 gesperrt worden war, zurückforderten. Ereignisse, die die Regenschirm-Bewegung geprägt haben, sind eine für viele erschreckende Machtdemonstration der Cops, wonach sich die öffentliche Empörung in riesigen Demos und anschließenden Besetzungen manifestierte, organisiert und verstanden als friedliche Demonstrationen der Staatsbürgertugend. Menschen besetzten etwa zehn Wochen die Straßen um Regierungsgebäude und Bürotürme im Finanzzentrum, erstickten den Verkehr und machten wichtige Durchgangsstraßen unpassierbar. Besetzungen fanden auch in Causeway Bay statt – einem bei Tourist*innen und Einkäufer*innen beliebten Gebiet – und in Mong Kok, einem Arbeiter*innenviertel auf der Halbinsel Kowloon. Da die Bewegung aber versucht hatte, das Verhalten aller mit einem vorgeschriebenen Skript (dos and don'ts) in Einklang zu bringen, brach sie zusammen. Es gab jedoch auch viele neue und emanzipatorische Praktiken und Begegnungen. Die Besetzung endete ohne Zugeständnisse von Beijing und die öffentliche Meinung wandte sich gegen die Besetzung. Nach 79 Tagen entfernten die Cops gewaltsam die verbliebenen Demonstrant*innen, welche in ihren Camps Transparente und Schilder mit dem Versprechen »Wir kommen wieder« hinterließen.

Am 8. Februar 2016 kam es zu Ausschreitungen – den sogenannten ›Fishball-Riots‹ – wegen eines harten Vorgehens gegen Straßenverkäufer*innen (nichtlizenzierte Lebensmittelverkäufer*innen) im Stadtteil Mong Kok. Als Cops versuchten, die Stände der Lebensmittelhändler*innen aus Gesundheits- und Hygienegründen zu schließen, begannen Aktivist*innen, sich um die Fischverkäufer*innen zu scharen. Die Situation führte zu einer Explosion der Wut gegen die Cops und es kam zu blutigen Ausschreitungen in der Nacht. Ein völlig unerwartetes Nachbeben der Regenschirm-Bewegung.

Aber dies war nicht nur ein Kampf um Lebensmittelvorschriften. Mong Kok ist ein starkes Zentrum für lokalistische Gruppen, die eine größere Autonomie für Hongkong oder die Unabhängigkeit Hongkongs fordern. Und die Straßenhändler*innen repräsentieren einen Teil der lokalen Kultur, die zu verschwinden droht. Das Problem ist in gewisser Weise ein Problem der Gentrifizierung, da die Straßenhändler*innen aus einem zunehmend unerschwinglichen Hongkong mit den höchsten Immobilienpreisen der Welt vertrieben werden.

Im selben Jahr entstanden aber auch vermehrt Gruppen (darunter die inzwischen verbotene Hong Kong National Party), welche die vollständige Unabhängigkeit Hongkongs vom Festland forderten.

In diese Reihe gehören auch die aktuellen Proteste. Sie entstanden aus einem Gesetzesvorhaben im Februar 2019, das es ermöglichen sollte, Menschen in Länder auszuliefern, mit denen die Regierung Hongkongs keine Auslieferungsabkommen hat – einschließlich Festlandchina. Am 9. Juni gingen über eine Million Menschen auf die Straße. Am 12. Juni nahmen Demonstrant*innen an Auseinandersetzungen mit den Cops teil. Und am 16. Juni beteiligten sich zwei Millionen Menschen an der bisher größten Demo in der Geschichte der Stadt.

Der Protest geht durch alle Milieus. Die Gründe sind vielfältig: Teils sind sie progressiv, teils ist es schlicht Angst vor dem autoritären System der Volksrepublik. Aber wie fast überall ist die Idee der Staatsbürgerschaft in einem nationalen Rahmen die primäre Form der Identifikation, der sich viele anschließen, und der Antrieb für soziale Kämpfe in dieser Stadt. Daraus folgt, dass diese imaginäre Zugehörigkeit die Ausgrenzung und Abgrenzung vom Festland beinhaltet. Darüber hinaus manifestiert sich ohne Übertreibung der Gründungsmythos dieser Stadt gerade darin, dass Dissident*innen vor der kommunistischen Verfolgung geflohen sind, um eine Oase des Reichtums und der Freiheit zu erbauen, eine Festung der bürgerlichen Freiheiten, geschützt durch die Herrschaft des Rechtsstaats. Geflüchtete aus Festlandchina wurden als Verbündete im gemeinsamen Kampf gesehen. Mit der Übergabe Hongkongs an Festlandchina nahm die Anzahl der Geflüchteten ab und die Zahl der durchaus wohlhabenden Tourist*innen und Geschäftsleute zu. Die Folge war ein Prozess der Gentrifizierung, von dem sich die Einheimischen an den Rand gedrängt fühlen. Das Verhältnis zu Menschen aus Festlandchina kippt in nationalistische Ablehnung.

So wie viele Menschen leidenschaftlich eine Regierung wollen, die »wirklich für sie« ist, wünschen sie sich auch einen Kapitalismus, der »wirklich für sie« arbeitet: einen Kapitalismus frei von Korruption, politischer Gängelung und dergleichen. Die »freie Marktwirtschaft« wird von vielen als zentrales Merkmal der kulturellen Identität Hongkongs angesehen, die sie von dem von der Kommunistischen Partei verwalteten »roten« Kapitalismus unterscheidet. Wann immer diese Werte gefährdet scheinen, werden sie verteidigt und in der Öffentlichkeit inszeniert.

Dynamik und Moral dieses Kampfes im gesamten sozialen Spektrum ist eine ständige Anrufung des »Hongkonger Volkes«, das dazu angespornt wird, sein Zuhause um jeden Preis zu schützen. Das verleiht den Ereignissen einen ausgesprochen konservativen und reaktionären Beigeschmack – egal wie radikal und dezentral die neuen Aktionsformen sind. Nationalismus bietet einen identitären Kitt, der in der Lage ist, widerstrebende Positionen zusammenzuhalten, indem sie unsichtbar gemacht werden. Eine zutiefst beunruhigende Einstimmigkeit, die viele soziale Probleme überdeckt.

»Die Linke« ist in Hongkong institutionalisiert und ineffektiv. Im Allgemeinen haben die Liberalen der sogenannten »scholaristischen« Fraktion der Student*innen und »bürgerliche« Rechte bei Protesten, insbesondere wenn Festlandchina beteiligt ist, die Narrative fest im Griff. Das Wort »links« hat in Hongkong zwei Konnotationen. Für die ältere Generation bedeutet »links« kommunistisch. Deshalb kann sich »links«

auf einen Geschäftsmann beziehen, der Parteimitglied ist, oder auf einen etablierten, notorisch pro-chinesischen Politiker. In den Köpfen jüngerer Menschen ist das Wort »links« ein Stigma, das sie mit einer Generation von Aktivist*innen verbinden, die in einen früheren Zyklus sozialer Kämpfe involviert waren, darunter Kämpfe gegen den Abriss des Queen's Ferry Pier im Zentrum, gegen den Bau des Hochgeschwindigkeitszuges durch den Nordosten von Hongkong nach China und gegen die Zerstörung großer Teile des Ackerlandes in den Territorien des Nordostens, die alle mit demoralisierenden Niederlagen endeten. Diese Bewegungen wurden oft von Sprecher*innen (meist Künstler*innen oder NGO-Vertreter*innen) angeführt, die taktische Allianzen mit Progressiven in der pan-demokratischen Bewegung geschlossen hatten. Die Niederlagen dieser Bewegungen, die auf ihre Vorbehalte gegen direkte Aktionen und ihre Zurückhaltung und Geduld bei Verhandlungen mit den Behörden zurückzuführen sind, wird dieser Aktivist*innengeneration nun angelastet. All die Wut und der Frust der in dieser Zeit aufgewachsenen jungen Menschen, die auf die Beschwichtigungen jener Galionsfiguren gehört und jede Niederlage passiv hingenommen hatten, haben mit der Zeit eine Orientierung nach rechts eingeleitet. Ein entscheidender Grundsatz dieser Generation, der auf die massiven Enttäuschungen und Misserfolge zurückgeht, ist ein Fokus auf direkte Aktionen und die konsequente Ablehnung von »Kleingruppendiskussionen« und »Konsens«. Ein Thema, das erstmals in der Regenschirm-Bewegung auftauchte, vor allem im Camp in Mong Kok, wo die Möglichkeiten am größten waren, aber wo sich leider auch die Rechte fest etablieren konnte. Das Misstrauen gegenüber der vorherigen Generation ist nach wie vor groß. Darüber hinaus sind die sichtbaren, anerkannten Protagonist*innen früherer Protestzyklen besiegt, diskreditiert oder inhaftiert. Dazu zählen sowohl politische Parteien und Student*innenbewegungen, als auch rechte und populistische Gruppen.

Nichtsdestotrotz muss man differenzieren. Nationalismus in der BRD ist ein anderer als ein Nationalismus in Hongkong, Katalonien oder beispielsweise in einem ehemaligen Satellitenstaat der UdSSR, da er jeweils in einem historischen Kontext entsteht. Selbst innerhalb Europas ist es nicht leicht, nationalistische Tendenzen treffend zu bewerten. Hongkongs Geschichte der Kolonialherrschaft ist ganz wesentlich für die Konstruktion eines gemeinsamen »Wir« gegen »Die« (erst Großbritannien, jetzt China) – also der Schaffung eines Kollektivs zur gemeinsamen Abwehr der

Fremdbestimmung. Trotzdem bleibt es ein Nationalismus, der zu benennen und zu bekämpfen ist!

Es ist wichtig, in dieser Bewegung progressive Kräfte zu suchen und zu identifizieren, wie sie wirken. Anarchist\*innen, Hacker\*innen und Hacktivist\*innen sind zwar in der Bewegung aktiv, aber ihre Taten und Einflüsse gehen leider nicht in der aktuellen öffentlich wahrnehmbaren Erzählung auf.

## Der aktuelle Protest

Im Gegensatz zur Regenschirm-Bewegung 2014 sind die aktuellen Protestformen sehr divers. Die Bewegung ist nicht so friedlich wie jene 2014, sondern es kommt immer wieder zu vielen Auseinandersetzungen mit den Cops. Allerdings – im Unterschied zu vorherigen Protesten – lässt sich der Protest daran nicht spalten. Andere Vorstellungen von Protest werden akzeptiert und mitgetragen, statt sie zu diskreditieren und sich von ihnen zu distanzieren.

Eine Lehre aus der Regenschirm-Bewegung war, keine Anführer\*innen zu haben, weil diese massive Repression erfahren haben und ihre Inhaftierung Lücken in die Organisierung gerissen hat, die erst wieder mühsam gefüllt werden mussten. Anstatt auf Personen zu setzen, organisiert sich der jetzige Protest rund um Debatten und Diskurse. Das führt entsprechend zu neuen Anforderungen an die Art der Organisierung, der Kommunikation und der Entscheidungsfindung.

In einem partizipativen Prozess arbeiten Aktivist\*innen zusammen, indem sie unterschiedliche Taktiken ausprobieren und die nächsten Schritte in einer egalitären Weise planen, bei der alle gleichberechtigt mitreden können. Telegram-Chat-Gruppen und Online-Foren mit Abstimmungsmechanismen für kollektive Entscheidungen haben diese Art der flexiblen Koordination erleichtert. Der Einsatz einer Vielfalt von Taktiken hat es den Teilnehmer\*innen ermöglicht, sich auf verschiedenen Handlungsebenen zu engagieren und gleichzeitig die Rollen zu respektieren, die andere spielen.

Es gibt keinen Konsens, der bestimmte Handlungen zulässt und andere verbietet. Dies steht in direktem Gegensatz zu den Protesten von 2014, bei denen mehrere Protestgruppen sich gegenseitig kritisierten. Die Minimierung interner Konflikte wird als Schlüssel zur Erreichung gemeinsamer Ziele gesehen. Das Motto lautet: Wir kämpfen auf unterschiedliche Art, aber mit einem gemeinsamen Ziel. Insbesondere gibt es fünf Forderungen, die nach und nach kollektiv erarbeitet wurden und von fast allen getragen werden:

1 Komplette Rücknahme des Gesetzentwurfs,
2. Freilassung aller gefangengenommenen Aktivist*innen,
3. Rücknahme der Charakterisierung jedes Protests als Aufstand,
4. unabhängige Untersuchung von Polizeibrutalität,
5. Rücktritt der Regierungschefin Carrie Lam und Implementierung eines vollständigen und universellen Wahlrechts.

Die Forderungen 2 bis 4 ergaben sich aus der massiven Repression mit bisher über 6.000 Festnahmen, Anklagen und Urteilen mit bis zu zehn Jahren Haft (wegen Rioting).

Neu in der aktuellen Situation ist die Realisierung vieler Menschen, dass Solidarität mit dem Kampf, auch wenn sie nur geringfügig ist, zur Verhaftung führen kann. Diese Haltung und mentale Vorbereitung auf Inhaftierung war früher auf »professionelle Aktivist*innen« an der Spitze sozialer Bewegungen beschränkt. Gleichzeitig gibt es keine Diskussion darüber, was Staat und Recht eigentlich sind, wie sie funktionieren oder welche Legitimität Cops und Gefängnisse als Institutionen haben. Die Menschen haben einfach das Gefühl, dass sie über das Gesetz, das von korrupten Kommunist*innen verletzt und entehrt wurde, hinausgehen müssen, um die Heiligkeit des Gesetzes zu bewahren. Das beeinflusst auch den Umgang mit Technologie: Vielen ist bewusst, dass sie (digitale) Spuren hinterlassen. Aber das wird in Kauf genommen und, anders als etwa bei Videokameras, werden die Langzeitfolgen eher ignoriert. Kurzfristige Repression (inklusive Haft) wird als bedrohlich wahrgenommen, unter anderem deshalb, weil eine Verhaftung bedeuten würde, nicht mehr am Protest teilnehmen zu können. Aber es ist auch Angst vor Auslieferung an China, Gewalt und ökonomischer Ausgrenzung, die Menschen antreibt. Es herrscht Endzeitstimmung und es scheint ein verbreitetes Mindset zu sein, dass eine Niederlage keine Option ist.

Während der Straßenproteste haben sich die Methoden des Schwarzen Blocks zur Wahrung der Anonymität durchgesetzt. Die Teilnehmer*innen an Demonstrationen sind zunehmend schwarz gekleidet und tragen Schutzhelme und Handschuhe. Um der polizeilichen Überwachung zu widerstehen und sich vor chemischen Waffen wie Tränengas und Pfefferspray zu schützen, sind Gesichtsmasken und Schutzbrillen ebenfalls beliebte Kleidungsstücke. Das Leitmotiv lautet, »Wasser zu sein«, also zu fließen und zu brechen, um als Gruppe effektiver zu funktionieren. Die Metapher wurde erweitert, um »stark wie Eis« zu sein, wenn sie den Cops gegenüberstehen, »sich wie Tau zu sammeln«, wenn die Protestierenden Flashmob-Proteste organisieren, und »sich wie Nebel zu zerstreuen«, um sicherzustellen, dass die Protestierenden vor der polizeilichen Räumung fliehen können, um einer Verhaftung zu entgehen. Auseinandersetzungen mit den Cops finden in aller Regel nach der hit-and-run-Taktik statt: Cops werden angegriffen, dann verstreuen sich die Gruppen, um Festnahmen zu verhindern, bevor weitere Cops eintreffen oder zugreifen können.

Eine weitere Taktik ist die geografische Streuung. Während sich die Proteste im Jahr 2014 auf drei Orte konzentrierten, verteilten sich die Demonstrationen und Zusammenstöße mit den Cops im Jahr 2019 auf über 20 verschiedene Stadtviertel, die über Hongkong Island, Kowloon und die New Territories verteilt waren.

Die Copspräsenz ist stark, aber die Repression in Hongkong ist bisher noch ganz anders als beispielsweise in der muslimischen Provinz Xinjiang. Dort geht die chinesische Zentralregierung mit großer Härte gegen die muslimische Minderheit der 11 Millionen Uigur*innen vor. Bis zu einer Million Menschen sollen zumindest vorübergehend in Umerziehungslagern gefangen gehalten worden sein. Die chinesische Regierung will die dortige Unabhängigkeitsbewegung brechen und begründet die Maßnahmen mit dem »Kampf gegen den Terrorismus«. Dabei setzt sie, neben der schon implementierten Gesichtserkennung, den intelligenten Brillen für Cops und dem Sozialkredit-System auf zusätzliche repressive Mittel. Mittels Videoüberwachung und Künstlicher Intelligenz betreibt sie Racial-Profiling, um Mitglieder der uigurischen Minderheit im öffentlichen Raum zu erfassen und zu verfolgen. Im Zentrum des Überwachungsapparates steht eine Plattform mit zugehörigem Algorithmus. Beide bilden zusammen das zentrale Datenerfassungs- und Verarbeitungssystem der chinesischen Regierung, in dem alle als wichtig erachteten Informationen zusammenlaufen und ausgewertet werden. Des Weiteren baut sie eine Biometrie-Datenbank aller Bürger*innen zwischen 12 und 65 Jahren in der Provinz auf. In dieser Datenbank werden Blutgruppe, Fotos des Gesichtes, ein Iris-Scan, Fingerabdrücke und DNA gespeichert. Darüber hinaus setzt die Regierung auch vogelähnliche Drohnen (»Dove-Drohnen«) zur Beobachtung ein und versieht Muslime und Muslima auf dem Weg nach Mekka und Medina mit GPS-Trackern. Diese massive Repression in Xinjiang hat selbstverständlich auch Einfluss auf die Proteste in Hongkong.

Dass die Repression in Hongkong so verschieden zu der in Xinjiang ist, liegt wahrscheinlich daran, dass Hongkong sich unter der britischen Kolonialherrschaft zu einem (auch für Festlandchina) wichtigen Finanzzentrum entwickelt hat. Private Geldflüsse der Reichen in China (sowohl der Parteieliten als auch der kapitalistischen Führungsschicht) gehen durch Hongkong. Hier massiv aufzutreten, würde das Finanzkapital verschrecken und vertreiben. Andere Maßnahmen, wie etwa das (temporäre) Deaktivieren des Internets, verbieten sich aus dem gleichen Grund. Gleichzeitig ist die Drohkulisse real: Festlandchina hat Polizeieinheiten an der Grenze zu Hongkong in Stellung gebracht, die nur noch auf den Einsatzbefehl warten.

## Sozio-technische Aspekte des aktuellen Protests

Bemerkenswert ist, wie gesagt, dass die Organisierung stark auf digitalen Technologien basiert. Dies betrifft vor allem Informationsverbreitung, Kommunikationsstrukturen und dezentrale Entscheidungsfindung. Gleichermaßen wichtig sind Fragen der (IT-)Sicherheit und Anonymität sowie Zentralität und Zensur von Diensten.

### LIHKG

Das Multi-Kategorie-Online-Forum LIHKG fungiert als zentrale Anlaufstelle für junge Menschen, um sich zu organisieren, politische Scharmützel auszutragen und Informationen über den Kampf zu verbreiten. Die Website hat seit ihrer Einführung im Jahr 2016 an Popularität gewonnen und wird oft als die Hongkong-Version von Reddit bezeichnet. Die Website ist bekannt dafür, dass sie eine der Hauptplattformen ist für die Diskussion der Strategien für die Proteste gegen das Auslieferungsgesetz ist. Zum ersten Mal widmeten sich eine ganze Reihe von Threads auf dieser Website dem Versuch, die Kluft zwischen bürgerlichen und militanten Aktivist*innen zu überbrücken. Alle möglichen Gruppen versuchen, nach ihren Möglichkeiten zum Kampf beizutragen.

Die Registrierung der Mitgliedschaft ist (allerdings) beschränkt auf Personen mit einer Hongkonger ISP- oder Hochschul-E-Mail-Adresse mit

Sitz in Hongkong. Folglich ist keine anonyme Nutzung des Forums möglich und die Aktivität ist höchsten pseudonym. Von außen kann die wahre Identität einer Person nicht direkt erschlossen werden. Da das Pseudonym aber an die E-Mail-Adresse gebunden ist, lässt sich die wahre Identität doch ermitteln.

Registrierte Mitglieder können Themen auf der Website erstellen und Inhalte wie Textbeiträge, Hyperlinks oder Bilder hochladen. Die Beiträge werden in verschiedene Kategorien unterteilt. Sie erhalten dann Antworten und können von anderen Mitgliedern nach oben oder unten abgestimmt werden. Themen mit mehr Stimmen und Antworten stehen am Anfang der Themenabschnitte und, wenn sie genügend Feedback erhalten, erscheinen sie im Abschnitt »beliebt« der Website. So bildet sich dynamisch der Mainstream, wobei selbstverständlich diese Dynamik etwas Selbstverstärkendes hat, denn das, was »beliebt« ist, findet auch mehr Beachtung.

Es gab viele Vorschläge für »non-kooperative« Aktionen, wie die Störung einer ganzen U-Bahn durch koordinierte Gruppen, die die Wagen mit Personen und Gepäck verstopfen, oder die Auflösung von Bankkonten und massenhafte Abhebungen, um Inflation zu erzeugen. Vorschläge wurden verbreitet, wie Menschen sich für den Rest ihres Lebens der Steuerzahlung entziehen können. Das mag nicht nach viel klingen, aber interessant ist die unermüdliche Verbreitung von Vorschlägen in allen möglichen Stadtvierteln von Menschen mit unterschiedlichen Fachkenntnissen darüber, wie Menschen dort, wo sie leben oder arbeiten, in ihrem Alltag eigeninitiativ handeln können, statt sich »den Kampf« nur als etwas vorzustellen, das von maskierten, körperlich fitten jungen Menschen auf der Straße geführt wird.

Diese gewaltige Übung in kollektiver Intelligenz ist unglaublich beeindruckend. Eine Aktion kann in einer Messenger-Gruppe oder einem anonymen Board-Thread vorgeschlagen werden, ein paar Leute organisieren sich und sie wird ohne großes Hin und Her realisiert. Aktionsformen werden ausprobiert, modifiziert, dann verbreiten sie sich einfach weiter. Es geht nicht mehr nur um eine winzige Szene von Aktivist*innen, die Taktiken und Programme zusammenstellen und versuchen, sie an die Öffentlichkeit zu tragen. »Die Öffentlichkeit« handelt überall, tauscht Techniken aus, entwickelt Wege, um der Überwachung zu entgehen, um nicht verhaftet zu werden. Es ist aktuell möglich, an einem Nachmittag mehr über die Bekämpfung von Cops zu lernen, als vorher in Jahren.

### Telegram

Ein weiterer Aspekt der Kommunikationsinfrastruktur sind Messenger, insbesondere Telegram. Seit 2015 gibt es bei Telegram Channels (Kanäle). Channels sind eine Form der Einweg-Nachrichtenübermittlung, bei der die Administrator*innen (Admins) des Channels Nachrichten an eine unbegrenzte Anzahl von Abonnent*innen posten können, andere Benutzer*innen jedoch nicht. Jede*r Benutzer*in kann Channels erstellen und abonnieren. Sie können öffentlich sein, sodass jede*r beitreten kann. Benutzer*innen, die einem Kanal beitreten, können den gesamten Nachrichtenverlauf einsehen. Je nach den Einstellungen eines Channels können Nachrichten mit dem Namen des Channels oder mit dem Benutzernamen der Administrator*in signiert werden. Jede Nachricht hat einen eigenen Zähler, der anzeigt, wie viele Benutzer*innen sie gesehen haben, dies schließt Ansichten von weitergeleiteten Nachrichten ein. Seit Mai 2019 können Admins eines Channels eine Diskussionsgruppe hinzufügen, eine separate Gruppe, in der Nachrichten im Channel automatisch für die Abonnent*innen zur Kommunikation gepostet werden. Des Weiteren können Admins die Erlaubnis erteilen, mithilfe von Bots Kommentare auf dem Telegram-Channel zu veröffentlichen. Bots sind Accounts, die von Programmen betrieben werden. Sie können auf Nachrichten oder Erwähnungen antworten, in Gruppen eingeladen und in andere Programme integriert werden. Diese Channels und Bots werden vielfältig genutzt. Im Wesentlichen dienen sie der Wissensweitergabe und Kommunikation. Auf zwei Beispiele soll im Folgenden eingegangen werden.

### 1. Scouting-Channels

Strategisch wichtig ist es zu wissen, wo gerade Cops präsent sind. Zum einen um den Kontakt zu vermeiden, zum anderen auch um sie anzugreifen. Deshalb wurden Scouting-Channels (Kundschafter*innen-Kanäle) eingerichtet, in denen die aktuellen Copsbewegungen kollektiv zusammengetragen werden. Menschen, die Copsbewegungen sehen, übermitteln an einen Bot ihre Beobachtung, idealerweise mit Informationen, um was für eine Einheit es sich handelt (die meisten Menschen können aber wahrscheinlich die unterschiedlichen Einheiten nicht auseinanderhalten), die Anzahl der Cops und GPS-Koordinaten. Der Bot postet die Nachricht dann in einem Telegram-Channel mit einem entsprechenden Hashtag für den Standort.

Diese Berichte werden von anderen Programmen automatisiert ausgelesen, (mit openlayers) in eine Openstreetmap-Karte übersetzt und für alle abrufbar auf der Website hkmap.live veröffentlicht. Anhand von Symbolen auf der Karte wird die kollektiv zusammengetragene Lage visualisiert[2]. Die Karte ist nicht selbsterklärend: Hundewelpen und Raubsaurier repräsentieren Cops. Wassertropfen repräsentieren Wasserwerfer. Kameras bedeuten, dass es einen Live-Stream vom Geschehen gibt. Es gibt noch eine ganze Reihe weiterer Symbole. Dadurch, dass alle Mitglieder des Channels Informationen beitragen können, besteht natürlich die Gefahr, dass Fehlinformationen eingespielt werden. Die Informationen sind allerdings Telefonnummern zuordenbar. Es wird auch angezeigt, wann der Bericht eingespielt wurde, und es ist möglich, diesen zu verifizieren.

Einige Journalist*innen streamen die Proteste. Es gibt auch eine Website, die bis zu neun Live-Streams parallel anzeigt, sodass Menschen sich parallel aus unterschiedlichen Perspektiven ein Bild von der Lage machen können.

## 2. Undercover-Cops

Wenn die U-Bahn ausfällt, wird kollektiv mit Privatautos der Transport von Personen organisiert. Gegen die Gefahr, bei Undercover-Cops ins Auto zu steigen, gibt es eine inoffizielle Datenbank mit Nummernschildern, die Undercover-Cops zugeordnet wurden. Es gibt einen Telegram-Bot, der diese Datenbank abfragt und für alle zugänglich macht. Menschen können also einfach ein Nummernschild eingeben und der Bot antwortet, ob das Schild bekannt ist oder nicht. Sollte das Nummernschild unbekannt sein, so kann das aber auch an der Unvollständigkeit der Datenbank liegen und die Anfragenden in falscher Sicherheit wiegen. Ein vollständiges Vertrauen in die Technik wäre also fahrlässig.

### Dezentrale Entscheidungsfindung

Schwierig ist die Entscheidungsfindung mit tausenden bis hunderttausenden von Menschen, egal ob es um ad hoc oder strategische Entscheidungen geht.

Es gibt viele Diskussionen, in denen Menschen sich darüber austauschen, was ihrer Meinung nach passieren sollte, welche Ziele verfolgt werden

---

[2] Eine etwas andere, aber dennoch vergleichbare Umsetzung ist das Projekt *Cop Map* des Peng!-Kollektivs. Siehe https://pen.gg/campaign/cop-map/ und https://www.cop-map.com/ [zuletzt abgerufen am 24.02.2021].

sollten und was die richtige Strategie ist. Für die Entscheidungsfindung werden unterschiedliche Plattformen verwendet. Zum einen läuft viel über Telegram-Channels, WhatsApp- oder Facebook-Gruppen. Zum anderen finden viele Diskussionen auf LIHKG statt. Die Diskussionen verlaufen nach folgendem Prinzip: Wenn Menschen ein Argument haben, das sie für wichtig halten, teilen sie es mit anderen. Diskussionen und Entscheidungsfindung haben dadurch einen Schneeballeffekt. Argumente, mit denen die Leute einverstanden sind, tauchen (ggf. paraphrasiert) in verschiedenen Gruppen immer wieder auf.

Entscheidungen werden aber auch über Umfragen in Telegram-Channels gefällt. In Gruppen mit mehreren zehntausend Personen fragen Admins Optionen A-B-C-D ab. So wurden vor allem anfangs die fünf Forderungen formuliert. Diese Technik ermöglicht aber auch kurzfristige und unmittelbare Entscheidungen vor Ort (vorausgesetzt, die Menschen haben ihr Smartphone dabei).

Ein interessantes Beispiel für solch eine Entscheidung ergab sich während der Besetzung und Stilllegung des Hongkonger Flughafens am 12. August 2019 für mehrere Stunden. Die Cops griffen Besetzer*innen mit Tränengas an. In einem Kanal mit ca. 60.000 Abonnent*innen wurde stetig abgefragt: Bleiben oder gehen wir? So war es eine kollektive Entscheidung, eine bestimmte Dauer zu bleiben und irgendwann zu gehen.

**Sicherheit und Anonymität**

Sicherheit und Anonymität sind unglaublich wichtig geworden. Der Glaube der Menschen, dass ihr politisches System ausgehöhlt wird und alle Sicherheiten, Gewissheiten und Rechte verschwinden, verunsichert und macht misstrauisch. Viele Menschen haben das Gefühl, nicht mehr politisch sprechen zu können, weil sie nicht wissen, welche Folgen das haben wird. Menschen legen sich Pseudonyme zu, ändern ihre Namen auf ihren Facebook-Konten, schließen ihre Social-Media-Accounts und sprechen in Codes, weil sie sich nicht mehr trauen, etwas, was sie vor einem Jahr noch offen gesagt hätten, unter ihrem eigenen Namen zu sagen. In jeder Gruppe (insbesondere jeder größeren) wird davon ausgegangen, dass die geteilten/veröffentlichten Informationen von jemandem aus der Gruppe an Cops weitergegeben werden.

Auch die Ereignisse der letzten Jahre – beispielsweise dass Buchhändler*innen aus Hongkong, die wegen des Verkaufs von auf dem Festland verbotenen Publikationen verschwunden sind, oder dass Aktivist\*innen beim Grenzübertritt festgenommen und jeglichen Kontakts beraubt wurden – bieten wenig Anlass, einer Partei zu vertrauen, die Anklagen erhebt und das Gesetz missachtet, wann immer sie möchte.

Die dezentrale Organisierung der Bewegung basiert so stark auf digitaler Technologie, dass die damit einhergehende Überwachung in Kauf genommen wird. Burnerphones (Wegwerf-Handy mit Prepaid-SIM) werden zwar vereinzelt eingesetzt, aber der offensichtliche Nachteil dieser Methode ist, dass niemand diese neuen Telefonnummern kennt und ihre Reputation bei Null liegt – das erschwert ganz wesentlich die Teilnahme an der dezentralen Organisierung. Wenn also schon das private Phone mitmuss, dann möglichst sicher – Aktivist\*innen deaktivieren die Entsperrung des Geräts durch biometrische Verfahren (Gesichtserkennung, Fingerabdruck), da die Biometrie auch gegen den Willen der Betroffenen »genommen« werden kann. Es gibt Berichte darüber, dass Cops festgenommenen Aktivist\*innen einfach ihr Phone vor das Gesicht gehalten haben, um es zu entsperren.

Es gibt einige Threads und Telegram-Channels, die sich mit IT-Sicherheit befassen. Dort wird unter anderem auch versucht, die Themen herunterzubrechen und vielen Menschen zugänglich zu machen. Dies geschieht beispielsweise durch Verschicken/Weiterleiten einfacher visualisierter Anleitungen (JPEG). Ganz konkret beispielsweise, wie bestimmte Einstellungen in Telegram vorzunehmen sind.

Die Standardnachrichten und -medien werden bei Telegram serverseitig verschlüsselt. D.h. Telegram kann diese Daten entschlüsseln. Optional bietet Telegram Ende-zu-Ende-Verschlüsselung für »geheime« Chats zwischen zwei Kommunikationsteilnehmenden, jedoch nicht für Gruppen oder Kanäle. Darüber hinaus haben Kanäle das Problem, dass Abonnent\*innen andere Abonnent\*innen sehen können. Trotzdem wird aufgrund der Features an der Plattform festgehalten.

Der Messenger Signal wird anscheinend nicht oder nur von wenigen verwendet. Das liegt vermutlich daran, dass es zwar verschlüsselte Gruppenchats gibt, aber keine Channels und Bots.

### Videoüberwachung

Das Bedürfnis nach Anonymität wird zu der massiven Ablehnung der Videoüberwachung beigetragen haben. Videokameras zu zerstören, ist zum Protestsport geworden. Gesprühte Farbe auf Überwachungskameras und entfaltete Regenschirme werden benutzt, um die Identität der Gruppe in Aktion zu schützen. Es kommt auch vor, dass Aktivist*innen ausgestattet mit einer Flex Straßenlampen, an denen Kameras mit Gesichtserkennungsalgorithmen installiert sind, umsägen, die Platinen ausbauen und erschließen, wo die Komponenten produziert werden.

Kameramänner*frauen werden gebeten, nur die Vermummten zu filmen. Des Weiteren organisieren Menschen Kleiderspenden, damit Aktivist*innen in Seitenstraßen ihre (schwarzen) Klamotten wechseln können. Allerdings hilft das nur gegen die visuelle Erfassung und Einsortierung durch die Cops und nur bedingt gegen Künstliche Intelligenz. Im September 2019 wurde bekannt, dass China eine 500-Megapixel-Gesichtserkennungskamera entwickelt hat, die in der Lage ist, tausende von Gesichtern in perfekter Detailgenauigkeit zu erfassen und ihre Daten zu generieren, und gleichzeitig anhand von biometrischen Daten ein oder mehrere bestimmte Zielpersonen auf den Bildern zu suchen. Wichtig beim Thema Gesichtserkennung ist auch, dass einige Überwachungssysteme heutzutage schon Sensorintegration betreiben, um ein multi-modales Dataset zu erzeugen. Größe, Gang (Skelett-Geometrie), Kleidung (Marken, Modelljahre), aber auch Funksignale von mobilen Geräten werden erfasst. Noch werden diese hochauflösenden Kameras und sensorintegrierten Systeme nicht weitverbreitet eingesetzt. Vermutlich ist es leider aber nur eine Frage der Kosten.

## Doxxing

Das Bemühen um Anonymität ist auf allen Seiten ein Reizthema: Als Cops anfingen, ihre Namensschilder/ID-Nummern nicht mehr an ihrer Uniform zu tragen, startete eine Doxxing-Welle, bei der Cops mit Namen, Wohnort, Familienangehörigen etc. veröffentlicht wurden. 4.359 Fälle (Stand Dezember 2019) von Doxxing stehen im Zusammenhang mit den Protesten. Die Fälle, bei denen Cops oder ihre Familienangehörigen betroffen waren, machten 36 % aller gemeldeten oder entdeckten Fälle von Doxxing aus. Das Doxxing fand in sechzehn Online-Plattformen und Foren statt. Doxxing wurde aber in alle Richtungen eingesetzt: Regierungsfreundliche Persönlichkeiten des öffentlichen Lebens, Protestierende, regierungsfeindliche Bürger*innen und Aktivist*innen wurden gleichermaßen geoutet.

## Octopus-Tickets

Es wird versucht, digitale Spuren zu vermeiden – die Nutzung von Verschlüsselung ist da nur die eine Seite. (Papier)Tickets für den ÖPNV sind massiv im Trend. In Hongkong ist ein System installiert, welches ein Ticket auf RFID-Basis realisiert, die Octopus-Karte. Tickets aus dem Automaten dagegen sind eigentlich nur für Tourist*innen gedacht. Da über die Octopus-Karte aber die Bewegungsdaten rekonstruierbar sind, weichen die Aktivist*innen auf Papier aus.

## Dezentrale Infrastruktur

Die Themen Kontrolle und Zentralität/Dezentralität sind Gegenstand vieler Diskussionen. Insbesondere dann, wenn es Angriffe auf die Infrastruktur gibt, finden diese Diskussionen statt. Telegram wurde in letzter Zeit mehrmals Ziel von DDoS-Angriffen (dabei handelt es sich um einen Angriff auf die Verfügbarkeit des Dienstes durch die Erzeugung einer Überlast). Telegram behauptet, es wäre China gewesen. Aber auch die LIHKG-Website war im Dezember 2019 Gegenstand eines DDoS-Angriffs (wahrscheinlich der sogenannten »Großen Kanone« von China – einem Angriffswerkzeug, das verwendet wird, um DDoS-Angriffe auf Webseiten zu starten, indem es eine möglichst große Anzahl an IP-Paketen abfängt und sie gezielt auf die anzugreifenden Webseiten umleitet). Es ist eine organisatorische Hürde, viele Menschen zu einer anderen Plattform zu bewegen. Trotzdem wurde rasch mit Technologien experimentiert, die nicht zentral überwachbar oder abschaltbar sind, um sowohl die Kommunikation innerhalb der Protestbewegung aufrechtzuerhalten, als auch die Zensurbestrebungen des chinesischen Festlandes zu umgehen. Die Demonstrant*innen hatten bereits auf traditionelle SMS, E-Mail und WeChat verzichtet, die vom Staat überwacht werden oder leicht zu überwachen sind. Angesichts der sich abzeichnenden Möglichkeit, dass die Regierung Notstandsgesetze erlassen könnte, einschließlich Maßnahmen zur Abschaltung der Internet-Konnektivität, wurde auf peer-to-peer-basierte Bluetooth- oder WiFi-übertragende Messenger und Mesh-Netzwerkanwendung gesetzt. Sie funktionieren zwar nur über kurze Distanzen, wie beispielsweise auf einer Demonstration oder im U-Bahn-Abteil. Dadurch, dass sie keine Server benötigen, sind sie aber schlechter angreifbar und abschaltbar.

Bei den Protesten in Hongkong im Jahr 2014 wurde vor allem die proprietäre Software FireChat für die Ad-hoc-Vernetzung von Smartphones über Bluetooth verwendet. Heute sind die verwendeten Anwendungen etwas diverser. Neben den proprietären Messengern FireChat und AirDrop wird auch die Open-Source-Software Briar eingesetzt, die verschlüsselte Nachrichtenübertragung und Foren zur Verfügung stellt. Als Peer-to-Peer-Bluetooth-Mesh-Netzwerkanwendung wird ein Ad-hoc-Netzwerksoftwarepaket für Smartphones namens Bridgefy eingesetzt. Obwohl das Bluetooth-Protokoll nicht sicher ist und die Metadaten auch von denjenigen, die über die technischen Mittel verfügen, lokalisiert werden können, ermöglicht die Anwendung die Übertragung von Nachrichten ohne Internetverbindung. Sie funktioniert per Vernetzung der Standard-Bluetooth-Verbindungen der Benutzer*innen durch die Schaffung eines Mesh-Netzwerks über eine ganze Stadt hinweg. Die Nachrichten werden über die Telefone anderer Bridgefy-Benutzer*innen weitergeleitet, bis sie das beabsichtigte Ziel erreichen. Direkte Nachrichten werden verschlüsselt, im Gegensatz zu öffentlich gesendeten Nachrichten. Der Broadcast-Modus ermöglicht es, Nachrichten an alle Benutzer*innen in unmittelbarer Reichweite zu senden. Der App-Herausgeber gab bekannt, dass die Downloads im Laufe des Augusts 2019 um das Vierzig-fache gestiegen seien, mit 60.000 App-Installationen allein in der letzten Augustwoche, die meisten davon aus Hongkong.

## Corona

Corona weckt Erinnerungen an die SARS-Epidemie im Jahr 2003. Damals war Hongkong ein Hotspot und es gab große Frustration in der Bevölkerung wegen des inkompetenten Umgangs der Regierung mit der Krise. Dementsprechend sind aktuell die Erwartungen der Bevölkerung an die Regierung. Die Bewegung ist eingefroren. Angesichts der aktuellen Pandemie und der Erfahrung aus 2003 fährt die Öffentlichkeit – unabhängig von Regierungsverordnungen – ihren Protest herunter, wie in 2003. Dieses Herunterfahren ist aber bewusst vorübergehend – die nächsten Protestmärsche sind für Anfang Juni 2020 (dem Jahrestag der vergangenen Proteste aus 2019) geplant.

Nationalismus ist ein Problem, welches mit der Coronavirus-Pandemie zugenommen hat. Da in der öffentlichen Wahrnehmung SARS 2003 von Festlandchina aus »eingeschleppt« wurde, gibt es jetzt Forderungen, die Grenzen zu schließen. Carrie Lam (Regierungschefin) kommt dem nur zögerlich nach, vor allem wegen der gesteigerten ökonomischen Verflechtungen. Eine komplette Schließung sieht sie als epidemiologisch nicht sinnvoll an, was in der Bevölkerung, gelinde gesagt, auf Unverständnis trifft. Der »Nationalismus« breitet sich in Folge aus – Festlandchines*innen sind ungern gesehen und werden in Läden nicht mehr bedient.

Die Regierung von Hongkong hat ein »Vermummungsverbot« für politische Demonstrationen verhängt. Das kollidiert mit der Aufforderung der Gesundheitsbehörden, Gesichtsmasken zu tragen. Institutionen und autonome Strukturen, die sich während der Proteste 2019 gebildet haben (insbesondere Gewerkschaften), fordern Maßnahmen wie beispielsweise die Ausgabe von Gesichtsmasken. Die neuen Strukturen erweisen sich als mächtig genug, die Regierung in Zugzwang zu bringen. Der gewerkschaftliche Organisierungsgrad ist (oder vielleicht: war) in Hongkong gering.

## Anstelle eines Fazits

Soziale Bewegungen brauchen eine Selbstverortung, welche die Bewegung zusammenhält. Die Unterpräsenz eines linken Selbstverständnisses macht die Bewegung leider anfällig für Surrogate wie einen äußeren Feind (Festlandchina) und Nationalismus. In Hongkong schafften es Nationalist*innen, ein zumindest geduldeter Teil der Protestbewegung zu werden. Gleichzeitig beteiligen sich sehr viele Menschen an den Protesten und erleben Selbstermächtigung. Diese antiautoritäre Tendenz steht einer klassisch rechten Ideologie entgegen und eröffnet Chancen für emanzipatorische Politik. Die fünf Forderungen beziehen sich – neben der Forderung, das Auslieferungsgesetz zu kippen – hauptsächlich auf Antirepressionsaspekte, also die Folgen der Proteste. Einzig die Forderung nach gleichem Wahlrecht geht über den Anlass der Proteste hinaus. Soziale Forderungen fehlen.

Der Artikel zeigt, wie sozio-technische Systeme in einer Bewegung offensiv und defensiv genutzt werden. Vieles davon lässt sich adaptieren und in anderen Situationen anwenden.

Denn Proteste und revolutionäre Bewegungen entstehen nicht isoliert voneinander. Vielmehr wird international genau beobachtet, welche Techniken und Taktiken anderswo angewendet werden, um daraus zu lernen. An vielen Orten der Welt wurde bei Protestaktionen, die Menschen 2019/2020 dezentral und anführer*innenlos organisiert haben, genauso stark auf digitale Technologien gesetzt – wenn auch zuweilen auf ganz andere Art und Weise.

# Widerstand gegen die Individualisierung des Sozialen durch den Technologischen Angriff

*Seit dem Erscheinen unseres letzten Bandes[1] haben wir viel diskutiert und versucht, die Ansätze aus der Einleitung des dortigen Widerstandskapitels weiterzuentwickeln. Ein Fokus dabei war der mögliche Widerstand gegen die Individualisierung des Sozialen durch den Technologischen Angriff und das damit verbundene »Schaffen einer neuen Sozialität«.*

Den Ist-Zustand und auch die zu erwartenden Entwicklungen des Technologischen Angriffs haben wir in unseren bisherigen Broschüren ausführlich beleuchtet. Immer wieder haben wir dabei mehr oder weniger auch den Bereich des sozialen Miteinanders berührt. Im letzten Band haben wir zudem kollektives Lernen, Hacking und Sabotage, Alternativen, Verweigerung und Solidarität als fünf Stränge aufgezeigt, die wir zu einer gemeinsamen Strategie verknüpfen müssen. Diese Stränge lassen sich auf verschiedene Bereiche anwenden und anhand ihrer Widerstandsszenarien entwickeln. Was dabei aber immer wieder auftaucht, ist das soziale Miteinander in unseren Leben und damit auch in unseren Kämpfen. Wir haben uns diesmal bemüht, dieses soziale Miteinander mit den fünf Strängen zu verknüpfen und daraus Ideen für eine neue Sozialität zu entwickeln, die uns hilft, der Individualisierung des Sozialen entgegenzutreten.

## Ist-Zustand des Verhältnisses zwischen Technologie und Gesellschaft

Vorweg noch zwei Anmerkungen:

1) Unterschiedliche Technologien werden in unterschiedlichen Kontexten gepusht, das bringt natürlich regionale Unterschiede mit sich, die besonders im Vergleich zwischen ländlichem Raum und Metropole sichtbar werden. Das bringt aber auch unterschiedliche Interventionsmöglichkeiten mit sich.

---

1 çapulcu redaktionskollektiv, DELETE! – Digitalisierte Fremdbestimmung, Münster 2019

2) Wir sprechen aus einer weißen, westlichen und ungemein privilegierten Position. Was in diesem Text nicht auftaucht, sind Perspektiven des Globalen Südens. Der Text beschäftigt sich nicht mit den globalen Auswirkungen und beleuchtet keine Widerstände vor Ort. Dieser Text ist außerdem sprachlich adressiert an eine radikale Linke und soll Diskussionen ankurbeln, die wir gerne mit euch, aber auch anderen gemeinsam führen möchten.

Der Technologische Angriff rückt uns immer dichter auf die Pelle. Immer mehr informationserfassende und verarbeitende Maschinerie befindet sich in unserer unmittelbaren Nähe, seien es Smartphones oder »Fitness«-Sensoren, alle arbeiten mit unseren teils sehr persönlichen Daten. Die Umstellung des Individuums erreicht Ausmaße, die Zweifel an einem erfolgreichen Widerstand dagegen schüren. Diese scheinbare Unausweichlichkeit der technologischen Entwicklung ist aber Ideologie, die die Verinnerlichung des Kommandos befördern und schon den bloßen Gedanken an Widerstand ersticken soll. Diese Technologie braucht Kooperation, eben weil sie so nah an uns heranrückt. Die Angriffsfläche wird also größer, aber auch komplizierter, weil einfache Verweigerung und Sabotage schon mitgedacht und in den Algorithmen »behandelt« werden. Wir werden umdenken müssen, weil unser Gegenüber unsere Schritte versucht zu antizipieren und vorgefertigte Antworten implementieren kann.

Ein ernsthaftes Stören erscheint immer weniger möglich. Aber merken nur ›wir‹ das? Was ist mit all den anderen Nutzer*innen der ›neuen‹ Technologien? Nehmen sie überhaupt einen Technologischen Angriff wahr? Fakt ist, dass wir aus einer massiven Defensive raus müssen. Das Allumfassende des Technologischen Angriffs und die damit verbundene technologische Zerstörung von Gesellschaftlichkeit bedeutet, dass eine radikale Technologiekritik nur als radikale Gesellschaftskritik möglich ist. Der Technologische Angriff ist auch eine Kampfansage gegen die Zeit. Zeiträume für gesellschaftliche Prozesse und Interventionsmöglichkeiten haben sich durch die technologische Entwicklung der letzten Jahrzehnte und die damit verbundene rasante Veränderung des gesellschaftlichen Lebens drastisch verkürzt. Der IT-kapitalisierte Alltag nagt an uns und laugt uns aus.

Der Technologische Angriff hat unsere Gesellschaft und unser Leben fest im Griff, daher ist es fast schon verständlich, dass die Menschen eine versöhnliche Technologiekritik wollen. Eine radikale Kritik greift tief in ihren bzw. unseren Alltag ein. Wir befinden uns in einem Dilemma, aus dem wir scheinbar nicht mehr herauskommen. Fitnesstracker zum Beispiel üben einerseits Zwang aus, andererseits motivieren sie viele Menschen. Oder Lieferdienste wie Lieferando: Zwar schaffen sie Dienstbot*innenverhältnisse, die aus einem radikalen linken Selbstverständnis heraus undenkbar sind, trotzdem sind sie mittlerweile tief eingedrungen in viele unserer Hausprojekte und WGs. Die dadurch entstehende Wirkmächtigkeit des Technologischen Angriffs führt zu einer Erosion des eigenen sozialen Standpunktes. Was aber auch heißt: technologiekritisch, das bedeutet, mit einer rein auf die Technologie orientierten Kritik haben wir keine Chance. Wenn wir aus unserer kämpferischen Defensive raus wollen, dann geht dies nur durch eine radikale Gesellschaftskritik und eine damit verbundene neue Sozialität.

Und warum steht das ›Wir‹ oben in Anführungszeichen? Die Virtualisierung des Soziallebens macht natürlich auch vor der Linken nicht halt. Ein paar Beispiele:

- *Indymedia statt Infoladen:* Waren noch vor 20 Jahren die Infoläden in den Städten Dreh- und Angelpunkte des regionalen und überregionalen politischen Austauschs, sind dies nun oft Internetseiten wie Indymedia oder lokale Blogs. Es ist so schön einfach, von zu Hause aus die neuesten Nachrichten und Diskussionen zu verfolgen. Die Infoläden, soweit es sie noch gibt, sind nur noch selten das verlängerte Wohnzimmer der lokalen linken Szene. Die informelle Vernetzung, die im persönlichen Kontakt entsteht, ist über Indymedia und Blogs nicht möglich.
- *Streamen statt Spielen:* Netflix und die Mediatheken bringen uns Berieselung ins Wohnzimmer. Alleine, mit unserer Beziehung und ab und zu auch mit unserer WG verbringen wir die Abende vorm Bildschirm. Spieleabende sind selten geworden und finden manchmal sogar virtuell statt. Kneipenabende oder nächtelange Küchentisch-Diskussionen werden entweder ganz ersetzt oder thematisch bestimmt durch die neuesten Serien und Filme.
- *Apropos Kneipenabende:* Das Smartphone steht allzu oft zwischen uns. Wann haben wir uns das letzte Mal beim Warten in der Kneipe mit uns unbekannten Menschen unterhalten? Das Smartphone ermöglicht jederzeit Beschäftigung mit uns selbst und der virtuellen Welt und verhindert den Kontakt im Realen. Und auch zusammen mit Freund*innen

heißt es: »Hast du das schon gesehen?« – »Kennst du schon dieses Video?« – »Ich guck das schnell mal nach!« ...
- *Signal statt Straße:* Die lokale Messengergruppe meldet sich minütlich mit den neuesten ›relevanten‹ Nachrichten. Eine unglaubliche Aktivität findet in den Signalgruppen unserer regionalen Bezugsräume statt. Aber schaffen wir es auch, die Aktivität nach außen zu tragen, auf die Straße? Oder sorgt diese Aktivität nicht vielmehr dafür, dass wir uns zurücklehnen, weil ja schon so viel passiert?

Wohlgemerkt wollen wir hier nicht mit dem Finger auf jemanden zeigen, sondern kennen diese Beispiele auch aus unserem eigenen Verhalten und Umfeld. Das Bedürfnis nach sozialer Nähe oder Gesellschaftlichkeit bricht sich aber immer wieder seinen Weg. Nicht umsonst bietet der Technologische Angriff eine unüberschaubare Form an Substituten in Form von sozialen Netzwerken und anderem. Und wenn das nicht reicht, dann gibt es ja noch unsere Liebesbeziehungen. Mit unseren Demos und Veranstaltungen gaukeln wir uns Masse und Aktivität vor. Sie sind Ausflüge in das Territorium der Bemühungen, uns und unsere Beziehungen und Verbindungen aus den Kämpfen heraus zu verändern. Nur selten reichen diese Ausflüge und Bemühungen soweit, dass wir dahin kommen, uns mit Hilfe anderer mit unseren Mängeln, Ängsten und Nöten auseinanderzusetzen.

## Sozialität und Kampf
## oder: Über die aus widerständischer Praxis entstandene Nähe und Verbindung

Viele von uns kennen sie, die Vertrautheit und Nähe zu Menschen, mit denen wir gemeinsame kämpferische Momente erlebt haben. Sei es die aktive Erste Reihe auf der Demo oder die gemeinsamen Aktionen in vielen schlaflosen Nächten. Aber auch die gemeinsame Trauer oder der gemeinsame Schock nach aufreibenden Situationen schaffen diese Nähe. Hier entsteht ein Gefühl, das auch einige kontaktlose Jahre später noch schimmert und sich anhand von kleinen Gemeinsamkeiten schnell wieder entzünden kann. Aus diesem besonderen Gefühl ergeben sich einige wichtige Schlussfolgerungen:

Soziale Bewegungen brauchen einen Ort, um diese Form von Sozialität zu entwickeln. Nicht das Digitale, sondern unser soziales Umfeld ist dieser

Meta-Ort. Soziale Beziehungen, die in Kämpfen entstehen, sind – aus unserer Erfahrung – oft sehr tragfähig. Darüber hinaus müssen wir unseren Kampfbegriff breiter aufstellen und ausfüllen. Meistens dreht sich unser Kampf für eine andere Welt entweder um ›Soziales‹/›Zwischenmenschliches‹ oder er fokussiert sich ausschließlich auf Inhaltliches. Der Kampfbegriff wird oft als klare Entscheidung für eine dieser beiden Seiten gesehen, während er der anderen abgesprochen wird. Wir müssen lernen, ihn in voller Breite auszufüllen und damit auch den Kampf in voller Breite zu führen. Wo das passiert, entwickelt sich eine starke Bewegung. Dazu gehört auch, dass wir akzeptieren, dass es oft anstrengend ist, soziale stabile Beziehungen aufrechtzuerhalten. Auch das ist Teil unseres Kampfes.

*Was also ist nötig, um den Kampfbegriff zu erweitern und die Brücke zwischen dem Sozialen/Zwischenmenschlichen und unseren Inhalten zu schlagen?*
Wir müssen lernen, uns in unserer Unterschiedlichkeit auszuhalten. Auch wenn es anstrengend ist. Dazu gehört auch, dass wir lernen, uns kritisch, aber solidarisch miteinander auseinanderzusetzen, aufeinander zuzugehen und die unterschiedlichen Positionen sehen zu können. Gerade Letzteres braucht eine Bereitschaft und Offenheit für andere Lebensrealitäten. Und das Ganze nicht nur szeneintern, sondern unbedingt auch darüber hinaus, um Anknüpfungspunkte zu bieten. Natürlich heißt das nicht, dass wir Dinge widerspruchslos hinnehmen sollen, vielmehr brauchen wir die Bereitschaft zu erkennen, welchen Einfluss unsere Lebensrealität auf unsere Positionen hat. Das Gleiche gilt für unser Gegenüber. Vor diesem Hintergrund sollten wir versuchen, eine gemeinsame Sprache für unsere Auseinandersetzungen zu finden, die dies berücksichtigt.

Wir müssen uns fragen: Woher kommt unser Drive? Woher kommt unsere Power, und was vertreibt den großen Frust und die Niedergeschlagenheit? Wir müssen in kleinen Schritten lernen, uns Sachen zu trauen, die wir uns vorher nicht getraut haben. So entsteht Ermächtigung. Diese Schritte könnten für jede*n von uns nicht unterschiedlicher sein. Bei dem einen ist es das Verteilen von Flugblättern, bei der anderen ist es das Sabotieren von Funkmasten oder der Mut, mit der Freund*in über die eigenen Ängste zu reden. Auch hier müssen wir lernen, die Vielschichtigkeit des Kampfes zu betrachten.

Wir müssen Territorien befreien: sowohl psychisch, um Denkräume zu eröffnen, als auch physisch, um Handlungsräume zu eröffnen. Die Größe dieser Territorien ist unterschiedlich. Vom Sprühengehen bis hin zur gemeinsamen Ökonomie mit Gefährt*innen eröffnet vieles unterschiedlich große Räume. Kurz gesagt, wir brauchen eine Verräumlichung des Widerstandes.

Der Technologische Angriff ist global und vielfältig. Genauso müssen unsere Kämpfe sein, das heißt, wir brauchen eine Verbindung zu anderen Kämpfen, sei es geographisch oder thematisch.

Oft wird dem Technologischem Angriff als Alternative nur ein Zurück entgegengestellt, so als gäbe es nur die Wahl zwischen vorwärts oder rückwärts. Ein Ausbrechen aus dieser Linearität eröffnet uns neue Räume der Auseinandersetzung. Wieso nicht mal zur Seite? Klingt im ersten Moment passiv, aber das Herstellen von etwas Neuem, in der Geschichte noch nicht Dagewesenem, könnte aktiver nicht sein. Wir müssen dem Neuem, das dem Technologischem Angriff innewohnt, auch etwas völlig Neues entgegensetzen. Dazu müssen wir lernen, unsere Positionen gemeinsam stetig zu erweitern und zu verändern, denn wir haben nicht *die* richtige Lösung. Ein reines Reagieren reicht nicht aus, sondern wir müssen uns auch aktiv mit unseren Perspektiven beschäftigen, uns diese entwickeln.

Am jetzigen Punkt der Analyse bleiben für uns ein paar Fragen offen, die eher etwas für die lokalen Gruppen und Diskussionen sind und uns dort vielleicht weiterbringen können:

Lasst uns kritisch hinterfragen, wie unser Alltag aussieht. Oder ist unsere Progressivität nicht alltäglich und beschränkt auf Aktionen, Demos oder Ähnliches? Wie lässt sich das ändern, ohne uns zu überfordern? Aus den 1968er-Jahren stammt der dazu passende Spruch: »Das Private ist politisch.«

Warum schaffen wir keine starke Gegenbewegung gegen den Technologischen Angriff und die von ihm angebotenen Lösungen? Und warum lassen sich die, die es gibt, oft so schnell vereinnahmen durch die Techindustrie?

Wie können wir eine Geschichte erzählen, die ganz klar sagt: »Technokrat*innen verpisst euch, wir brauchen eure Lösungen nicht?«

Warum ist es immer wieder so schwierig, unsere Zusammenhänge und Gruppen zusammenzuhalten? Was gibt der Gruppe, dem Zusammenhang, dem sozialem Umfeld überhaupt einen Zusammenhalt? Wie funktioniert unsere Bindung durch Beziehung und wie lässt sich diese in unseren Widerstand übertragen?

## Fünf Stränge reloaded

Ausgehend von diesen Betrachtungen und Analysen zum Komplex der neuen Sozialität haben wir uns die oben genannten fünf Stränge aus unserem letzten Band noch einmal angeschaut und ein paar Ideen zu der Frage gesammelt, was es im Hinblick auf diese neue Sozialität in den unterschiedlichen Widerstandssträngen braucht.

*Kollektives Lernen* heißt, sich gemeinsam auseinanderzusetzen. Sei es mit konkreten Inhalten, sei es mit Erfahrungen oder Gefühlen. Um dabei wirklich in einen gemeinsamen Prozess zu kommen, braucht es Verbindlichkeit und Kontinuität, aber auch Spaß. Das heißt, dass wir lernen müssen, uns schöne Räume zu schaffen, in denen wir uns sowohl psychisch als auch physisch wohlfühlen. Um anknüpfbar zu sein, brauchen wir zudem einfache Formate sowie Offenheit und Neugier für die anderen Positionen, immer jedoch basierend auf einer eigenen Haltung dazu.

Zwei unserer fünf Ansätze sind *Sabotage/Hacking* und *Verweigerung*. In unseren Diskussionen wurden sie unter dem Begriff der praktischen Intervention immer wieder zusammengefasst, obwohl wir bei Verweigerung erst einmal eher an passives Verhalten denken. Für uns gibt es aber auch die *aktive* Verweigerung, welche sich in eine direkte Konfrontation mit dem Bestehendem begibt.

Die gemeinsame praktische Intervention schafft Vertrauen und stärkt unsere sozialen Beziehungen. Wir müssen uns die Frage stellen, wie wir diese Praxis in den Alltag integrieren. Wie intervenieren wir täglich? Denn die Sabotage der atomisierten Gesellschaft findet im Alltag statt. Die bei den meisten von uns stattfindende stetige Trennung von täglichem Leben und Kampf macht uns kaputt, da wir im Kopf immer wieder umschalten.

Wir brauchen in unseren Kämpfen eine Authentizität, und die gelingt nur, wenn wir ehrlich zu uns selbst und zu anderen sind. Das heißt aber auch, dass wir uns gegenseitig widersprechen können und unsere Konflikte austragen müssen. Im Großen heißt es, dass wir alltäglich unseren Konflikt mit dem Bestehenden ausleben sollten. Das kann auf unterschiedlichen Ebenen stattfinden, und wir (in unseren sozialen Zusammenhängen) müssen immer wieder gemeinsam schauen, welche Ebene gerade funktioniert. Ist es das aktive Krankfeiern, um mehr Zeit für Politarbeit zu haben, oder ist es der Ausstieg aus dem Job und der Einstieg in die nächste Waldbesetzung? Wichtig ist, dass wir diese Dinge mit unseren sozialen Zusammenhängen gemeinsam entwickeln, denn es gibt kein richtiges Leben im Falschen, ohne Einzelne zu überfordern und abzuhängen. Hier müssen wir aufpassen und dürfen nicht zulassen, dass sich die Vereinzelung durchsetzt und wir Gefährt*innen verlieren.

Wir brauchen nicht nur Kritik, sondern auch *Alternativen*. Im Grunde ist »Alternative« ein unpassender Begriff, denn unsere Ideen und Konzepte sollen nicht neben dem Herrschenden stehen, sondern sie langfristig verdrängen. Wir wollen sie nicht nur ersetzen durch etwas gleicher Funktionalität, sondern wir wollen etwas Eigenes, Passenderes. Unsere Utopie sollte aus unserer eigenen Perspektive kommen und nicht nur reaktiv sein. Vieles von dem, was wir heute als Alternative bezeichnen, wie zum Beispiel gemeinsame Ökonomie, eigene Projekte etc., sind ›nur‹ Werkzeuge auf dem Weg zu unserer Utopie eines tragfähigen und lebhaften Sozialen.

Und auch der Begriff *»Solidarität«* passt nicht wirklich. Er verfestigt und setzt eine Trennung von *mir* und *dir* voraus. *Ich* bin solidarisch mit *dir*. Der Begriff lässt mich hier auf meiner Position und die andere dort drüben auf ihrer. Aber das Gefühl, das hinter diesem Begriff steht, ist das, was für uns wichtig ist. Wir alle betrachten Solidarität ja eigentlich als etwas Verbindendes. Und das ist wichtig, denn wenn das Trennende zwischen uns Individuen aufgehoben ist, dann entsteht ein gemeinsamer Kampf. Oft lohnt sich ein genauer Blick auf die Frage, warum wir uns bemüßigt fühlen, solidarisch zu sein, um die gemeinsamen Kämpfe zu begreifen und sichtbar zu machen.

Alles in allem heißt das für uns: Wir müssen Resonanzräume für unser Handeln aufstoßen und eine eigene Erzählung sowie unsere Blickweisen und Utopien entwickeln. Dafür brauchen wir keinen Katastrophismus oder den Tunnelblick der Technikbegeisterten, sondern wir brauchen den Mut, Perspektiven zu formulieren, die themenübergreifend sind und gegen die Fragmentierung von Themengebieten wirken. Hierbei dürfen wir uns nicht nur auf das Offensichtliche konzentrieren. Nicht nur Klima und Technologie gehören zusammen, auch Antifaschismus, Antirassismus und vieles mehr sind direkt mit Technologiekritik zu verknüpfen. Wir müssen uns Räume wieder aneignen, und da die Parameter für unsere Utopien nicht von der Gegenseite bestimmt werden sollten, müssen wir uns diese Räume auch *neu* aneignen. Wir brauchen sowohl eine physische als auch eine soziale Verortung, um der Entfremdung von unseren Lebensgrundlagen entgegenzuwirken. Es geht um die Schaffung anderer Sozialitäten, auf die wir unseren Kampf stützen und aufbauen können.

# Dokumentierte Widerstände

*Im Folgenden dokumentieren wir beispielhaft einige Widerstandsbemühungen gegen den Technologischen Angriff. Teilweise reproduzieren wir hierfür Zeitungsartikel sowie Selbstbezichtigungsschreiben, die von Hacks und Sabotagen berichten. Teilweise haben wir Ereignisse und Entwicklungen selbst zusammengefasst und kontextualisiert. Die gekennzeichneten Selbstbezichtigungsschreiben der dokumentierten Aktionen geben dabei nicht unbedingt die Meinung der Redaktion wieder. Im Gegensatz zu vorherigen Widerstandsdokumentationen finden sich in dieser vor allem einzelne Aktionen und keine Berichte von größeren sozialen Bewegungen oder Kämpfen. Was nicht bedeutet, dass diese nicht stattfinden.*

## Hacks

*Wir beginnen mit digitalen Banküberfällen, dann berichten wir von Datenklau bei Rüstungskonzernen und Gerichten sowie über die Nutzung von Jammern. Diese Beispiele können bei weitem nicht die ganze Palette an Widerstand und Delinquenz abbilden, die sich als Antwort auf den Technologischen Angriff entfalten. Vielmehr dienen diese Beispiele als Schlaglichter.*

### Digitaler Bankraub

### Ableger von Cayman National Bank and Trust gehackt

Hunderttausende interne Dokumente wurden in der Folge des bereits 2016 stattgefundenen Hacks im Internet veröffentlicht und ein entsprechendes Manifest von Phineas Fisher veröffentlicht. Zudem soll ein sechsstelliger Geldbetrag entwendet worden sein. Es dürfte kein Zufall sein, dass es eine Bank auf den Cayman Islands trifft, da viele internationale Firmen und Banken ihr Geld anonym dorthin verschieben, weil sich die Insel zu einem Zentrum der internationalen Geldwäsche und Steuerflucht entwickelt hat (40 % der weltweiten Hedgefonds sind hier angesiedelt). Bei dem erfolgreichen Hack wurden mehr als zwei Terrabyte an Daten von einem Teil der dort angesiedelten Firmen veröffentlicht. Betroffen sind die Kundendaten von 1.400 Konten und detaillierte Finanzinformationen von über 3.800

Firmen (insgesamt handelt es sich um 600.000 interne Dokumente aus der britischen Steueroase Cayman Islands).

Als Begründung für das Veröffentlichen der Dokumente und den digitalen Bankraub schreibt die Hacker\*in Phineas Fisher: »Privatsphäre für die Mächtigen ist nicht dasselbe, wenn sie es ihnen erlaubt, die Grenzen eines Systems zu umgehen, um davon zu profitieren.« In dem Manifest, das einen Leitfaden zum Hacken von Banken enthält, heißt es weiter: »Ich habe eine Bank ausgeraubt und das Geld verschenkt. [...] Im digitalen Zeitalter ist ein Banküberfall ein gewaltloser Akt, weniger riskant, und die Belohnung ist höher als je zuvor. Keiner der Finanz-Hacks, die ich durchgeführt habe oder von denen ich wusste, wurde gemeldet. Dies wird der erste sein, und zwar nicht, weil die Bank es wollte, sondern weil ich beschlossen habe, es zu veröffentlichen.«

In einem Interview erwähnt sie oder er noch: »Die globale Finanzelite ist Unterdrücker, nicht Opfer. [...] Diese Elite zu hacken und den kleinsten Teil des gestohlenen Reichtums zurückzugeben, macht sie nicht zu Opfern. [...] Es ist Cyberkriminalität. Aber es ist auch Aktivismus. Es ist motiviert durch den Wunsch nach sozialer Veränderung, ich persönlich profitiere nicht davon.« Zudem bezieht sich Phineas Fisher in dem Manifest auf Tupac Katari, der sein Leben dem Kampf gegen die Ausbeutung der indigenen Bevölkerung durch den spanischen Kolonialismus gewidmet hat: »Ich bin nichts weiter als das Produkt eines Systems, das nicht funktioniert. Solange es Ungerechtigkeit, Ausbeutung, Entfremdung, Gewalt und Umweltzerstörung gibt, werden noch viele andere kommen wie ich: eine endlose Reihe von Menschen, die das System, das für dieses Leiden verantwortlich ist, als illegitim ablehnen werden. Das System wird nicht dadurch repariert werden, dass man mich verhaftet. Ich bin nur einer von Millionen von Samen, die Tupac vor 238 Jahren in La Paz gepflanzt hat, und ich hoffe, dass meine Handlungen und Schriften den Samen der Rebellion in ihren Herzen tränken.«

Die damalige Aufstandsbewegung im heutigen Bolivien hatte eine breite Unterstützung und lange Dauer. Die letzten Worte von Tupac Katari bei seiner Hinrichtung durch die spanische Kolonialmacht waren: »Sie töten nur mich. Ich werde millionenfach zurückkehren ...«

## 100.000 Dollar Belohnung für antikapitalistische Firmen-Hacks

Was ist das Hacken einer Bank gegen die Gründung einer Bank? In dem veröffentlichten Manifest zu dem Cayman Bank-Hack bietet Phineas

Fisher 100.000 Dollar Belohnung für weitere geleakte Dokumente, die im »öffentlichen Interesse« stehen. Dazu zählen u.a. Firmen, die an der Entwicklung von Spionage-Software beteiligt sind oder amerikanische Ölfirmen wie Halliburton. Die Belohnung für weitere imageschädigende oder antikapitalistische Hacks kann laut Phineas Fisher in der Cryptowährung Bitcoin oder Monero ausgezahlt werden. Zudem veröffentlichte Phineas Fisher den Guide »Hack Back! Ein DIY-Leitfaden für Banküberfälle«[1].

## Größter (digitaler) Bankraub des Jahrhunderts

Einer Gruppe, die sich Carbanak nennt, gelang es laut dem Softwareunternehmen Kaspersky Anfang 2015 dutzende Banken um eine Milliarde Dollar zu erleichtern. Über Phishing-Angriffe, bei denen Bankangestellte dazu animiert wurden, Anhänge ihrer Mails zu öffnen, konnte Software zur Überwachung auf diversen Bank-Computern installiert werden. Dadurch war es möglich, die Rechner als Eingangspunkte für den Angriff zu nutzen. Die infizierten Rechner durchsuchten anschließend das Intranet der Banken und brachten über manipulierte Software weitere Rechner unter ihre Kontrolle. Nach einiger Zeit und entsprechender Beobachtung konnten die kritischen Finanzsysteme in den jeweiligen Banken identifiziert und für den digitalen Bankraub genutzt werden. Neben Geldüberweisungen gelang der Gruppe auch ein entfernter Zugriff auf Bankautomaten. Im Durchschnitt dauerte es zwischen zwei und vier Monaten, um eine Bank zu bestehlen. In den jeweiligen Banken wurden auf diesem Weg zwischen 2,5 und 10 Millionen Dollar geklaut. Insgesamt beläuft sich Summe auf etwa eine Milliarde Dollar. Diverse Sicherheitsbehörden machen sich daher Sorgen um den Zustand der globalen Finanzwelt und deren mögliche Angreifbarkeit. Eine ungeklärte Frage bleibt: Was wäre passiert, wenn die Angreifer*innen statt der eigenen Bereicherung Sabotage als ein Hauptziel im Fokus gehabt hätten? Wäre ein systemischer globaler Absturz der vernetzten Finanzsysteme möglich gewesen? Laut dem Sicherheitsunternehmen Kaspersky lassen »das Ausmaß und die Tragweite des Angriffs jedoch Zweifel daran aufkommen, dass sich das Finanzsystem vollständig vor dieser neuen Art von Cyber-Bedrohungen schützen kann«.[2]

---

1 https://data.ddosecrets.com/file/Sherwood/HackBack_EN.txt [aufgerufen im März 2020]
2 https://www.kaspersky.de/blog/der-groste-bankraub-des-jahrhunderts-hacker-stehlen-1-milliarde-dollar/4843/

### Weiterer digitaler Milliarden-Bankraub scheitert aufgrund eines Tippfehlers

Durch die Ausnutzung einer Sicherheitslücke wäre die Zentralbank im südasiatischen Bangladesch im Jahr 2016 fast um eine Milliarde Dollar bestohlen worden. Während einige der Überweisungen bereits abgewickelt waren, fiel einem Mitarbeiter der Deutschen Bank (einer der Übermittler der Transaktionen) ein Schreibfehler bei den Überweisungen auf, weshalb er die laufende Aktion stoppte. Daraufhin wurden die Aufträge sowie noch ausstehende Überweisungen in Höhe von etwa 850 Millionen Dollar storniert. Die Summe von 81 Millionen Dollar aus den ersten vier Überweisungen ist allerdings nicht mehr auffindbar und von den Täter*innen fehlt jede Spur. Das Geld aus den Überweisungen soll anschließend über Spielcasinos ›gewaschen‹ worden sein.[3]

### Weitere Hacks

Nicht verwunderlich ist, dass immer wieder Hacks gegen staatliche Institutionen und auch Unternehmen stattfinden. Wir dokumentieren hier vier solcher Hacks. Auch wenn beim zweiten und dritten die Motive unklar und beim zweiten nicht eindeutig sind, zeigen die Beispiele eindrücklich, wie sich Hacks und Schadsoftware auswirken können.

### Gefängnisausbruch 2.0

Durch eine geschickte Täuschung mithilfe von E-Mails gelang einem britischen Gefangenen im Frühjahr 2015 die Flucht aus einem Londoner Gefängnis. Mittels eines eingeschmuggelten Smartphones fälschte der in U-Haft Einsitzende eine Webseite, die der des zuständigen Gerichts stark ähnelte. Über E-Mail-Verkehr, in dem er sich als leitender Beamter ausgab, schickte er Anweisungen zu seiner Entlassung an die Gefängnisleitung. Da die E-Mail dieselbe Domain-Endung wie die gefälschte Webseite hatte, fiel seine Flucht erst drei Tage später auf. Die Domain hatte er auf den Namen des gegen ihn ermittelnden Bullen registriert.[4]

---

3  Quelle: https://www.vice.com/de/article/d7ynyx/bangladesch-fed-reserve-bank-hacker-klauen-87-mio-usd-ohne-einen-rechtschreibfehler-waere-es-1-mrd-gewesen
4  Quelle: https://www.heise.de/newsticker/meldung/Gefaengnisausbruch-mittels-E-Mail-Betrug-2587303.html

## Trojaner-Attacke auf Berliner Kammergericht folgenreicher als vermutet

*Seit Monaten plagen das Berliner Kammergericht die Konsequenzen eines Angriffs durch die Schadsoftware Emotet. Das Netzwerk war offenbar haarsträubend schlecht für so einen Fall gerüstet:*

27.01.2020 – Das Computerproblem des Berliner Kammergerichts ist offenbar schwerwiegender als bislang bekannt. Das berichtet der »Tagesspiegel« unter Berufung auf ein Gutachten von T-Systems. Ein Einblick in diese Untersuchung des IT-Dienstleisters war dem Vorsitzenden des Rechtsausschusses des Berliner Abgeordnetenhauses Anfang des Monats noch verweigert worden.

Das Kammergericht war Ende September 2019 von einem Computerproblem lahmgelegt worden – und viele Richter*innen und Beschäftigte sind im Alltag nach wie vor mit den Folgen konfrontiert. »Wegen einer festgestellten Schadsoftware ist das Computersystem des Kammergerichts vorübergehend vom Netz genommen worden«, heißt es noch immer auf der Website des Kammergerichts. »Das Kammergericht ist bis auf Weiteres nur telefonisch, per Fax und postalisch zu erreichen.« Seine »Arbeitsfähigkeit« sei aber gewährleistet.

Bei der erwähnten Schadsoftware handelt es sich um *Emotet*, einen Trojaner, vor dem das Bundesamt für Sicherheit in der Informationstechnik (BSI) schon seit Langem warnt, der aber immer wieder Unternehmen und Organisationen in Bedrängnis bringt. Emotet wird unter anderem über Spam-E-Mails verbreitet, die wie Nachrichten von Kontakten daherkommen, mit denen jemand tatsächlich in Kontakt stand. Dem BSI zufolge enthalten die Mails »entweder ein schädliches Office-Dokument direkt als Dateianhang oder einen Link, welcher zum Download eines solchen Dokuments führt«: Über in den Dokumenten enthaltene Makros würden die Opfersysteme mit dem Schadprogramm infiziert. Anschließend spähe Emotet Zugangsdaten zu E-Mail-Konten aus und verbreite sich mithilfe darin auffindbarer Adressen weiter.

Die eigentliche Infektion eines Netzwerks ist aber oft nur der erste Schritt: Emotet bietet den Angreifer*innen auch die Möglichkeit, weitere Schadsoftware wie Banking- und Verschlüsselungstrojaner nachzuladen, mit denen sich dann Unternehmen erpressen lassen.

Das Gutachten von T-Systems liefert nach »Tagesspiegel«-Informationen keine klare Antwort auf die Frage, wie Emotet ins IT-System des

Kammergerichts gelangt ist. Neben E-Mails mit Office-Dokumenten im Anhang könnten aber auch private Speichermedien wie USB-Sticks, die Mitarbeiter\*innen des Gerichts für den Datentransport zwischen Büro- und Heimarbeitsplatz nutzten, ein Einfallstor gewesen sein.

Darauf, dass es um die IT-Sicherheit des Gerichts schlecht stand, deutet dem Bericht zufolge einiges hin. Ein lokales Bekämpfen der Schadsoftware sei nicht möglich gewesen, heißt es, dafür habe es an Netzwerksegmentierung gemangelt. Die Protokollierung von sicherheitskritischen Vorfällen sei kaum hilfreich gewesen, weil der dafür zur Verfügung stehende Speicherplatz so klein gewählt war, dass er alle paar Tage überschrieben wurde. Software von *McAfee* habe die Schadprogramme nicht erkannt. Der »Tagesspiegel« schreibt, dass zudem sämtliche Back-up-Server des Kammergerichts zum Zeitpunkt des Bekanntwerdens der Infektion defekt gewesen seien.

Anders als bisher bekannt, soll es auch einen Datenabfluss gegeben haben. Zu welchem Zeitpunkt und in welchem Umfang dieser stattfand, wird laut »Tagesspiegel« im Gutachten aber nicht beschrieben. Im Herbst hatte unter anderem der Berliner Justizsenator Dirk Behrendt gesagt, dass nach »bisherigem Kenntnisstand« keine Daten abhandengekommen seien.

Die beauftragten IT-Expert\*innen stellt der zeitliche Ablauf augenscheinlich nicht nur in Sachen Datenabfluss vor Rätsel. So soll es im Gutachten heißen, dass sich nicht rekonstruieren lasse, wann genau Emotet das Netzwerk infiziert habe.

Update, – Mittlerweile ist eine öffentliche Version des Gutachtens auf der Website der Senatsverwaltung zu finden. Die IT-Expert\*innen von T-Systems raten dem Gericht darin zu einem »kompletten Neuaufbau der IT-Infrastruktur«. Die Untersuchung eines infizierten Computers hat dem Dokument zufolge ergeben, dass Emotet auf dem Rechner die eigentliche Schadsoftware Trickbot nachgeladen hat. »TrickBot ist in der Lage beliebige Schadmodule auszuführen«, heißt es weiter. »Auf dem untersuchten Computer ließen sich drei Module identifizieren: Auf dem System gespeicherte Passwörter (insbesondere Browserpasswörter) werden extrahiert und an die Angreifer weitergeleitet. Dem Nutzer werden im Webbrowser Passwörter aktiv entlockt, insbesondere von Online-Banking Webseiten. Informationen über die Systeme werden dem Angreifer zugespielt.«

Zum möglichen Startpunkt des Befalls heißt es: »Durch Untersuchung eines Clients ist eine Infektion ab spätestens 20.09.2019 um 17:52 nachgewiesen.« Außerdem schreibt T-Systems: »*Die Module von Trickbot sind klar auf Datenabfluss ausgerichtet. Eine Verschlüsselung oder Manipulation von Dateien auf den Geräten konnte nicht nachgewiesen werden.*«[5]

### Daten von Rheinmetall gehackt

28.04.20 – Interne Unterlagen im Netz: »Der Rüstungskonzern Rheinmetall ist nach NDR-Recherchen von einem Datenleck betroffen. Mehr als 1.000 interne Unterlagen kursieren im Netz, auch zu Panzerfahrzeugen. Neben dem Image-Schaden droht dem Konzern ein Bußgeld.

Interne Unterlagen des größten deutschen Rüstungskonzern Rheinmetall sind im Internet aufgetaucht, nachdem Hacker*innen die Daten kopiert und zum Kauf angeboten hatten. Nach eigener Aussage kaufte ein Aktivist die insgesamt 1.400 Dateien und stellte den Datensatz anschließend für jedermann zugänglich zum Download bereit. Das ist das Ergebnis einer Recherche des NDR.

Die Dokumente sind zum Teil mehrere Seiten lang und betreffen einen Zeitraum von etwa einem Jahr, die jüngsten Unterlagen sind auf Ende Januar dieses Jahres datiert. Der Datensatz liegt dem NDR vor. Es handelt sich überwiegend um Lieferscheine von Zulieferern und Dokumente aus der Qualitätssicherung von Rheinmetall.

Darunter sind auch Konstruktionspläne von Bauteilen gepanzerter Fahrzeuge, z.B. der Modelle Fuchs, Boxer, Yak und Scout. Die Bundeswehr und ausländische Armeen nutzen diese Fahrzeuge aktuell, auch in Auslandseinsätzen. Einige der Dokumente beinhalten Vertraulichkeitsvereinbarungen der Zulieferer, zum Teil tragen die Unterlagen Prüfstempel des Bundesamts für Ausrüstung, Informationstechnik und Nutzung der Bundeswehr.

Woher die Daten genau stammen, ist unklar. Rheinmetall erklärt auf Anfrage, dass die konzerneigene IT nicht gehackt worden sei. Vielmehr sei ein externer Dienstleister, der für zwei Rheinmetall-Tochtergesellschaften tätig war, von dem »unzulässigen Datenabgriff durch Dritte« betroffen gewesen. Es handle sich demnach um »Lieferscheine sowie etwaige Begleitdokumente aus lokaler Warenanlieferung an einem deutschen Standort

---

5   Quelle: https://www.spiegel.de/netzwelt/netzpolitik/emotet-trojaner-attacke-auf-berliner-kammergericht-folgenreicher-als-bisher-bekannt-a-5bf07265-0956-4a73-8c5d-5fe36c06771c

der beiden Rheinmetall-Tochtergesellschaften«, so ein Sprecher. »Verschlusssachen und sonstige geheime Informationen« seien davon nicht betroffen. Man habe die Zusammenarbeit mit dem Dienstleister eingestellt und »alle notwendigen Maßnahmen ergriffen, um die Schwachstelle zu identifizieren, den Fehler abzustellen und vergleichbare Vorfälle für die Zukunft auszuschließen«, teilte der Konzern-Sprecher weiter mit. Man habe außerdem die Behörden informiert und Anzeige gegen unbekannt erstattet. Um welche Behörden es sich handelt, wollte der Sprecher auf Nachfrage nicht mitteilen. Das Bundesverteidigungsministerium erklärte auf Anfrage, man schätze das Datenleck als unkritisch für die Bundeswehr ein. Ob auch andere Nationen, deren Armeen Rheinmetall-Fahrzeuge einsetzen, informiert wurden und die Papiere sichten konnten, dazu äußerte sich Rheinmetall nicht.

Auch wenn das Datenleck die Sicherheit der Bundeswehr nicht gefährdet, könnte der Vorgang für Rheinmetall in Deutschland unangenehme Folgen haben. Die Datenschutzbehörde Nordrhein-Westfalen, wo Rheinmetall seinen Hauptsitz hat, sagte auf Anfrage, dass sie über den Vorfall zumindest nicht informiert worden sei. Auch auf wiederholte Nachfrage wollte sich Rheinmetall nicht dazu äußern, ob überhaupt eine Datenschutzbehörde über den Vorfall in Kenntnis gesetzt wurde.

NDR-Reporter*innen konnten die Person ausfindig machen, die die Daten mutmaßlich veröffentlicht hat. Der Mann veröffentlicht regelmäßig gehackte Informationen im sogenannten Darknet – einem Bereich des Internets, der nur mit besonderer Software zugänglich ist und als besonders anonym gilt. Er sagt von sich selbst, dass er aus aktivistischen Beweggründen gehandelt habe: »*Ich habe die Daten veröffentlicht, weil ich gegen den Handel mit Waffen bin*«, schrieb er dem NDR. Das Veröffentlichen der Daten sei für ihn »*ein Weg des Protests*«. Nach eigenen Angaben kaufte er die Rheinmetall-Daten für 600 US-Dollar von einem ihm bekannten Hacker. Dieser habe bewusst einen deutschen Dienstleister aus der Rüstungsindustrie ins Visier genommen und dabei die Rheinmetall-Daten kopiert. Überprüfen lassen sich diese Aussagen nicht, der Hacker selbst war nach Aussage des Aktivisten nicht zu einem Gespräch bereit.

Ebenfalls von Hacker*innen angegriffen wurde Rheinmetall im September 2019 bei einem anderen Vorfall. Dabei konnten die Angreifer*innen nach Angaben des Konzerns eine Schadsoftware einschleusen, die die Produktion des Konzerns in Nord- und Südamerika stark beeinträchtigte.

In Brasilien, Mexiko und den USA sei die Produktion daraufhin eingestellt oder stark behindert worden. Rheinmetall stellt in den damals betroffenen Fabriken Bauteile für die Autoindustrie her.«[6]

### Türen öffnen per Webbrowser

Laut einer Meldung von *heise.de* (03.02.2020) registrieren Sicherheitsforscher*innen weltweite Angriffe gegen Türöffnungssysteme, die anschließend für »*Distributed Denial of Service (DDoS)*«-Angriffe genutzt werden. (Das funktioniert ähnlich wie die Ausnutzung von Schwachstellen in Überwachungskameras, die über das Internet erreichbar sind). De Angriffe könnten außerdem einen ersten Eingang in Firmennetzwerke ermöglichen. Hierfür wird eine kritische Sicherheitslücke (CVE-2019-7256) ausgenutzt, für die bis heute keine Sicherheitspatches existieren. Für einen erfolgreichen Angriff reicht eine präparierte HTTP-Anfrage aus, da die Türöffnungssysteme mittels eines Web-Servers gesteuert werden, der über einen normalen Browser ansprechbar ist.

### Einsatz von Störsendern

**Störsender zum Öffnen von Autos**

Laut einer Meldung der Düsseldorfer Polizei wurden in der Vergangenheit wiederholt Störsender (»Jammer«) benutzt, um ein Verriegeln teurer Luxus-Autos zu verhindern und anschließend diverse hochwertige Dinge daraus zu entwenden. Laut der Pressemeldung kam dabei ein Walkie-Talkie zum Einsatz, das zu einem starken Störsender umgebaut worden war. Anscheinend wird diese Methode gerne zur Aneignung wertvoller Gegenstände genutzt. So berichtete eine weitere Pressemeldung von einer Personenkontrolle, bei der Störsender aufgefunden wurden, die für das zuvor beschriebene Öffnen von Autos verwendet werden können. Da die Ermittlungsbehörden den beiden Kontrollierten keine Straftat nachweisen konnten und der Besitz von Störsendern nicht illegal ist, mussten sie wieder auf freien Fuß gesetzt werden.

### Risikofaktor GPS

Gemäß dem Wikipedia-Beitrag »GPS-Jammer« ist die Signalstärke von GPS mit ca. −155 dBW außerordentlich schwach. Ein Störsender von nur

---

[6] Quelle: https://www.tagesschau.de/investigativ/ndr/rheinmetall-datenleck-101.html

wenigen Watt kann daher den Empfangsbereich praktisch jeden Signals unterdrücken. Neben dem aktiven Stören von GPS-Signalen nennt der Wikipedia-Eintrag auch die Möglichkeit, die Koordinaten durch sogenanntes GPS-Spoofing zu fälschen. Zahlreiche Endgeräte nutzen GPS und verlieren ohne entsprechende Signale ihre Orientierung. Neben Smartphones wird GPS von Drohnen, Luxusjachten oder auch bei den noch in der Testphase befindlichen autonomen Fahrzeugen genutzt. Viele Geräte und Menschen verlassen sich auf die Technik, obwohl sie schwerwiegende, nicht zu behebende Schwachstellen aufweist. Neben der oben erwähnten Meldung von *heise.de* kommt eine vom »Royal Institute of Navigation« organisierte Konferenz zu folgender Erkenntnis: »*GPS-Signale lassen sich noch immer problemlos unterdrücken und – was noch schwerwiegender ist – sogar manipulieren, um Nutzer in die Irre zu führen. […] Die leichte Unterdrückbarkeit ergibt sich schon aus der bescheidenen Sendeleistung. Die Signalstärke, die an einer herkömmlichen GPS-Antenne auf der Erde ankommt, entspricht in etwa der Stärke einer 25-Watt-Birne, wenn sie bei Tageslicht von einem Satelliten auf die Erde gerichtet und von unserem Heimatplaneten aus betrachtet würde.*«

David Last vom »Royal Institute of Navigation« befürchtet, dass GPS-Jammer bald eine ähnliche Verbreitung finden könnten wie sogenannte Handy-Blocker (Cafés und Kinos setzen diese preisgünstigen Geräte in manchen Ländern bereits flächendeckend ein). Die Kosten für die GPS-Jammer sind ähnlich gering: Im Internet werden die Geräte bereits für unter 100 Dollar verhökert und längst von Kriminellen eingesetzt, um die Fluchtrouten geklauter Fahrzeuge zu verschleiern. Daneben kommen Sicherheitsforscher*innen des »Argonne National Laboratory« zu dem Schluss, dass sich GPS »einfach fälschen« lässt. Die Hoffnung weiterer Sicherheitsforscher*innen verschiedenster Couleur, dass die Schwachstellen durch den GPS-Nachfolger »Galileo« behoben werden, scheinen sich nicht zu erfüllen: Auf Druck der USA wird es auch hier möglich sein, das Signal per Jammer zu unterdrücken. Für David Last ist GPS in seinem aktuellen Zustand daher »wie ein Betriebssystem, bevor es die ersten Datenschädlinge gab«.[7]

---

[7] Quelle: https://de.wikipedia.org/wiki/GPS-Jammer; https://www.heise.de/tr/artikel/Risikofaktor-GPS-943614.html

## Student*innen kapern Drohne

In der Rubrik »Netzwelt« von *Spiegel Online* findet sich ein Bericht über das Kapern von Drohnen, in dem erläutert wird, wie US-Student*innen durch einen Hack das GPS-System einer Drohne manipuliert haben und somit in der Lage waren, die Drohne, die sich in einem Kilometer Entfernung befand, fernzusteuern (in einer Vorführung ein Jahr später wurde gezeigt, dass dies auch bei einer Entfernung von zehn Kilometern funktioniert). Das Fernsteuern gelang über das Manipulieren der Signale der Navigationsatelliten (GPS-Spoofing). Das Expriment der Universität von Texas sollte grundsätzlich zeigen, wie leicht es ist, zivile Drohnen fernzusteuern. Laut Todd Humphreys, dem Leiter des Forschungsprojekts, werden in fünf Jahren 30.000 Drohnen im Luftraum verkehren. In einem Interview mit *Fox News* gab er Folgendes in Bezug auf das Experiment der Student*innen zu bedenken: »Wenn man es mit den kleinen machen kann, dann geht es auch mit den großen.« Allerdings weist er auch darauf hin, dass militärisch genutzte Drohnen ein verschlüsseltes GPS-System verwenden (was es wesentlich schwerer machen dürfte, dort einzubrechen). Bei zivilen Drohnen hingegen gebe es »keine Absicherung« gegen derartige Angriffe. Laut der britischen BBC hat die Ausrüstung für den Versuch ca. 1.000 Dollar gekostet.

Ein Mitbegründer des »Internationalen Komitees für Roboter-Rüstungskontrolle« fügt in einem BBC-Interview noch Folgendes hinzu: »Es ist sehr gefährlich – wenn eine Drohne mit ihrem GPS irgendwohin gelenkt wird, kann [ein Spoofer] ihr ›einreden‹, sie sei woanders, um sie dann abstürzen zu lassen.« In einem Beitrag auf *golem.de* erklärt der Leiter des zuvor beschriebenen Test-Szenarios, dass ein stärkeres GPS-Signal immer gewinnt. Zudem hätte kein ziviler GPS-Empfänger ihrer Angriffstechnik im Labor widerstanden.

## Kinder legen Drohnen lahm

In einem Cyber-Security-Wettbewerb in den USA gelang es zwei Schulkindern im Alter von elf und 14 Jahren, mit einfachen Mitteln, Drohnen zum Landen zu zwingen. Laut einer Meldung auf der Webseite von *heise.de* schafften sie dies mittels eines permanenten Störens (»Jammen«) der WLAN-Funksignale. Bei dem Wettbewerb wurden Parrot-Drohnen zum Landen gezwungen und konnten nicht wieder aufsteigen. Da diese Drohnen auch von Sicherheitsbehörden genutzt werden, stellt *heise.de* die Frage in den Raum, ob die Steuersignale nicht besser geschützt werden müssten.

**Luxusjacht auf falschem Kurs**

Forscher*innen der Uni Texas schafften es, eine 65 Meter lange Luxusjacht durch manipulierte Signale (GPS-Spoofing) auf falschen Kurs zu bringen. Durch ein selbstgebautes Gerät war es möglich, die Satellitensignale zu »übertönen«. Hierfür musste das an Bord gebrachte Gerät, das die Größe eines Aktenordners besaß, aktiviert werden. Da das Gerät etwas stärkere Signale als der GPS-Satellit sendete, konnte das ursprüngliche Signal gefälscht werden. Die Crew der Jacht stellte während des Angriffs keine Unregelmäßigkeiten fest, sondern glaubte, auf dem richtigen Kurs zu sein. Ein an dem Experiment beteiligter Wissenschaftler (Todd Humphreys) wies nachdrücklich darauf hin, dass dieses Experiment auch auf halbautonome Fahrzeuge, die ein ziviles GPS nutzen, angewendet werden könnte, und brachte seine Sorgen um die Sicherheit der weltweiten Container-Schiffe zum Ausdruck: »90 Prozent der weltweiten Fracht wird über die Meere transportiert. Stellen Sie sich vor, Sie schließen einen Hafen. Stellen Sie sich vor, Sie lassen ein Schiff auf den Grund sinken. Das sind die Auswirkungen, über die wir uns Sorgen machen.«

**Störsender gegen Smart Speaker**

Ein Armband gegen Alexa: Die Mikrofone in einem Amazon Echo, Google Home oder anderen smarten Lautsprechern sind immer an. Anders könnten die Geräte schließlich nicht per Sprachbefehl aktiviert werden. In der Regel beginnen die Gesprächsaufzeichnung und die Verbindung zum Server des Herstellers erst nach dem Aktivierungswort, also etwa »OK Google« oder »Alexa«. Aber keine Regel ohne Ausnahme.

Interpretiert das Gerät ein anderes Geräusch als Aktivierungswort, kann die Aufzeichnung auch unbemerkt starten. Um solche Situationen zu vermeiden, haben Forscher*innen der Universität von Chicago ein Armband entwickelt, das wie ein Störsender funktioniert. Wer es aktiviert, überlagert die Mikrofonaufzeichnungen von Smarthome-Geräten, aber auch Laptops und allem anderen, was ein Mikrofon hat. Dafür sorgen 24 Lautsprecher, die Ultraschallsignale aussenden. Für die meisten ist das unhörbar – außer für einige junge Menschen –, aber in Mikrofonen stören die Signale jede Sprachaufzeichnung. Übrig bleibt nur Rauschen.

Das Armband soll aus zwei Gründen besonders gut geeignet sein, um auch versteckte oder ansonsten nicht sichtbare Mikrofone zu erreichen: Erstens können die 24 Lautsprecher, ringförmig angeordnet, in viele Richtungen gleichzeitig abstrahlen. Zweitens ist die Hand beim Sprechen häufig in Bewegung, wodurch die Störsignale noch besser verteilt werden. »Blinde Flecken« der Abdeckung sollen so vermieden werden.[8]

## Sabotage

*Ebenso wie die angeführten Hacks, sind auch die hier beschriebenen Sabotageaktionen nur als Splitter oder Schlaglichter zu verstehen und nicht als eine erschöpfende Chronologie des weltweiten Dissens gegenüber dem Technologischen Angriff. Sie zeigen unterschiedliche Wege auf, die Menschen im Widerstand gegen den Technologischen Angriff einschlagen, wie auch immer wir diese bewerten mögen.*

### Brandstiftungsserie gegen Mobilfunkmasten April/Mai 2020

In den letzten Jahren waren vermehrt Funkmasten das Ziel von Sabotageaktionen. Bisher fanden diese Sabotagen jedoch eher vereinzelt statt und gingen in der Regel mit einem Selbstbezichtigungsschreiben einher, in dem die Saboteur\*innen ihre Motivation darlegten. Meist sprachen sie sich gegen die zunehmende Digitalisierung, Überwachung etc. aus. Anfang April 2020 fand nun eine europaweite Sabotagewelle statt, die medial wenig Beachtung fand. Die Föderation belgischer Technologieunternehmen »Agoria« zählte in diesem Monat in ganz Europa 88 solcher Sabotagen – großteils Brandstiftungen, davon allein 61 in Großbritannien und 20 in den Niederlanden. Dabei dürfte die tatsächliche Zahl der sabotierten Funkmasten noch weit höher liegen: Schon bei einer simplen Internet-Recherche konnten wir weitere Beispiele von Funkmastbrandstiftungen in Italien, Belgien, Frankreich, Zypern, Deutschland und Irland finden. Auch im Mai 2020 ebbte diese Sabotagewelle nicht ab, weitete sich sogar weltweit aus. So gab es im Mai Funkmastbrandstiftungen in den USA und Kanada und vor allem in Frankreich stieg die Zahl der angezündeten Funkmasten weiter an. Fast jede zweite Nacht brannten dort teils mehrere Funkmasten.

Die Motivation der einzelnen Saboteur\*innen ist nicht bekannt, da für dieser Welle an Funkmastsabotage bisher kaum Selbstbezichtigungsschreiben vorliegen. Der englische *Guardian* verbreitete die Theorie, dass es sich bei den Saboteur\*innen um Verschwörungstheoretiker\*innen handele.

---

8  Quelle: https://www.spiegel.de/netzwelt/gadgets/ein-armband-gegen-alexa-a-d6522934-fb01-480d-b911-efc94120c9c4

Diese Behauptung wurde von anderen Medien aufgegriffen und auch im deutschsprachigen Raum z.B. in Faktenchecks zu Verschwörungstheorien reproduziert. Da bisher jedoch kaum jemand für diese Sabotagen gefasst wurde, muss diese Behauptung mit Vorsicht genossen werden. Vielmehr kann diese Einordnung als Versuch gedeutet werden, die anonyme Sabotagewelle inhaltlich komplett zu delegitimieren, indem die vermeintlichen Saboteur*innen – ohne große Evidenz – ins Verschwörer*inneneck gerückt werden. In Frankreich wurde medial ein ähnliches Manöver vollzogen. Dort wurden die vermeintlichen Saboteur*innen einer konstruierten »mouvance d'ultra-gauche« [»ultralinke Bewegung«] zugerechnet. Wir wissen nicht, wer hinter diesen Sabotagen steckt, und wollen auch gar nicht darüber spekulieren. Viel spannender finden wir es darauf hinzuweisen, dass die Dauer, Intensität und Ausbreitung dieser Sabotagewelle zeigt, dass unter der Oberfläche der Dissens gegen den fortlaufenden Technologischen Angriff zu gären scheint. Womöglich sogar stärker, als wir erklärte Kritiker*innen dieses Angriffs manchmal selbst für möglich halten. Und dass es offensichtlich zunehmend Menschen gibt – wie auch immer deren Motivation konkret aussehen mag –, die zu dem Schluss kommen, dass der Technologische Angriff schwerlich mit demokratischen Mitteln abgewandt werden kann.

### Sabotage gegen Klimakiller

Schon seit mehreren Jahren sind Sabotagen im und um den Hambacher Forst zu beobachten. Diese richten sich direkt gegen die Infrastruktur von RWE – Pumpen, Stromkästen, Kameramasten etc. –, die RWE benötigt, um die Zerstörung des Hambacher Forsts ungestört fortsetzen zu können. Auch in der Zeit um die Jahreswechsel 2018/19 und 2019/20 kam es wieder zu solchen Sabotagen. Doch derlei Aktionen gegen die Kohleindustrie beschränken sich nicht auf den Hambi, wie eine Sabotage zeigt, die am 07.08.2019 im »Tagebau Vereinigtes Schleenhain« in Pödelwitz bei Leipzig stattfand. Dort soll ein Kohleförderband durch eine nicht näher beschriebene Sabotageaktion lahmgelegt worden sein.[9]

Außerdem wurde im Jahr 2019 durch zwei Sabotageaktionen der Bogen zwischen dem Ausbau und der Allgegenwart von digitaler Infrastruktur und Umweltzerstörung gespannt. Die erste fand in Berlin statt, wo am

---

9   Quelle: http://4sy6ebszykvcv2n6.onion/node/35621 [nur über den tor-browser erreichbar].

23. September im Rahmen des Generalstreiks von Fridays for Future die Kabelstränge an mehreren Zugverbindungen angezündet wurden, unter anderem zum Flughafen Schönefeld. In dem längeren Selbstbezichtigungsschreiben[10] gehen die Saboteur*innen auf Flugverkehr, Umweltzerstörung und die Klimafrage ein.

Eine weitere Sabotage ereignete sich im Dezember 2019 in München, wir zitieren aus der Selbstbezichtigung:

»In der Nacht zum 19.12.2019 haben wir zwei Hauptkabel von Vodafone und den Stadtwerken München an zwei Isarbrücken in München mit Feuer lahmgelegt. Die Kabel versorgen neben Großbetrieben wie BMW das Heizkraftwerk Nord der Münchner Stadtwerke. Ziel war, einen möglichst hohen Sachschaden anzurichten, um die herrschende Klimapolitik praktisch anzugreifen. Im Heizkraftwerk Nord wird noch viele Jahre Kohle verfeuert um Strom und Fernwärme zu gewinnen. Die Stadt München ignoriert konsequent den Bürgerentscheid gegen einen Weiterbetrieb, weil es angeblich als Hauptlastreserve am Netz bleiben muss – es bleibt nur die Möglichkeit, die Kosten für die Stadtwerke in die Höhe zu treiben um eine vorzeitige Stilllegung durchzusetzen. Wir können nicht genau abschätzen, wie umfangreich die Störungen durch unsere kleinen Brände gewesen sind. In den spärlichen Zeitungsmeldungen wurde von tagelangen Reparaturarbeiten und einem Sachschaden von wenigstens 100.000 Euro gesprochen. [...]«[11]

### Sabotage digitaler Überwachungsinfrastruktur

Im April 2020 wurde in Berlin-Charlottenburg ein offenliegendes Telekommunikationskabel auf einer Baustelle angezündet. Ziel der Saboteur*innen war das Stören des Heinrich-Hertz Instituts (HHI), welches zu dieser Zeit an der Corona-App arbeitete. Wir dokumentieren hier das Schreiben der Saboteur*innen:

»Shut down the power! Digitale Zurichtung sabotiert.
Wir erteilen der sogenannten Corona-App eine Absage und sind in Vorleistung gegangen. Wir haben heute, um jeder weiteren Aufweichung der Grundrechte und dem Ausbau der Überwachungsmaßnahmen entgegenzuwirken, einen

---

10  Quelle: http://4sy6ebszykvcv2n6.onion/node/37756 [nur über den tor-browser erreichbar]
11  Quelle: http://4sy6ebszykvcv2n6.onion/node/56930 [nur über den tor-browser erreichbar]

Schacht mit Kommunikationskabeln, die u. a. das ›Heinrich-Herz-Institut‹ versorgen, in Brand gesetzt. Die Netzkabel von Colt, Telekom und anderen Anbietern sollten durch unseren Anschlag zerstört werden. ›Das Heinrich-Hertz-Institut‹ (HHI) war Ziel unseren Angriffs. Den offenen Schacht, in dem neue Kabel verlegt werden, haben wir als Zuleitung zum ›HHI‹ identifiziert. Der kurzfristige Shutdown betraf auch weitere ansässige Konzerne, etwa Autohäuser von den Klimakillern VW, Alfa Romeo, Jeep, Mercedes, Audi, Porsche etc. Eine Gefährdung für Menschenleben haben wir ausgeschlossen.

**Warum wir die Nutzung der App politisch sabotieren:**
Die Verordnungen gegen die Pandemie bringen Ausgangssperren, Kontaktverbote und weitere Eingriffe mit sich, die in der Geschwindigkeit ihrer Umsetzung und ihrer Grundsätzlichkeit in der Geschichte der Bundesrepublik beispiellos sind. Begleitet werden diese Eingriffe immer wieder mit Kriegssprache. Das Vorbild für diese ›Regeln‹ bildetet Chinas Umgang mit dem Virus. China: eine patriarchale Diktatur, die jede Bewegung der Menschen überwacht, kontrolliert und Verstöße gegen die von der kommunistisch-kapitalistischen Elite gesetzten ›Regeln‹ bestraft. Die Abriegelungen von Millionenstädten kann nur in einem so effizienten totalitären System durchgeführt werden, als Maßgabe dafür, was möglich ist. China ist kurzfristig mit seiner 60 Tage dauernden totalen Ausgangssperre (bspw. in Wuhan) und der totalen Kontrolle der Menschen zum Modellfall der (behaupteten) Eindämmung der Pandemie für die Regierungen fast der ganz Welt geworden. Anfang Januar wurden diese Maßnahmen noch als totalitär und menschenrechtsverletzend kritisiert. Jetzt werden diese in abgewandelter Form ebenfalls in die anderen Erdteile transferiert.

Ganz in diesem Sinne schlug Jens Spahn mehrmals die Handyortung, das Daten-Tracking eines jeden Menschen vor, um die Infizierten und potenziell Neuinfizierte ausfindig zu machen und zu isolieren. Die Kritik von Verfassungsrechtler_innen und Datenschützer_innen hielt er sich mindestens zwei Meter vom Leib. Die totale Ortung des Bewegungsprofils eines jeden Menschen hat er sich von China und Südkorea abgeschaut. Der Parlamentspräsident in Österreich plädierte für die verpflichtende Einführung einer vergleichbaren App. Auch hierzulande wurden entsprechende Forderungen laut. Schon die Diskussionen sind kalkulierte Tabubrüche mit dem Ergebnis dem wachsendem Überwachungspotential neuer Technologien zur Akzeptanz zu verhelfen und gegebenenfalls auch autoritär zu steuern, wenn es nicht ›freiwillig‹ geht.

In China wird die App von ›Ant Financial‹ bei öffentlichen Kontrollen durch die Polizei eingesetzt. Der persönliche QR-Code entscheidet über den Einkauf im Supermarkt und den Spaziergang. Bei einem roten oder gelben QR-Code erfolgen Anweisungen der Behörden. Diese Bezahl-App entscheidet in intransparenter Weise über die ›soziale Corona-Virus-Last‹. In Südkorea ist noch keine Ausgangssperre verhängt worden. Alle Menschen ›dürfen‹ so lange weiterarbeiten, bis das Smartphone sie als ›infiziert‹ oder als ›Verdachtsfall‹ identifiziert und der staatliche Zugriff angeordnet wird. Aktuell zwingt die Regierung die Menschen in Südkorea, ›freiwillig‹ ihre Handydaten und Zugänge offen zu legen. Das Tracking von Daten ist in Südkorea u. a. mit dem Programm ›Total Information Awareness‹ erprobt worden, das von der NSA heimlich als ›Prism‹ weiterbetrieben wurde, wie der Whistleblower Ed Snowden offenlegte. In den USA wollen Google und Apple eine Corona-App gleich automatisch als Betriebssystembestandteil mit einem kommenden Update verteilen.

Ein Daten-Tracing soll bald in Form einer installierten App auch in Deutschland etabliert werden. Die Propaganda für diese App arbeitet bereits auf Hochtouren. Die Politik wird massive Werbung dafür zumachen, denn nur die breite Akzeptanz verspricht ihrer Ansicht nach die gewünschten Effekte. Oberflächlich betrachtet hört sich die Nutzung der App sinnvoll an. Bei der Einführung setzt man (zunächst) auf Freiwilligkeit, um den frontalen Verfassungsbruch zu umgehen. Denn Kontakte, also infizierte und nicht infizierte Personen und ihr Umfeld, können ausgespäht werden. Aber wie auch bei der Weiterleitung (angeblich) anonymisierter Bewegungsprofile durch Mobilfunkanbieter, bei der die Betroffenen schon keine Einwilligungs- oder Verzichtmöglichkeit hatten, ist davon auszugehen, dass die in der App enthaltenen Überwachungsmöglichkeiten schnell zu einem zwingenden Standard werden, sind sie einmal bei einer kritischen Menge ›freiwillig‹ etabliert: Wer in die Bibliothek will muss die App haben – der Besuch der Bibliothek ist ja freiwillig ... Da der Quellcode der Software nicht offen liegt, ist keine Überprüfung möglich, ob die Propaganda zur Nutzung der App mit der Realität übereinstimmt, bzw. wer sich noch alles der Daten bedienen kann. Und ob nicht doch Möglichkeiten zum Daten-Tracking eingebaut sind. Ein einfaches Update der Software wäre jederzeit möglich. An dieser App arbeitet aktuell das ›Robert-Koch-Institut‹ u.a. zusammen mit dem ›Heinrich-Herz-Institut‹ und dem Bundesamt für Sicherheit in der Informationstechnik und der Bundeswehr.

**Es wird reguliert:**
Die Geschwindigkeit der täglichen Veränderungen ist kaum zu verarbeiten. Die Bekämpfung der Pandemie wird nicht umsonst immer wieder mit bewusst gewählter Kriegsrhetorik untermauert. Denn ein Krieg ist immer auch ein sozialer Angriff nach innen, um die ›Volksgemeinschaft‹ oder – und das ist

im Fall Corona neu – die Weltgemeinschaft auf die Interessen der Herrschaft neu zuzurichten. Dahinter steckt kein Plan der Verschwörung. Es ist die fortlaufende Dynamik herrschaftlicher Entwicklung, die seit Jahrtausenden nicht durch eine umfassende Revolution der Befreiung von allen Herrschaftsformen gebrochen werden konnte. Das Muster ist nicht neu: Krisen werden immer als Katalysatoren für repressive Regulationen der Bevölkerung genutzt, wenn eine revolutionäre Kraft nicht andere Akzente setzt. Im Angesicht der Pandemie wird eine Maschinerie der inneren Sicherheit in Gang gebracht, die davon lebt, dass alle mitmachen. Bei vielen Menschen regeln die konzerneigenen Algorithmen hinter den Apps bereits die Tagesabläufe, sind ständiger Begleiter. Nun in Zeiten von Corona also sich einschränken, sich sozial distanzieren, bei Kontakt sich (und die anderen) beobachten – und sich dieses mit der App dann irgendwann einfach machen. Gutes und verantwortungsbewußtes Gefühl inklusive, man hat etwas zur Sicherheit aller beigetragen.

**Neue Unwörter tauchen auf.**

Mit dem ›Krieg gegen den Virus‹ verändert sich auch die Sprache und das Denken. Plötzlich gibt es ›systemrelevante‹ Menschen. ›Risikogruppen‹, die sich selber isolieren sollen. ›Soziale Distanz‹ als Heilsbringer zum Schutz der ›Risikogruppen‹ und der ›systemrelevanten‹ Menschen, den ›Helden des Alltags‹. Letztere, das Pflegepersonal, die Supermarktangestellten, LKW-Fahrer_innen etc. werden zu Kämpfer_innen an der ›Front‹ gemacht, anstatt sie anständig zu bezahlen – während die Manager sich weiterhin ihre Boni genehmigen und Hilfsmilliarden für ihre Konzerne kassieren. Das militärmedizinische Konzept der ›Triage‹ stößt ins Zivile vor: die systematische Sortierung von Menschen: Wer zu retten ist und für wen es sich nicht mehr ›lohnt‹, wer auf dem ›Schlachtfeld des Virus‹ zurückgelassen werden muss. Dabei führt nicht der Virus als solcher zur Krise, sondern ein privatisiertes und profitorientiertes Gesundheitssystem führt zu dem gefürchteten Notstand in den Krankenhäusern und Pflegeheimen. In Spanien, in Italien und womöglich auch hier.

Dass jeder Mensch dem Tod schutzlos gegenüber tritt, zumal wenn er als unsichtbarer Virus auftritt und als neue Pandemie überhaupt nicht einschätzbar erscheint, schafft Ängste. Diese Ängste gilt es nicht kleinzureden. Es gilt, diese Ängste auch nicht zu überhöhen, zu etwas ganz außergewöhnlichem werden zu lassen, da wir alle eines Tages sterben werden. Doch die Urängste der Menschen vor dem Tod werden mit dieser Pandemie instrumentalisiert. Mit diesen Ängsten wird ›gespielt‹. Nicht die Privatisierungspolitik in den Gesundheitssystemen wird in Frage gestellt, sondern ob DU genug Abstand zum Nächsten hältst. Ob

DU die Regeln einhältst. Diese Regeln werden überwacht (und teilweise auch bestraft). Und sie fördern allerorten eine der deutschesten Tugenden: den Hang zur Denunziation. Ihm gesellt sich in intellektuellen Kreisen der Vorwurf hinzu, man sei unsolidarisch, wenn man nicht den Verordnungen folge. Wenn DU diese Regeln nicht einhältst, bist DU schuld daran, wenn Menschen sterben. Mit dem Verweis auf die ›Risikogruppen‹ werden andere Widersprüche abgewürgt. Die ›Risikogruppen‹ werden ungeachtet ihrer individuellen Haltung zu einem Faktor der moralischen Erpressung, um unter Freund_innen die staatlichen und politischen Regeln unhinterfragt durchzusetzen. Mit der medizinischen Hygiene geht eine soziale Hygiene einher, die kaum schmutziges, widerständiges Denken und Debattieren zulässt.

**Von daher ist wahrscheinlich:**
Unsere Aktion wird als unsolidarisch bezeichnet werden von jenen, die sich auch bei anderer Gelegenheit zum Handlanger staatlicher neuer Herrschaftstechniken und des sozialen technologischen Angriffes machen – auch ohne dass sie das vielleicht wollen. Unsere Erklärung wird entweder unterschlagen und einer unsichtbaren Nachrichtensperre unterliegen oder als wirr deklariert werden.

**Wir stehen dabei solidarisch im Abseits:**
Wir machen diese risikoreiche Aktion nicht, um breite Zustimmung zu erringen, dazu sind die Auseinandersetzungen im konterrevolutionären Sinne zu sehr zu unseren Ungunsten polarisiert. Wir wissen um die Zustimmung eines Teils der Gesellschaft. Wir stehen an der Seite derer, die nicht bereit sind, der Zerstörung historisch und schmerzvoll erkämpfter Menschenrechte zuzusehen. Wir stehen an der Seite der Geflüchteten an den Grenzen und in den Lagern. Wir stehen an der Seite derer, die die Instrumentalisierung der Pandemie und der Ängste erkennen und gegensteuern. Wir stehen an der Seite derer, die der wachsenden Überwachung beunruhigt gegenüber stehen.

**Wie digitale Zurichtung geschieht:**
Die Digitalisierung des Alltags, die unter dem Kontaktverbot und der Ausgangssperre zwangsläufig um sich greift und die plötzlich keine analogen Alternativen mehr zu kennen scheint, sehen wir als eine digitale Zurichtung der Gesellschaft. Auf den ersten Blick ist es für die isolierten Menschen die einzige Möglichkeit um miteinander in Kontakt zu bleiben. Aber der Raum, in dem das stattfindet, ist kein neutraler Raum. Er ist gesteuert und überwacht. Die sozialen Subjekte, die Menschen, werden zu virtuellen Figuren, die der Algorithmus in Datensätze zerlegt und anhand geheimer Kriterien beurteilt, Werbung steuert, Fehlverhalten

markiert und meldet, Untertanentum belohnt. ›Soziale Distanz‹ oder ›Abstand ist Anstand‹ sind Begriffe, als wären sie aus Huxleys ›Schöne Neue Welt‹ oder Orwells ›1984‹ entlehnt. Es sind nackt besehen Kampfbegriffe, die uns ein Eintauchen in der virtuellen Welt als umfassende soziale Handlung zuweist. Ein ›Wir‹ wird vorgegaukelt und dem ›Wir‹ wird das Netz als neuer Ort der sozialen Begegnung und der Arbeitswelt angeboten – dabei wird die bereits durch den technologischen Angriff laufende soziale Vereinzelung weiter zementiert. Hier formiert sich die aktuelle und zukünftige Beherrschbarkeit ganzer Gesellschaften über das Netz.

Onlinehandel, digitaler Schulunterricht, Online-Seminare der Unis, Videokonferenzen, Homeoffice, elektronische Patientenakten, Amazon, Zalando, Netflix, Lieferando, Kartenzahlungen, Datingportale, Videostreams und Spiele usw. sind Voraussetzungen dafür. Hier formiert sich Gesellschaft neu. Hier findet Gewöhnung statt, hier verändert sich Gesellschaft in einem Tempo, dessen Preis – die totale Manipulierbarkeit und damit Beherrschbarkeit – uns in allen Einzelheiten erst in den nächsten Jahren klar werden wird. Derzeit wird ein neues, nämlich hygienisches (nationales) ›Wir‹ konstruiert, um alle möglichen Maßnahmen durchzusetzen, gegen die in der Vergangenheit Vorbehalte und Widerstände existierten, wie zum Beispiel bei der Digitalisierung in den Schulen, der gläsernen Krankenkassenkarten und Patientenakten oder der Online-Bezahlungen und dem Verschwinden des Bargeldes.

Die Telekom stellt, ganz uneigennützig, cloudbasierte ›Web Conferencing Services‹ für Schüler_innen, Studierende und Lehrende umsonst zu Verfügung. Ähnliche Angebote gibt es passgenau auch für Unternehmen und deren Bedarf nach Homeoffice. Und für die Freizeit gibt es für die Kleinen den neuen Streamingdienst von Disney. Und zusätzlich 10 Gigabyte für das mobile Surfen obendrauf. Vorerst umsonst. Während die Telekom ›Wir verbinden Deutschland‹ propagiert, lautet der Schlachtruf von Vodafone ›Deutschland bleibt vernetzt‹. Die Angebotspalette unterscheidet sich nicht wesentlich. Aber Deutschland und das digitale Netz – das schafft Zusammenhalt. Der Coronavirus, ein Glücksfall für die Netzbetreiber: Neuer Bedarf nach schneller, breiter, mehr. Mit den aktuellen Angeboten bindet man zukünftige Kunden und generiert noch mehr Daten, auf die Firmen und Geheimdienste gleichermaßen zugreifen. So arbeitet Vodafone eng mit dem britischen Geheimdienst zusammen, der wiederum der engste Partner des amerikanischen NSA ist. Da die Menschen mehr Zeit im Netz mit sozialen Kontakten, Arbeiten und Vergnügungen zubringen, ist dies ein Fest für die Geheimdienste und Konzerne. Mehr Zugriff auf soziales Leben geht nicht. Wie viel mehr an Profit, wie viel mehr an Überwachung und Steuerung des Kaufverhaltens, der gewünschten Lebensweisen, der Früherkennung von Revolten lassen sich aus diesen Daten ableiten! Spätestens seit Edward Snowdens Veröffentlichungen zu den weltweiten Überwachungen der NSA von Staaten und Gruppen bis hin zu einzelnen digitalen Äußerungen einzelner Menschen ist bekannt: Jede technische Möglichkeit der digitalen Überwachung und Verhaltenssteuerung wird auch genutzt. In China, in den USA, in Russland und auch in Deutschland. Die Corona-App ist ein Türöffner. Das Szenario, dass mindestens 60 Prozent der Bevölkerung in Deutschland auf eine App ›freiwillig‹ konditioniert werden sollen, auf einen Standard, auf eine Intention, auf eine ›freiwillige‹ Durchleuchtung aller privaten und öffentlichen Kontakte – das fordert unsere Sabotage geradezu heraus.

**Was noch gesagt werden muss:**
Wir erleben gerade eine weltweite Bürgerkriegsübung für zukünftige Krisen- und Kriegsfälle. Die Folgen dieser ›Übung‹ werden die Welt verändern. Die Heftigkeit der Pandemie, deren Ausbreitung und die Masse der sterbenden Menschen sind die Matrix, auf der wir in ein neues Zeitalter der Krisen als Dauerzustand eingeführt werden. Im Zweifel zählen weder Grundrechte des jeweiligen Landes (die noch nie für alle galten) noch Menschenrechte. Während Kontaktverbote und Ausgangssperren erlassen werden, wird der Zwang zur Lohnarbeit aufrechterhalten und es ins Ermessen der Unternehmer gestellt, ob sie weiter wie gehabt arbeiten lassen, sich Kurzarbeit subventionieren lassen oder die Produktion auf Profitableres umstellen. Anderswo brachen da wenigstens die Streiks los. Hierzulande endet die Pandemiebekämpfung an den Werkstoren. Am Band und sonst, wo kein Homeoffice möglich ist, sollten die Menschen solange arbeiten wie es der Profitmaximierung dient und dann schnell in ihre Familien-Waben zurückkehren, da lassen auch die Gewerkschaften nichts anderes hören. Während die Waren weiterhin frei zirkulieren und die osteuropäischen Wanderarbeiter*innen pünktlich antreten sollen, damit die Wirtschaft nicht zusammen bricht, werden Geflüchtete in Lagern gehalten – Lager, die die rasante Ausbreitung des Virus garantieren und angemessene Gesundheitsversorgung garantiert nicht gewährleisten.

Die eine Krise löst nicht nur die Nächste ab, sondern bringt Themen zum Verschwinden. Die Klimakrise verschwindet hinter Corona. Verschwunden auch die Kriege und deren Folgen. Und die Gründe für die Kriege sowieso. Ungeklärt ist, wo die 10.000 Menschen hingekommen sind, die an der Grenze zwischen Türkei und Griechenland festsaßen. Unbestraft bleibt die EU, die diese Grenzen immer mehr in Todesstreifen verwandelt. Unbeobachtet bleiben auch die Vorbereitung von Pogromen in Ungarn gegen Roma und Sinti durch Orban und die Rechten. Ohne Reaktion bleibt die Nutzung des Virus für die Etablierung autoritärer Regierungen gegen die Verfassung wie in Polen. Oder den Machterhalt des korrupten israelischen Präsidenten. Oder für die Festigung der Macht von Putin. Spätestens jetzt sollte erkennbar sein, wann die Regierung und die Wirtschaft auf Expert_innen und die Wissenschaft vertraut und wann nicht. Warum kann eine Pandemie ein Notprogramm und weltweite einschneidende Maßnahmen auslösen, der bereits stattfindende Kollaps des Klimas aber nicht? Diese Fragestellung ist übertragbar auf alle weltweiten Missstände.

Im Falle der Zerstörung des Klimas, welches die gesamte Menschheit mindestens ebenso betrifft wie die Pandemie, wurden und werden die Mahnungen und Vorschläge der Experten im Großen und Ganzen in den Wind geschlagen. Denn gegen die Folgen der Störung des Klimas ist es mit einem Impfstoff nicht getan. Ganz anders Corona: Gesundheitsexperten finden nicht nur offene Ohren, sondern ihr medizinischer Zugang zur Pandemiebekämpfung eröffnet der Politik neue Spielräume. Eine mörderische Wirtschaftsweise, ein kriegerisches Weltsystem und eine auf die Zerstörung der Erde und der Grundlage allen Lebens hinauslaufende Fortschritts- und Wachstumsorientierung werden mit Billionen Dollars und Euros gerettet, Proteste dagegen gesundheitsamtlich verboten. Es ist das koloniale Prinzip, nach dem Menschenleben unterschiedlicher Wert beigemessen wird. Jährlich sterben 100.000 Menschen an der Malaria. Der Klimawandel tötet schon heute: Hunderte Millionen Menschen hungern oder verhungern. Milliarden Menschen haben kein Zugang zu sauberem Trinkwasser. In diesem neuen Zeitalter müssen sich die Kräfte, die eine grundsätzliche Veränderung wollen, neu orientieren und international neu aufstellen. Eine umfassende Umwälzung und Überwindung patriarchaler, kolonialer und kapitalistischer Verhältnisse ist keine Luxusfrage, sondern existenziell.

Wir werden uns nie gewöhnen, woran wir uns gewöhnen sollen.

*Vulkangruppe shut down the power / Digitale Zurichtung sabotieren*

P.S.: Für einen revolutionären 1. Mai gegen Kolonialismus, Patriarchat und Nationalismus«[12]

---

12  Quelle: http://4sy6ebszykvcv2n6.onion/node/77193 [nur über den tor-browser erreichbar]

**Sabotage gegen einzelne Akteur\*innen**
Die Akteur\*innen und Profiteur\*innen, die den Technologischen Angriff vorantreiben, sind nicht nur von digitaler Infrastruktur abhängig. Genauso wenig wie ihre Projekt und Vorstöße, die nach und nach unser aller Leben umgestalten, nicht nur auf das Virtuelle beschränkt sind. Im Nachfolgenden besprechen wir Widerstandsmeldungen, die dies verdeutlichen.

**Google:** Im Widerstandsteil der letzten Ausgabe (DELETE!) berichteten wir über die Verhinderung des Google-Campus in Berlin-Kreuzberg. Im Juni 2019 musste die »Google Cloud Experience Tour« vorzeitig abgebrochen werden, nachdem der 15 Meter lange Tourbus in Frankfurt am Main abgebrannt war. Ob es sich dabei um Brandstiftung gehandelt hat oder Google einfach nur schlechte Technik verwendete, blieb dabei offen. Wäre ersteres der Fall, wäre dies ein Zeichen, dass Google nicht nur in Berlin unerwünscht ist, sondern auch andernorts nicht willkommen.

**Amazon:** Nach Google versucht auch Amazon sein Glück in Berlin. In den im Bau befindlichen Edge-Tower sollen 3.000 Mitarbeiter\*innen von Amazon einziehen. Widerstand ist angekündigt und angelaufen. Wie sich diese Mobilisierung entwickeln wird, werden wir wohl in der nächsten Ausgabe besprechen. Darüber hinaus wurden Büros, Locker und Lieferautos von Amazon mehrmals Ziel von Sabotagen.

So z.B. Anfang Februar 2019, als in Berlin mehrere Autos von Amazon angezündet wurden, das Amazon Development Center Germany in Berlin-Mitte mit Pflastersteinen beworfen sowie das Haus seines Chefs mit Farbe attackiert wurde.[13]

Dass der Widerstand gegen Amazon nicht immer spektakulär ausfallen muss, zeigte z.B. auch ein Sabotageakt in München, bei dem im April 2020 die Reifen von acht ihrer Lieferautos aufgestochen wurden. Dass diese Animosität gegen Amazon nicht nur ein deutschsprachiges Phänomen ist, zeigt auch ein Selbstbezichtigungsschreiben aus den USA, wo in LA County um den 1. Mai 2020 herum ein Van von Amazon angezündet wurde. Die Saboteur\*innen begründeten ihre Tat damit, dass Amazon unter anderem den Cloud-Service für die US Abschiebe-Behörde ICE stellt.

**Tesla:** Nach der Ankündigung von Tesla, eine Autofabrik für E-Autos in Grünheide (Brandenburg) zu bauen, gab es verschiedene Versuche, diesen Plan zu durchkreuzen. So wurde der Wald, der für diese ›Wohl-

---

13  Quelle: http://4sy6ebszykvcv2n6.onion/node/28737 [nur über den tor-browser erreichbar]

tat‹ weichen muss, kurzzeitig besetzt – jedoch auch wieder geräumt. Des Weiteren wurden in Hamburg im Februar 2020 in Solidarität mit der Besetzung zwölf Tesla-Autos mit Bitumen eingefärbt. Dazu schreiben die Saboteur*innen: »[...] Tesla ist ein Unternehmen, das von der Ideologie profitiert man könne alle Probleme dieser Welt letztendlich durch die Weiterentwicklung von Technologien lösen. Ein wichtiger Teil ihres Image ist es, dass die Technologien, an denen sie arbeiten (so sind sie z.B. Vorreiter in Sachen Künstlicher Intelligenz und Autonomes Fahren), einen Wert für die Allgemeinheit in sozialen, umweltbedingten und sicherheitstechnischen Bereichen haben. Wir lehnen die ständige Perfektion des Menschen durch die Technologie ab, da sie mit der Ausweitung von Kontrolle und der weiteren Einschränkung der Freiheit. Auch stellen wir uns gegen die Zerstörung der Natur, die entgegen gängiger Behauptungen, mit der Erweiterung von Technologien zwangsläufig einhergeht. Wie heuchlerisch der Tesla Konzern ist zeigt sich gerade in Brandenburg. Innerhalb von wenigen Tagen hat Tesla in Grünheide (Brandenburg) 90 Hektar Wald abgeholzt um dort im Namen von Fortschritt und Profit eine riesige Fabrik zu bauen. 65 Hektar sollen noch folgen. Symbolisch wurden für die Presse ein paar Tiere ›gerettet‹, die umgesiedelt werden sollen, während 30 ›Harvester‹ Maschinen in Rekordtempo unzählige Tiere und ihren Lebensraum niedermetzeln. [...]«[14]

**Uber:** Mit 2019 ist ein neues Gadget in die meisten Städte eingezogen, die dafür groß genug sind: Share E-Tret-Roller (E-Scooter). Diese ergänzen seither die (E-)Leihbikes, um die auch niemand gebeten hat. Weltweit wurde diesem Verstoß, der nicht nur die Daten der Nutzer*innen absaugt, sondern auch zutiefst umweltschädlich ist, sowohl mit Zustimmung als auch entschiedener Ablehnung begegnet. In den USA gab es einen eigenen Instagram-Account namens »Bird Graveyard«, der nur der Dokumentation von Vandalismus gegen diese Tretroller gewidmet war. In Deutschland wurde zu der Kampagne »Uber plätten« aufgerufen (https://uberplaetten.blackblogs.org/), die das Anliegen hatte, sich speziell auf die Roller und Bikes von Uber zu konzentrieren – als Wiederstand gegen den ausbeuterischen Plattformkapitalismus.

Wer regelmäßig Zeitung liest, wird mitbekommen haben, dass der Vandalismus fast überall, wo diese Tret-Roller eingeführt wurden, zu einem

---

14  Quelle: http://4sy6ebszykvcv2n6.onion/node/68295 [nur über den tor-browser erreichbar]

Phänomen geworden ist – ob aus Spaß an der Sache oder als bewusste Zurückweisung dieser intrusiven Gadgets, ist wohl eine Frage, die schwer zu beantworten ist. Jedenfalls zeugen mehrere Selbstbezichtigungsschreiben davon, dass es sich hierbei nicht nur um »blinden Vandalismus« handelt. So berichten etwa Saboteur*innen aus Köln in einem Schreiben, dass sie es geschafft hätten, durch konzentrierte Sabotage, die Roller aus einem Viertel zu verdrängen.[15]

Weiterhin dokumentieren wir hier ein Selbstbezichtigungsschreiben aus dem Januar 2020 aus der Schweiz, in dem erklärt wird, wie das Prinzip Uber funktioniert:

»Scherben bei WEF-Partner Uber
Während sich in diesen Tagen die Reichen und Mächtigen am World Economic Forum in Davos treffen, haben wir gestern Abend (23. Januar 2020) einen strategischen Partner des WEF besucht: Bei der Uber-Niederlassung an der Badenerstrasse in Zürich sind nun alle Scheiben kaputt. Uber bietet prinzipiell als strategischer Partner am Gipfeltreffen genügend Gründe für einen Angriff. Wir wollen zudem vertiefer auf die Machenschaften von Uber abseits des WEF eingehen.
Was 2009 in der USA begann, entwickelte sich zu einer Plattform mit jährlichen Umsätzen von weit über 10 Milliarden US-Dollar. Das Unternehmen agiert weltweit und ist heute viel mehr als ein günstiger Taxi-Ersatz und Essenslieferdienst. Zu den grossen Investoren gehören Goldman Sachs und Google (bzw. der Alphabet Konzern), die kaum aus gemeinnützigem Interesse Millionen investieren. Bei Uber geht es darum, neue Bereiche im Feld der Mobilität und allgemein des sozialen Lebens der kapitalistischen Verwertungslogik zu unterwerfen. Die Digitalisierung weiterer Lebensbereiche schreitet voran. In dieser neuen ›smarten‹ Welt schiessen Apps und Plattformen wie Pilze aus dem Boden. Technologischer Fortschritt, welcher immer weitere Teil des Lebens für das Kapital nutzbar macht und immer weitere Teile des Lebens intensiviert nach seiner Logik strukturiert.
Firmen wie Uber präsentieren sich als neutrale Arbeitsvermittlungsplattformen und versuchen so zu vertuschen, wie sie ausbeuten. Sie sagen, dass sie nicht Chefs sind, die Mehrwert abzwacken, sondern lediglich Vermittler zwischen Selbständigen. Ihre verlogene Devise: FahrerInnen arbeiten nicht für, sondern mit Uber! Diese seien keine ArbeiterInnen, sondern VertragspartnerInnen. Was Uber als neue Form der Selbstständigkeit tarnt – vertraglich ist es den FahrerInnen offiziell selber überlassen, wieviel sie arbeiten wollen (Selbstausbeutung ahoi) – hat Kal-

---

15 Quelle: http://4sy6ebszykvcv2n6.onion/node/57673 [nur über den tor-browser erreichbar]

kül. Mit dieser Anstellungsform stellt Uber seinen Arbeitskräften keine eigenen Produktionsmittel zur Verfügung. Die FahrerInnen tragen die Kosten für Auto, Versicherung, Benzin und Reparaturen selbst. Noch dazu stehen FahrerInnen als ›Selbstständige‹ ohne soziale Absicherungen wie Unfallversicherung oder Rente da. Ein Zustand, der sogar die bürgerliche Justiz beschäftigt: Vor Bundesgericht wird darüber gestritten, ob Uber für Sozialabgaben an die FahrerInnen verantwortlich ist. Das Grossunternehmen droht für die Möglichkeit eines Urteils zu ihren Ungunsten (d.h. zu Gunsten der ArbeiterInnen) mit dem Wegzug aus der Schweiz. Für Uber bleibts in der Zwischenzeit auf alle Fälle ein lohnendes Geschäft, da sie pro Fahrt jeweils eine Provision von rund 20 Prozent des Fahrpreises für sich abzweigen. Die Pseudoselbstständigkeit der FahrerInnen verdeckt also den Zwang zur Lohnarbeit und zur Selbstoptimierung, denn Uber misst und bewertet das Arbeitsverhalten fortlaufend. Die zeitliche Verfügbarkeit oder die Anzahl abgelehnter und ausgeführter Fahrten werden bewertet und in einem Score erfasst. Mit diesem Score kann wiederum ein Algorithmus automatisiert beeinflussen, wer bevorzugt mit Fahraufträgen versorgt wird. Die immer weitergehende Prekarisierung von Arbeitsverhältnissen ist damit Teil des Uber-Geschäfts.

Von ihrer ungeheuren Datensammelwut und Datenauswertung, die natürlich auch die Uber-PassagierInnen betreffen, ganz zu schweigen. Google und Facebook haben es bereits vorgemacht: Die Verwertung von Daten wird zum profitablen Geschäftsmodell und umfasst nicht nur die Erfassung, sondern auch Lenkungsmöglichkeit sozialer Konnektivität. Digitale Unternehmen arbeiten weiter daran, uns die Digitalisierung als technlogisches Allerheilmittel zu verkaufen.

Wir möchten auf alle Fälle dazu einladen, sich nicht von Uber und Konsorten blenden zu lassen, sich nicht auf ihre Selbstdarstellung als unangreifbare Akteure in einer fernen nicht-materiellen Cloud einzulassen. Sondern sich mit ihnen und der Arbeits- und Lebenslogik, die sie entwickeln und potenzieren, auseinanderzusetzen und genau hinzuschauen, wo sie angreifbar sind. Auch die digitalen Giganten haben Büros und Schnittstellen mit der nicht-digitalen Welt, an denen sie angreifbar sind. Uber hat etwa Zweigstellen wie die angegriffene, bei der es kurze Arbeitseinführungen gibt oder Uber-Eats-Tragtaschen verteilt werden, Google besetzt weite Teile der Europaallee mit ihren Büros und Firmen wie Amazon sind auf eine vernetzte und komplexe Logistik angewiesen, die an jeder Schnittstelle wiederum angreifbar sein kann. Setzen wir ihrem digitalen Angriff unseren analogen Widerstand entgegen.

Uber heisst Ausbeutung – Smash WEF!«[16]

---

16   Quelle: https://barrikade.info/article/3119

**Autonomes Fahren und die smarte Überwachungen der Straßen:** Eine interessante Sabotage gegen den Vorstoß des Autonomen Fahrens ereignete sich im Dezember 2019 in Osnabrück. Dort wurden die Wegmarker, an denen sich der autonome Bus (Hubi) orientiert, entfernt bzw. farblich verändert. Die Saboteur*innen begründeten ihre Aktion wie folgt: »Das Fahrzeug soll die Strecke einlesen und später dann willige Mithelfer*innen, die sich, natürlich per App, als Testnutzer*innen verdingen können, aufnehmen. Im Klartext: Der Bus filmt alles und jede*n ab, sammelt also Daten ohne Ende. Die werden analysiert, verarbeitet und dank vieler vernetzter Sensoren Bewegungsmuster erstellt. [...] Gegen die Smartifizierung von Städten, Kontrolle und Macht. Smarte Infrastruktur angreifen [...]«[17]

Eine weitere Sabotage ereignete sich im Juli 2019 in NRW, dort wurde an der B514 eine Mautsäule angezündet. Die Saboteur*innen schrieben dazu Folgendes:

»[...] Das Aufstellen dieser Kamerasäulen an den Bundesstraßen nehmen wir als direkten Angriff auf unser freies, also unüberwachtes, unregistriertes Bewegen wahr. Dies reiht sich ein in das von den Herrschenden stark vorangetriebene Projekt, jeden Aspekt unseres Lebens kontrollieren und steuern zu wollen. Gerade in dieser sich immer autoritärer entwickelnden, durchdigitalisierten Gesellschaft ist es erforderlich, die Überwachungstechnik anzugreifen – überall! Mit jeder Kamera, die nicht mehr filmt, mit jeder Mautsäule, die nicht mehr registriert, mit jedem ›smarten‹ Gerät, das nicht mehr mithört, erkämpfen wir uns ein (kleines) Stück Freiheit. [...]«[18]

---

[17] Quelle: http://4sy6ebszykvcv2n6.onion/node/53333 [nur über den tor-browser erreichbar]
[18] Quelle: http://4sy6ebszykvcv2n6.onion/node/34391 [nur über den tor-browser erreichbar]

# Glossar

**Algorithmus** – Eine exakt beschriebene Vorgehensweise zum Lösen eines Problems in endlich vielen und eindeutig beschriebenen Schritten. In der Informatik ist damit meist der Kern der Software gemeint, in dem z.b. das Lernverhalten der KI festgelegt wird, oder welche Ergebnisse uns bei einer Google-Suche angezeigt werden. Oft ein wohlbehütetes Geheimnis.

**Altruismus** – Selbstlose Denk- und Handlungsweise; Uneigennützigkeit.

**Bias** – Durch falsche Methoden bzw. Vorannahmen verursachte Verzerrung eines Ergebnisses.

**Big Data** – »Big Data« wird häufig als Sammelbegriff für digitale Technologien und Produkte verwendet, die auf großen Datenmengen beruhen, welche nur automatisch auswertbar sind und die in technischer Hinsicht für eine neue Ära digitaler Kommunikation und Verarbeitung stehen und in sozialer Hinsicht für einen gesellschaftlichen Umbruch verantwortlich gemacht werden.

**Blockchain** – Kontinuierlich erweiterbare Liste von Datensätzen, »Blöcke« genannt, die mittels kryptographischer Verfahren miteinander verkettet sind.

**DDoS** – Blockade eines Onlinedienstes durch zahlreiche Anfragen, die von verteilten Quellen (z.b. Botnetzen) ausgehen.

**disruptiv** – Als disruptiv wird etwas bezeichnet, was etwas Bestehendes (z.b. ein System oder eine Technologie) aus dem Gleichgewicht bringt oder zerstört.

**Doxxing** – Internetbasiertes Zusammentragen und anschließendes Veröffentlichen von persönlichen Daten mit bösartigen Absichten gegenüber der betroffenen Person.

**egalitär** – Etwas, das auf Gleichheit gerichtet ist oder soziale Gleichheit anstrebt.

**Fin-Tech** – Steht für Finanztechnologie, ein Sammelbegriff für technologische ›Innovationen‹ im Finanzsektor.

**Fordismus** – Bezeichnet eine nach dem Ersten Weltkrieg etablierte Form industrieller Warenproduktion. Sie ist benannt nach dem US-amerikanischen Industriellen Henry Ford, dessen Organisation von Arbeit und Kapital als typisch für die gesamte Epoche angesehen wird. Der Fordismus basiert auf stark standardisierter Massenproduktion und -konsumtion von Konsumgütern mithilfe hochspezialisierter, monofunktionaler Maschinen, Fließbandfertigung und Mechanismen des > Taylorismus.

**Hegemonisierung** – Ausweiten einer Vorherrschaft.

**Malus** – Das Gegenteil eines Bonus, wenn beispielsweise Krankenkassen ein für sie aus wirtschaftlicher Sicht negatives Verhalten (wie beispielsweise Rauchen) mit höheren Gebühren bestrafen.

**Metadaten** – Daten, die Informationen über andere Daten enthalten, z.B. bei einem Telefongespräch nicht die Gesprächsinhalte, sondern wer mit wem telefoniert.

**Nudging** – Das Beeinflussen von Personen zu bestimmten Handlungen mittels Anreizen.

**Partizipation** – Gleichbedeutend mit Beteiligung und Teilhabe, z.B. an gesellschaftlichen Prozessen.

**Paternalistisch/Paternalismus** – Meint eine Herrschaftsordnung, die ihre Autorität und Legitimierung auf eine vormundschaftliche Beziehung zwischen herrschenden und beherrschten Personen gründet. Wird oft im Sinne von bevormundend verwendet.

**peripher** – Gleichbedeutend mit am Rande liegend., z.B. die Außenbezirke von Städten.

**postfaktisch** – Handeln und Denken, bei dem Fakten nicht im Mittelpunkt stehen.

**Pseudonym** – Bedeutet hier, dass bei einer Verarbeitung personenbezogener Daten der Bezug zu einer natürlichen Person nur unter Zuhilfenahme zusätzlicher Daten möglich ist.

**Retropie** – Eine rückwärtsgewandte Utopie.

**Smartifizierung** – Erweiterung eines herkömmlichen Industrieprodukts um ›intelligente‹ Eigenschaften mithilfe von Informationstechnologien.

**Taylorismus** – Bezeichnet das von dem US-Amerikaner Frederick Winslow Taylor (1856–1915) begründete Prinzip einer Prozesssteuerung von detailliert vorgeschrieben Arbeitsabläufen, die einen möglichst wirtschaftlichen Betriebsablauf zum Ziel haben. Der Begriff Taylorismus wird vorwiegend in kritischem Kontext verwendet.

**Telematik** – Bereich der IT, welcher die Bereiche Telekommunikation und Information vernetzt.

*capulcu redaktionskollektiv*
## DISRUPT!
**Widerstand gegen den technologischen Angriff**

160 Seiten | 12.80 €
ISBN 978-3-89771-240-9

**Abwehr des smarten Angriffs auf unsere Sozialität, Kreativität, Autonomie – auf unser Leben**

DISRUPT! beschreibt die Versuche, das menschliche Dasein den Anforderungen einer reduktionistischen künstlichen Intelligenz zu unterwerfen. Der Anpassungsdruck des Menschen an die Maschine wirkt bereits jetzt – weit vor einer vollständigen Vernetzung aller mit allem. Das redaktionskollektiv çapulcu dechiffriert diese – oft unhinterfragte – Entwicklung als Angriff auf unsere Autonomie und analysiert seine entsolidarisierende Wirkung. Denn Technologie ist nie neutral, sondern immanent politisch.

Ein Gegenangriff auf die Praxis und die Ideologie der totalen Erfassung erscheint deshalb zwingend notwendig.

*capulcu redaktionskollektiv*
## DELETE!
**Digitalisierte Fremdbestimmung**

160 Seiten | 12.80 €
ISBN 978-3-89771-258-4

**Wie die zunehmende digitalisierte Fremdbestimmung die Bedingungen dramatisch verändert**

Das *çapulcu redaktionskollektiv* untersucht in DELETE! die aktuelle Transformation des Kapitalismus – und damit auch der Machtverhältnisse – durch den ›technologischen Angriff‹.

Der Einfluss der Tech-Giganten auf die Ökonomisierung der entlegensten Lebensbereiche nimmt stetig zu, während klassische politische Institutionen an Bedeutung verlieren. Soziale Punktesysteme verlängern mit ihrem permanenten ›Rating‹ und ›Scoring‹ die Reichweite der lenkenden Disziplinierung weit über die direkte Ausbeutung im Arbeitsverhältnis hinaus.

Im Zentrum des Buches steht erneut die Selbstbehauptung, also der vielfältige Widerstand gegen den umfassenden technologischen Angriff unserer Zeit.

*Max Franz Johann Schnetker*
## Transhumanistische Mythologie
**Rechte Utopien einer technologischen Erlösung durch künstliche Intelligenz**

136 Seiten | 12.80 €
ISBN 978-3-89771-264-5

**Die digitale Apokalypse durch künstliche Intelligenz entpuppt sich als rechte Mythologie.**

Das vorliegende Buch ist eine ideologiekritische Analyse der Mythologien um superintelligente KI. Dabei zeigt sich, dass die Grundlagen dieser Mythologien keineswegs so neu sind. Vielmehr wiederholen sich hier – in technologischem Gewand und scheinbar säkularisiert – alte Ideen der protestantischen Rechten. Noch drehen sie sich nur um die Zurichtung für die Erfordernisse des digitalisierten Kapitalismus und die Radikalisierung seines Glücksversprechens.

Doch es wird Zeit, die Ideologie des Transhumanismus genauer in den Blick zu nehmen, weil sie das Potenzial hat, sich zu einer Herrschaftsmythologie des digitalen Zeitalters zu entwickeln.

UNRAST Verlag | www.unrast-verlag.de | kontakt@unrast-verlag.de